भक्ति का संदर्भ

वाणी प्रकाशन
21-ए, दरियागंज, नई दिल्ली-110002
फोन : 011-23273167, 23275710, 51562622
फैक्स : 01123275710
e-mail : vani_prakashan@yahoo.com,
amaheshwari_del@touchtelindia.net

भक्ति का संदर्भ

देवीशंकर अवस्थी

वाणी प्रकाशन

प्रकाशन के उत्कृष्टतम 60 वर्ष

सजिल्द पहला संस्करण : 1997
सजिल्द दूसरा संस्करण : 2005
सजिल्द तीसरा संस्करण : 2023

vaniprakashan.com

वाणी प्रकाशन

4695, 21-ए, दरियागंज, नयी दिल्ली-110 002

फ़ोन : +91 11 23273167, 23275710

शाखाएँ

अशोक राजपथ, पटना-800 004, बिहार
कॉफ़ी हाउस कैम्पस, महात्मा गांधी मार्ग, इलाहाबाद-211 001, उत्तर प्रदेश
महात्मा गांधी अन्तरराष्ट्रीय हिन्दी विश्वविद्यालय, वर्धा-442 001, महाराष्ट्र
36/ए, शेक्सपियर सरणी, रानी बिरला गर्ल्स कॉलेज के पास, कोलकाता-700 017, प. बंगाल
sales@vaniprakashan.in
vaniprakashan@gmail.com

Bhakti Ka Sandarbh
by Devishankar Awasthi

ISBN : 978-81-7055-535-3
Criticism

मूल्य : ₹ 450

आर. टेक ऑफ़सेट प्रिंटर्स, दिल्ली-110 032 में मुद्रित

वाणी प्रकाशन का लोगो मक़बूल फ़िदा हुसेन की कूची से

आदरणीय

दद्दा और भाभी को,

(डॉ. रामनारायण पाण्डेय एवं श्रीमती विमला पाण्डेय)

श्याम की ओर से

विनम्र भेंट

–कमलेश

निवेदन

पिछले कुछ वर्षों से अवस्थी जी की प्रकाशित-अप्रकाशित सामग्री को जुटाने, सहेजने और संगृहीत करने के क्रम में जो कुछ भी हाथ लगा उसमें से भक्ति आन्दोलन और उसके साहित्य से संबंधित एक अलग पुस्तक की रूपरेखा व्यवस्थित रूप में स्वयं उभरती चली गई। यह अपने आप में एक स्वतंत्र पुस्तक है जिसमें उनके लेख भी हैं और विवेचनात्मक शोध सामग्री भी। इस पुस्तक में संकलित सामग्री छिटपुट लेख के रूप में तत्कालीन पत्र-पत्रिकाओं में प्रकाशित हो चुकी है।

'भक्ति का संदर्भ' नाम से इस पुस्तक के स्वरूप और इसके अंतर्गत संकलित सामग्री पर विद्वत्समाज और सुधी पाठकों की प्रतिक्रिया जानने को मैं उत्सुक रहूँगी। इस पुस्तक के प्रकाशन के साथ आचार्य हजारी प्रसाद द्विवेदी की भी स्मृति घनिष्ठ रूप में जुड़ी है, चूँकि आचार्य जी के निर्देशन में ही अवस्थी जी ने प्रेमाभक्ति पर अपना शोधकार्य किया था और भक्ति की पूरी परम्परा पर पुनर्विचार का उन्हें सुअवसर मिला था। पर भक्ति, धर्म और दर्शन के क्षेत्र में काम करने की प्रेरणा के मूल स्रोत अवस्थी जी के ममेरे बड़े भाई आदरणीय दद्दा (डॉ. रामनारायण पाण्डेय) ही थे और दद्दा की पत्नी श्रीमती विमला पाण्डेय उनका बराबर उत्साह बढ़ाती रहती थीं। दद्दा स्वयं दर्शनशास्त्र के गंभीर अध्येता रहे हैं। इलाहाबाद विश्वविद्यालय में वे प्रोफेसर रानाडे के प्रिय शिष्य थे। अवस्थी जी को सब लोग घर में श्याम के नाम से पुकारते थे। इसीलिए समर्पण में उनका नाम श्याम दिया गया है।

आशा है विद्वत्समाज और सुधी पाठकों को यह पुस्तक अवश्य ही पसंद आयेगी। इस आयोजन को सफल बनाने तथा इसे पुस्तकाकार प्रकाशित करने में वाणी प्रकाशन के श्री अरुण महेश्वरी का योगदान स्मरणीय है। अतः श्री अरुण महेश्वरी के प्रति मैं हार्दिक आभार व्यक्त करती हूँ।

श्याम सिंधु
2/346 ए, आजादनगर
कानपुर-2 (उ.प्र.)

कमलेश अवस्थी
19.3.97

अनुक्रम

1.	भक्ति : वैदिक-पौराणिक संदर्भ	11
2.	भक्ति : आधुनिक सांस्कृतिक संदर्भ	25
3.	उत्तर भारत में भक्ति आंदोलन	32
4.	भक्ति आंदोलन के आचार्य	37
5.	भक्ति की संबंध भावना	64
6.	भक्ति में मधुर भाव	77
7.	भक्ति काव्य की रसात्मकता	97
8.	कबीर के निर्गुण राम और उनकी भक्ति	117
9.	सूफी संप्रदाय	124
10.	चैतन्य संप्रदाय	132
11.	शुक संप्रदाय	149

1

भक्ति : वैदिक-पौराणिक संदर्भ

वैदिक साहित्य संसार का प्राचीनतम उपलब्ध साहित्य तो है ही, हिंदू समाज के लिए अत्यधिक श्रद्धेय भी है। इसी कारण हम सब लोगों का स्वभाव बन गया है कि धर्म, दर्शन, कला-संस्कृति आदि सभी मानवीय साधनाओं का मूल उत्स वैदिक साहित्य में ही ढूँढ़ने का प्रयास करते हैं। मोहनजोदड़ो एवं हड़प्पा की खुदाइयों के बाद भी अभी तक अपने देश की अपेक्षाकृत अधिक प्राचीन सभ्यता की ओर हमारा ध्यान कम आकृष्ट हुआ है। संभवतः इसका प्रधान कारण यह है कि उस समस्त सामग्री का निर्भ्रांत एवं प्रामाणिक विवेचन फिलहाल संभव नहीं हो सका है। परंतु फिर भी मार्शल[1], मैकै[2] एवं आर.पी. चंदा[3] आदि ने उस युग में उपासना-प्रधान-धर्म की स्थिति निश्चित मानी है। मनोवैज्ञानिक दृष्टि से उपासना अधिक रागमयी और निजी देवता के प्रति प्रधावित होकर भक्ति का रूप धारण करती है। इसके पश्चात् आर्यों की समृद्ध सभ्यता में हमें ऋग्वेद में भक्ति का स्पष्ट स्वरूप प्राप्त होता है। उसमें बहुदेवतावाद का एकेश्वरवाद की ओर निश्चित विकास परिलक्षित होता है। जैसा कि श्री जे.एन. बनर्जी ने कहा है कि ऋग्वेद के अंतिम स्तरों (संपादन के स्तरों) में हमें एक ऐसे ही देवता का स्वरूप छन कर सबसे ऊपर उठने का संघर्ष करता प्रतीत होता है।[4] इस देवता के प्रति पूजा का जो भाव है उसमें ज्ञान, कर्म और

---

1. *Mohenjodaro and the Indus civilisation,* vol. I, pp. 52 & 59
2. *Further Excavations at Mohenjodaro,* vol. I, pp. 258-59
3. The Excavations at Harappa and Mohenjodaro have brought to light ample evidence to show that the worship of Images of human and superhuman beings in yoga postures both seated and standing prevailed in the Indus valley in the chalcolithic period–*Medieval Indian sculptures in the British Museum,* p.9
4. *Development of Hindu Iconography,* p. 73

उपासना का समन्वय है। ''भक्ति तीनों मार्गों की पावन त्रिवेणी का संगम है। ज्ञान और कर्म-संपत्ति का प्रभु-अनुग्रह के साथ सामंजस्य ही वैदिक भक्ति का आदर्श है।''[1]

मैकनिकॅल ने ''भक्ति के प्रमुख तत्त्वों में से एक ईश्वर और जीव के संबंध को माना है।''[2] डॉ. मुंशीराम शर्मा ने वेदों से प्रभूत उदाहरण देते हुए (पृ. 127 से 136) कहा है कि वेद में भक्तियोग के ये सभी स्तर और संबंध विद्यमान हैं।[3] प्रार्थना एवं आत्मनिवेदन के छहों अंग तथा 'नारद भक्ति सूत्र' में वर्णित एकादश आसक्तियों (सूत्र 82) में से अधिकांश की रूपरेखा वेदों में प्राप्त है।'[4] यूरोपीय पंडित कीथ ने ऋग्वेद की वरुणगीतियों में भक्ति का अस्तित्व एवं प्रादुर्भाव स्वीकार किया है।[5]

वैदिक भक्ति की निश्चित स्थिति के बारे में इतना कह चुकने के बाद भी मेरा प्रस्ताव है कि भारतीय भक्ति के प्रादुर्भाव को लोक और वेद की सम्मिलित भूमि पर देखा जाना चाहिए। भक्ति का तत्त्व आर्यों की अपेक्षा इस देश के प्राचीन निवासियों एवं नीचे के तबके में पहले से ही था। वे अपने प्रिय देवताओं, जो कि वैदिक देवताओं से नितांत भिन्न थे, को श्रद्धा और पूजा भेंट किया करते थे।[6] हम आगे चल कर देखेंगे कि इन वेदोत्तर देवताओं ने संपद्राय-देवताओं (Cult-Gods) को अत्यधिक सहायता पहुँचाई है। कीथ, भंडारकर आदि विद्वानों ने आर्य-धर्म को मुख्यतया कर्मकांड एवं यज्ञबलि-प्रधान माना है। मेरा अनुमान है कि यह स्थिति प्रारंभ में ही रही होगी। भारत-भूमि पर प्रतिष्ठित होने के बाद जिस आध्यात्मिकता की ओर उनका बौद्धिक वर्ग उन्मुख हुआ, उसने बहुदेवतावाद को एकेश्वरवाद की ओर विकसित किया होगा। यही नहीं, यज्ञकर्म-विधान के संकेत भी सूक्ष्मता की ओर बढ़े होंगे। उधर उनके पूर्व से ही भक्ति के तत्त्व यहाँ के निवासियों में थे ही। आर्यों के कर्म और ज्ञान की सामर्थ्य से संयुक्त हो जाने के पश्चात् लोक में विद्यमान श्रद्धा की वृत्ति एक ऐसी उच्छल साधना को जन्म देती है जिसमें कर्म, ज्ञान और भक्ति के वैयक्तिक उद्‌घाटन (हिंदू धर्म भी ईसाई, बौद्ध, मुस्लिम आदि धर्ममतों की भाँति एक प्रकार के प्राकट्यवाद (revelationism) पर आधारित है। अंतर इतना है कि यह आप्त प्रकटीकरण किसी एक व्यक्ति के माध्यम से नहीं हुआ है बल्कि लोकाश्रित होकर यह वैदिक भक्ति विविध मंत्रगानों में फूटी। इन लोगों ने अपने को दिव्य के सम्मुख समर्पित किया और प्रत्येक वस्तु

1. मुंशीराम शर्मा, भक्ति का विकास, पृ. 112
2. N. Macnicol, *Indian Theism,* p. 7
3. मुंशीराम शर्मा, भक्ति का विकास, पृ. 834
4. वही, पृ. 159
5. *Journal of Royal Asiatic society,* 1915, p. 834
6. J.N. Banerjea, *Development of Hindu Iconography,* p. 335

उस दैवी विभूति से ही चाही। ऋग्वेद में आई कथा के अनुसार शुनःशेप ने अपने को वरुण को अर्पित कर मृत्यु से छुटकारा पाया था। इस संबंध में यह भी बात ध्यान में रखने योग्य है कि भागवतों ने अपने को बहुधा वेदों से प्राचीन सिद्ध करने का प्रयास किया है।[1] उधर पराशर संहिता, वशिष्ठ संहिता, सूत संहिता, आश्वलायन स्मृति, कूर्मपुराण आदि में पाँचरात्रों को अवैदिक माना गया है। इससे भी यह सिद्ध होता है कि वैदिक साधना के अतिरिक्त भी एक प्रकार की धर्मभावना इस देश की धरती पर विद्यमान थी। आगे चल कर वेदोत्तर युग में जब संपद्राय-देवताओं (Cult-Gods) का विकास होता है, तब यद्यपि केंद्रस्थ देवता वैदिक ही रहते हैं, पर उनमें आदिम लोक-देवताओं की विशेषताओं का प्रभूत सम्मिश्रण हो जाता है।[2] इतना ही नहीं, इन्हीं के साथ कुछ और भी ऐतिहासिक, अर्द्ध-ऐतिहासिक या पौराणिक चरित्र भी एकमेक होने लगते हैं। ऐतिहासिक देवकीपुत्र कृष्ण, वैदिक विष्णु, कॉस्मिक नारायण आदि एक साथ मिल जाते हैं; वाहन उनके पक्षिराज गरुड़ हो जाते हैं और शैया शेषनाग की। ये अंतिम चिह्न आदिम पशुपक्षीपूजक धर्मभावना (Animism) के मिश्रण के स्पष्ट प्रमाण हैं। यद्यपि ये आदिम देवी-देवता भक्ति-भावना, सांप्रदायिक-संगठन एवं देवस्वरूप निर्णय में यथेष्ट सहायता पहुँचा रहे थे, परंतु फिर भी ये सभी या तो नए संप्रदाय-देवताओं के गौण स्वरूप अथवा वाहन आदि बनकर रह गए या फिर वैदिक देवताओं के विरोधी के रूप में स्थिर हुए। ऐसी ही किसी रासायनिक प्रक्रिया में प्रमुख वैदिक देवता अपदस्थ भी हुए और अपेक्षाकृत अमहत्त्वपूर्ण देवगण इन लोक-देवताओं के बल पर प्रमुख हो उठे। संभवतः स्वयं विष्णु और शिव इसी प्रक्रिया द्वारा प्रमुखता को प्राप्त करते हैं। पशु चरानेवाली आर्य जाति और आर्यों तथा आर्यपूर्व जाति के सम्मिश्रण से प्रादुर्भूत हिंदू सभ्यता के बीच की खाई का स्पष्ट चित्रांकन वैदिक देवताओं की 'मृत्यु' से बढ़ कर और कोई चीज नहीं करती है[3]। बौद्धकाल में प्रचलित इस देश के इन अनेक अवैदिक देवताओं का परिचय डॉ. भंडारकर द्वारा

---

1. इदं महोपनिषदं पांचरात्रानुशब्दितं।
   (अ) महतो वेद वृक्षस्य मूलभूतो महानयम्।।
   —वेंकटनाथ, सेश्वरमीमांसा, (भक्ति का विकास, पृ. 236 पर उद्धृत)
   (ब) वेदमेकायनं नाम वेदानां शिरसि स्थितम्।
   तदर्थकं पांचरात्रं मोक्षदं तत्क्रियावताम्।।
   पांचरात्र श्री प्रश्न संहिता (भक्ति का विकास, पृ. 236 पर उद्धृत)
2. बलराम या संकर्षण शेषनाग के अवतार माने गए हैं। ऐसा लगता है कि नाग-संप्रदाय मथुरा के आसपास जोरों पर था, धीरे-धीरे वह वासुदेव मत में विलीन होता गया। कालियदमन की कथा का संकेत भी इसी ओर है।
3. के. एम. पणिक्कर, भारतीय इतिहास का सर्वेक्षण, पृ. 7

उद्धृत 'चुल्ल-निद्देस' की सूची से प्राप्त होता है। बौद्ध धर्म के प्रारंभ में, इस सूची के अनुसार, आजीवक, निगंथ, जटिल, परिव्राजक, अविरुद्धक, वासुदेव, बलदेव, पुण्यभद्र, मणिभद्र, नाग, सुपर्ण, यक्ष, असुर, गंधर्व, हाथी-घोड़ा, गाय, कुत्ता, कौवा आदि पूजनेवाले संप्रदायों का उल्लेख वैदिक देवताओं के अतिरिक्त प्राप्त होता है। यह मानने में कोई बाधा न पड़नी चाहिए कि ये देवता बुद्ध-पूर्व-युग से ही चले आ रहे थे। यही नहीं, भारतवर्ष में उत्तर से दक्षिण तक पूजित एक प्रमुख देवता 'गणपति' तो अपने स्वरूप में आदिम एनीमिस्टिक (पशु-पक्षी पूजक) भावना को आज भी बचाए हुए हैं।[1] श्री या लक्ष्मी के स्वरूप विश्लेषण से भी अनेक लौकिक उपादानों का योग उनके रूप में दिखाई देता है।[2] कुछ ऐसी ही विकासमान प्रवृत्तियों के बीच हम कर्मकांडी ब्राह्मणों और तत्त्वचिंतक उपनिषदों के युग में प्रवेश करते हैं।

ब्राह्मण-उपनिषद् युग

जीवन के द्वंद्वात्मक विकास की प्रक्रिया में हमें क्रिया-प्रतिक्रिया और उनका समन्वय यही तीन स्थितियाँ प्राप्त होती हैं। वैदिक युग के पूर्व की धर्म-साधनाओं एवं जीवन-प्रणाली के बारे में हमें पर्याप्त ज्ञान नहीं है—परंतु इतना अधिकांश पंडितों ने माना है कि वेदों में हमें तत्कालीन जीवन एवं ऐतिहासिक स्थितियों के संदर्भ में अपेक्षाकृत एक समृद्ध एवं समन्वित जीवन-दृष्टि प्राप्त होती है। विकास का चक्र और आगे बढ़ता है; संहिताओं से ब्राह्मण-काल तक आते-आते उनका वास्तविक मंतव्य लोगों की आँखों से छिपने लगता है।[3] संभवतः समृद्ध होते हुए भौतिक जीवन की यह अनिवार्यता भी थी कि कर्मकांड की ओर अधिक झुकाव हो। अनेक समाजशास्त्रियों ने कर्मकांड (Ritual) का उत्पादन-पद्धति के साथ सीधा संबंध दिखाया है। ब्राह्मण-साहित्य इसी युग की देन है और वे याज्ञिक विधि-विधानों से पटे पड़े हैं। संभवतः हिंदू संघटन को एक व्यवस्थित समाज के रूप में रखने के लिए भी इन विधि-विधानों के निरूपण की आवश्यकता थी। जप-तप, व्रत-दान आदि

---

1. शैवमत नामक पुस्तक में डा. धर्मेन्द्र ब्रह्मचारी ने (पृ. 49) माना है कि शिव और पार्वती सिंधु सभ्यता के पुरुष और स्त्री देवता के विकसित रूप हैं। और इसने द्वैतवादी सांख्य को पल्लवित होने में सहायता दी। सांख्य ने भक्ति को दार्शनिक सहारा भी दिया।
2. J.N. Banerjea, op. cit, p. 370
3. (क) यास्क ने निरुक्त में संकेत किया है कि उनके समय से बहुत पूर्व ही वेदार्थ का साक्षात् करने वाले ऋषियों का अभाव हो गया था।—भक्ति का विकास, पृ. 237
(ख) उपनिषद् काल के ऋषि भी वास्तविक वेदार्थ से बहुत दूर हो गए थे, पर वे वेदों की प्रामाणिकता स्वीकार करते थे।—महर्षि अरविन्द, वेद-रहस्य, प्रथम खंड, पृ. 344

का उल्लेख तो उनमें है, पर भक्ति-संवेदना का वहाँ अभाव है। सीधे-सीधे भक्ति-भावना से तो नहीं, पर भक्ति-भावना के मुख्य केंद्र विष्णु की स्थिति को अवश्य ब्राह्मण ग्रंथों में महत्तर होते हुए देख सकते हैं।[1] जब देश समृद्ध होता है तब जहाँ एक ओर सामान्य जीवन कर्म-प्रधानता की ओर बढ़ता है, वहीं एक छोटा बौद्धिक वर्ग उस स्थूलता के प्रति सशंकित होकर विद्रोह भी करता है। जिसमें सभी लगे हैं, केवल उसी में रमे रहने में वह सार नहीं पाता। कुछ ऐसी ही मनोदशा में उपनिषदों के ऋषि 'इस आत्मा को कैसे जानें ?' के तत्त्व-चिंतन की ओर बढ़े। यानी कि क्रिया-प्रतिक्रिया की रेखा में कर्मकांड को छोड़कर शुद्ध ज्ञान-कांड की ओर बढ़ा गया। उपनिषदों के इन ऋषियों को न तो ब्राह्मणों द्वारा प्रवर्तित कर्मकांडों में ही रुचि है और न उन्हें वैदिक देवताओं की ही परवाह है। परंतु यहीं पर यह बात भी ध्यान रखने योग्य है कि तत्त्व-चिंतन (विशेष रूप से आध्यात्मिक) एक भावनात्मक लगाव या दिलचस्पी अवश्य चाहता है; और इसी कारण इन ज्ञानी ऋषियों के बौद्धिक चिंतन के नीचे से यदाकदा भक्तिमय वचन अंतःसलिल की भाँति फूट पड़े हैं। तर्क आदि से ऊपर उठकर प्रभु-अनुग्रह एवं देव-प्रसाद को महत्त्व मिला (जिसे कि आगे के भक्ति-संप्रदायों में बहुमान प्राप्त होता है)।[2] शरणागति का भाव प्रबल हो उठता है।[3] इस जटिल मार्ग में मात्र श्रद्धा काम नहीं देती एवं मार्ग दर्शक अनिवार्य हो जाता है।[4]

श्वेताश्वतर में तो स्पष्ट रूप से 'भक्ति' शब्द का उल्लेख (देव तथा गुरु

---

1. 'यज्ञो वै विष्णुः' तथा अग्नि को अपेक्षया हीन एवं विष्णु को परम देवता स्वीकार किया गया है : ओऽम् अग्निर्वै देवानामवमो विष्णुः परमः तदंतरेण सर्वा अन्या देवताः, ऐतरेय ब्राह्मण, 1।1

   पर अभी वे भक्ति या प्रसाद की अपेक्षा यज्ञ (कर्मकांड) से ही अधिक संबंधित हैं।
2. (क) नायमात्मा प्रवचनेन लभ्यो न मेधया न बहुना श्रुतेन।
   यमेवैष वृणुते तेन लभ्यस्तस्यैष आत्मा विवृणुते तनूँ स्वाम्।।
   —कठोपनिषद्, 1।2।23 तथा मुंडक, 3।2।3

   (ख) अणोरणीयान् महतो महीयानात्मास्य जन्तोर्निहितो गुहायाम्।
   तमक्रतुः पश्यति वीतशोको धातुप्रसादान्महिमानमात्मनः।।—कठ., 1।2।20

   (ग) तपःप्रभावाद् देवप्रसादाच्च, ब्रह्म ह श्वेताश्वतरोऽथ विद्वान्।—श्वेताश्वतर., 6।21
3. मुमुक्षुर्वै शरणमहं प्रपद्ये। श्वे., 6।18
4. नैषा तर्केण मतिरापनेया, प्रोक्तान्येनैव सुज्ञानाय प्रेष्ठ।
   यां त्वमापः सत्यधृतिर्बतासि, त्वादृङ् नो भूयान्नचिकेतः प्रष्टा।।
   —कठ., 1।2।9

दोनों की भक्तियों का) होता है।[1] यत्र-तत्र ऐसे उल्लेखों के होते हुए भी सब मिलाकर भक्ति एवं उपासना उपनिषदों में उपेक्षित रही एवं ज्ञान-कांड की ही प्रधानता है। मेरा अनुमान है कि उपनिषद्-आंदोलन अपने समय में बुद्धिजीवियों का ही आंदोलन रहा है और उसके नीचे सामान्य जन की भावना भक्ति के यत्र-तत्र बिखरे उद्‌गारों के रूप में बलात् उच्छलित हो उठी है। और इसी कारण औपनिषदिक भक्ति का स्वरूप निवृत्तिप्रधान है। परंतु इसका तात्पर्य यह नहीं है कि भक्ति के विकास की दृष्टि से उपनिषदों का महत्त्व नहीं है। वास्तव में ये अनिंवार्य कड़ियाँ हैं। सबसे अधिक महत्त्व की बात तो यह है कि वैदिक संहिताओं में जिस एकेश्वरवाद को उदय होता हुआ हम देखते हैं, उपनिषदों में उसकी पूर्ण प्रतिष्ठा हो जाती है।[2] इस प्रकार परम देवता की यह भावना जब आगे संपद्राय-देवताओं पर आरोपित होती है तब उस एक अत्यंत निजी ईश्वर का आविर्भाव होता है, जो भक्ति की विकसित स्थिति के लिए नितांत आवश्यक था। इस प्रकार भक्ति के लिए एक दार्शनिक-बौद्धिक पृष्ठभूमि बनाने का कार्य इन उपनिषदों के द्वारा संपन्न हुआ है। इसी से संबंधित दूसरा लाभ यह भी हुआ कि भक्ति के अगले समुन्नत विकासयुग में उसे बौद्धिक वर्ग का वह अनुमोदन भी मिल सका जिसने उसे शास्त्रीयता एवं प्रामाणिकता दी। इन प्रारंभिक उपनिषदों का ही विकास गीता है, तथा गीता में दार्शनिक दृष्टि से कितनी ही संगतियाँ या असंगतियाँ क्यों न ढूँढ़ी जाएँ, परंतु जैसा कि जॉन वी. नॉस से लिखा है कि उसका सबसे अधिक ऐतिहासिक महत्त्व इस बात में है कि उसने मोक्ष के लिए भक्ति-मार्ग को पूरी सहमति दी तथा बौद्धिक दृष्टि से भक्ति को आदरणीय बनाया।[3] उपनिषदों की एक तीसरी देन प्रतीक-विधान संबंधी है। छांदोग्य उपनिषद् (4।5-8) में निम्न

---

1. यस्य देवे पराभक्तिर्यथा देवे तथा गुरौ।
   तस्यैते कथिता ह्यर्थाः प्रकाशन्ते महात्मनः।। 6।23
2. (क) श्वेता., 3।2
   (ख) कठ., 2।2।12
   (ग) 'स ब्रह्मा स विष्णुः स रुद्रः स शिवः'—आदि—कैवल्योपनिषद्, 8
   (घ) सर्वंखल्विदं ब्रह्म········ ।   —छांदो., 3।14।1
   (ङ) तैत्तिरीय की भृगुवल्ली में भी अन्न, प्राण, मन, विज्ञान और आनंद की ब्रह्मरूप में उपासना इसी ओर संकेत करती है।
   (च) त्वं ब्रह्मा त्वं च वै विष्णुस्त्वं रुद्रस्त्वं प्रजापतिः।
   त्वमग्निर्वरुणो वायुस्त्वमिन्द्रस्त्वं निशाकरः।।
   त्वमनुस्त्वं यमश्च त्वं त्वं पृथिवी त्वमथाच्युतः।
   स्वार्थे स्वाभाविकेऽर्थे च बहुधा तिष्ठसे दिवि।।—मैत्रायण्युपनिषद्, 4।12।13
3. John B. Noss, *Man's Religions*, p. 236 and 242

वस्तुओं की प्रतीक रूप में उपासना करने की बात आई है (1) पूर्व, पश्चिम आदि चारों दिशाएँ; (2) पृथिवी, अंतरिक्ष, द्युलोक तथा समुद्र; (3) अग्नि, सूर्य, चंद्र और विद्युत; (4) प्राण, चक्षु, श्रोत्र और मन। कठ. में (1।2।16) ऊँकार की ब्रह्म रूप में उपासना करने की बात कही गई है—यह भी प्रतीक-उपासना ही है। यह प्रतीकोपासना और विकसित होकर प्रतिमोपासना का रूप धारण करती है तथा प्रतिमोपासना का मध्यकालीन भक्ति में जो स्थान रहा है उससे कोई भी अपरिचित नहीं है। यहाँ तक कि सगुणोपासना को प्रतिमा-पूजन का पर्याय मान लिया गया। इसके अतिरिक्त यज्ञ-विद्या को भी नई दिशा दी गई। द्रव्ययज्ञ के स्थान पर ज्ञानयज्ञ भक्ति के अधिक निकट की वस्तु हुआ। गीता में ज्ञानी भक्त को ही श्रेष्ठता मिली।[1]

पुराण-महाकाव्य युग

इस प्रकार इस ब्राह्मणोपनिषद् युग के सामान्य वैदिक मतावलंबी जहाँ एक ओर याज्ञिक अनुष्ठानों में लिप्त रहे होंगे, वहीं बुद्धिजीवियों का एक वर्ग सूक्ष्म तत्त्व-चिंतन तक ऊपर उठा। साथ-साथ भक्ति की अंतःसलिला भी वेद एवं वेदबाह्य साधनाओं के साथ ही चली आ रही थी। अब समय आ गया था कि फिर जीवन में एक संतुलित, समन्वित दृष्टि की स्थापना हो। इसी समय देश में चक्रवर्ती शासन स्थापित होते हैं; कला, संस्कृति, दर्शन, धन-धान्य सभी की अभूतपूर्व उन्नति होती है। ऐसे युग सदैव अपनी संगठित-समन्वित दृष्टि (Integrated Vision) के लिए प्रसिद्ध होते हैं। पुराण-महाकाव्य काल में हम इसी संतुलन के पुनः दर्शन होते हैं। यहीं पर यह कहना अनुचित न होगा कि तर्क और चिंतन की पद्धतियों से हटकर जिस भक्ति-भावना का प्रसार हम आगे मध्य युग के मध्य काल (16वीं शती) में देखते हैं, उसके स्थान पर इस युग में तत्त्व-दर्शन तथा विधि-विधानों के साथ ही भक्ति की हार्दिकता का प्रसार हुआ था।

यह बात बहुधा दुहराई जाती है कि जैन और बौद्ध धर्म याज्ञिक कर्मकांडों की प्रतिक्रिया में उद्भूत हुए। उपनिषदों के ऋषियों में भी इस कर्मप्रधानता की प्रतिक्रिया को, हम ऊपर स्वीकार कर चुके हैं। यहीं पर इस बात को पुनः याद कर लेना अनुचित न रहेगा कि नीचे-नीचे लोक-चेतना की अपेक्षाकृत वैयक्तिक उपासना-प्रणाली वाली भक्ति-भावना भी चली आ रही थी। तैत्तिरीय आरण्यक[2] एवं

---

1. श्रेयान द्रव्यमयाद् यज्ञात् ज्ञानयज्ञः परन्तप, 4।33, तथा 7।16-17
2. नारायणाय विद्महे, वासुदेवाय धीमहि, तन्नो विष्णुः प्रचोदयात्।
   —तैत्तिरीय आरण्यक, दशम प्रपाठक।
   (यदि यह अंश बाद का नहीं है तो पाणिनि के पूर्व ही नारायण, वासुदेव और विष्णु का एकीकरण हो चुका था।)

अष्टाध्यायी आदि[1] के आधार पर विद्वानों ने बुद्धपूर्व युग में वासुदेवोपासना के अस्तित्व को स्वीकार किया है। मेगस्थनीज, कर्टियस आदि के विवरण भी कृष्ण-पूजा का समर्थन करते हैं। सेनार्ट,[2] कीथ,[3] बागची[4] जैसे विद्वानों ने जैन-बौद्ध मतवादों पर इस भागवत धर्म का आभार स्वीकार किया है। इन विविध साधनाओं में जैन और बौद्ध जैसे मतवाद तो सीधे वेदों एवं वैदिक धर्म पर आघात करते हैं, अतः वहाँ सुलह और समन्वय का कोई लक्षण प्राप्त नहीं होता। परंतु उपनिषद्-युग से ही इस लोकधर्म[5] और औपनिषदिक बौद्धिक मेधा का सम्मिलन प्रारंभ हो जाता है। (इस संबंध में छांदोग्य में ऋषि घोर आंगिरस और उनके शिष्य वृष्णी देवकी पुत्र कृष्ण वाला अंश द्रष्टव्य है। रायचौधुरी ने तो इस शिक्षा और गीता की शिक्षा के बीच आश्चर्यजनक साम्य देखा है। इस संबंध में एक तथ्य यह भी द्रष्टव्य है कि ब्राह्मण-कर्मकांडों की प्रतिक्रिया में खड़े होनेवाले तीनों—उपनिषद्, जैन-बौद्ध एवं सात्वत या भागवत-मतवाद—क्षत्रियों से संबंधित हैं। ब्राह्मण-क्षत्रिय संघर्ष को अपनी अपूर्व व्याख्या पद्धति से महाभारत ने समाप्त किया।[6]) बल्कि कहना यों चाहिए कि जैन-बौद्ध मतवादों के बीच में आ जाने से वैदिक से वैष्णव भावना पर संक्रमण में सहायता मिली है। पुराणों-महाकाव्यों ने इस संक्रमण में अतिरिक्त सहायता दी।

वैदिक-उपनिषद् साहित्य एवं महाकाव्य-पुराण-तंत्र साहित्य का एक प्रधान अंतर शिव और विष्णु जैसे महादेवताओं की इन वादवालों में प्रतिष्ठा है। इनमें

---

1 (क) पाणिनि, अष्टाध्यायी वासुदेवार्जुनाभ्यां वुन्, 4 ।3 ।98

(ख) चुल्लनिद्देस में भी वासुदेवों एवं बालदेवों का वर्णन आया है। पंतजलि ने महाभाष्य में वासुदेव और बालदेव को वसुदेव और बलदेव का पुत्र बताते हुए उन्हें वृष्णि-वंश का सिद्ध किया है तथा वासुदेव को साक्षात् भगवान् माना है। गीता में भी वृष्णीनाम् वासुदेवोस्मि (10 ।77) कह कर उन्हें वृष्णि-कुल से संबंधित किया गया है।

(ग) The ancient Bhagwata, Satwata or Panchratra sects devoted to the worship of Narayan and his defied teacher Krishna-Devaki-Putra dates from a period anterior to the rise of Jains in 8th century B.C. Buhler, *Indian Antiquary,* Vol. XXIII (1894) p. 248

2. लोकमान्य तिलक के गीता रहस्य, पृ. 547 पर उद्धृत तथा *A Comprehensive History of India,* vol. II, (Edited by K.A.N. shastri) में श्री पी.सी. बागची द्वारा पृ. 391 पर उद्धृत।
3. The (Jaina) faith is deeply permeated with Hindu influences and specially of Kirshna worship. –*Journal of Royal Asiatic Society,* 1915, pp. 842-43
4. There is every reason to believe that early Bhagwatism exercised a great influence on Buddhism –*A comprehensive History of India,* p. 391
5. महाभारत इसे लोकधर्म कहता है, शांति पर्व, 335 ।29
6. के.एम. पणिक्कर, भारतीय इतिहास का सर्वेक्षण, पृ. 13-14

आकर धर्म-पूजा और साधना सांप्रदायिक रूप धारण करती है। अपेक्षाकृत कम महत्त्व के देवताओं को महत्त्व प्राप्त करने या दो नए देवताओं के आविर्भाव मात्र की बात यह नहीं है, बल्कि जैसा कि चार्ल्स इलियट ने कहा है कि यह एक प्रकार से नया धर्ममत ही था; अंतर मात्र इतना है कि यह पुराने का दुश्मन या संहारक बन कर नहीं आया।[1] इन नए देवताओं की पूजा पुराने रीति-रिवाजों के मध्य अत्यंत शांतिपूर्वक विकसित होती गई। उन्हें वही जनता और पुरोहित मिले जो पुराणों के थे—बौद्ध धर्म के बीच में आ जाने के कारण यह संक्रमण हमारे लिए कुछ धुँधला पड़ गया है। बौद्धों के आंदोलन ने जब सारे वैदिक मतवाद को हिला देना चाहा तब विवश होकर इन ब्राह्मण पुरोहितों को इस जनप्रिय मत को सहारा देना और आश्रय लेना पड़ा, जिसे कि उन्होंने फिर अपने में ढाल भी लिया। उसे वैदिक देवताओं और उनके गुणों से युक्त कर लिया गया। (महाभारत इस प्रकार का सबसे महान् प्रयत्न है—अपने अंतिम संपादित रूप में) इन पुरोहितों का शास्त्रानुमोदन मिल जाने के बाद कला-साहित्य आदि में उनका समुचित वर्णन भी हमें प्राप्त होने लगता है जबकि इसके पूर्व हमें एक-दो बिखरे संकेतों के अतिरिक्त कुछ प्राप्त नहीं होता। कुछ ऐसी ही स्थिति और युग में महाभारत में हम विष्णु, वासुदेव, नारायण और कृष्ण को एकत्व प्राप्त करते देखते हैं तथा सात्वत, पांचरात्र, भागवत, एकांतिक साधना आदि का भी उल्लेख पाते हैं। जैनियों, बौद्धों के विरुद्ध इस संगठन का अनुमान यों भी किया जा सकता है कि मथुरा जैन-बौद्ध धर्म का केंद्र 6-7वीं शती ईसवी तक रहा है—उधर मेगस्थनीज आदि के वृत्तांतों से शूरसेन प्रदेश में ही कृष्णोपासक सात्वतों का भी उल्लेख मिलता है। वैदिक धर्म पहले से ही था। इस स्थिति में वैदिकों एवं सात्वतों का सम्मिलन पारस्परिक लाभ के लिए ही सिद्ध हुआ होगा—एक को लोकमत का सहारा मिला और दूसरे को शास्त्रीयता का स्तंभ। (इधर मथुरा-कला पर कलाविदों ने ग्रीसो-बैक्टीरियन छाप देखी है और भारत में प्रतिमापूजन पर भी ग्रीक प्रभाव देखा गया है। आश्चर्य का विषय न होगा यदि एक ही साथ यह प्रभाव जैन, बौद्ध और वैष्णव तीनों ही संप्रदायों ने ग्रहण किया हो।) एक ओर जैन, बौद्ध पाली-प्राकृतों में उपदेश करके अपने मतवाद का द्वार सबके लिए उन्मुक्त कर रहे थे तो दूसरी ओर गीता में भी ऊर्ध्वबाहु घोषणा की गई है :

मां हि पार्थ व्यपाश्रित्य येऽपि स्युः पापयोनयः।
स्त्रियो वैश्यास्तथा शूद्रास्तेऽपि यान्ति परांगतिम्।। 9।32

गीताकार की वाणी सत्य हुई और आगे भागवतकार को कहना पड़ा :

---

1. Charles Eliot, *Hinduism and Buddhism*, p. 137

किरात हूणांध्र पुलिंद पुक्कसा, आभीर कंका यवना खसादयः
येऽन्ये च पापा यदुपाश्रयाश्रयाः शुध्यन्ति तस्मै प्रभविष्णवे नमः।।

2।4।18

इस युग में आकर उपनिषदों के निर्गुण निराकार ब्रह्म की प्रतीकोपासना के स्थान पर व्यक्त मानवदेहधारी की उपासना की कल्पना आई।[1] यह दिव्य देह 'परित्राणाय साधूनां विनाशाय च दुष्कृताम्' तथा 'धर्म संस्थापनार्थाय' थी। यद्यपि कुछ लोगों का अनुमान है कि इसके मूल में बौद्ध प्रभाव है, परंतु हमें इसकी चर्चा में जाकर प्रसंगातर में नहीं पड़ना। हमारा निवेदन मात्र इतना है कि भक्ति को भागवत धर्म का समर्थ बल मिला, जिसके कारण आगे उसका और अधिक विकास संभव हो सका। इस समय हम कृष्ण और विष्णु के विकास तथा सात्वत, एकायन या पांचरात्र अथवा भागवत धर्म के ऐतिहासिक विकास को भी छोड़ रहे हैं—वे भी हमसे सीधी तरह संबंधित नहीं हैं। इतना और ध्यान में रखने की बात है कि इस युग में आकर एकेश्वरवाद की विचित्र परिणति होती है : वह एक ओर तो सर्वात्मवाद की ओर जाता है और दूसरी ओर सांप्रदायिक संगठन में संकुचित होता है। बल्कि इसे यों कहा जाए कि सांप्रदायिक संगठन को केंद्रबिंदु बनाकर फिर उसे अन्य सारे देवताओं, सृष्टि आदि का उद्‌भावक, नियंता एवं संहर्ता दिखाया जाता है। पुराणों पर बहुदेववादी होने का आरोप लगाया जाता है यद्यपि ऊपर हम भक्ति को एकेश्वरवाद से संबंधित कर चुके हैं। इसका मुख्य कारण भी हमारी समझ से लोकचिंता एवं शास्त्रचिंता का समन्वय ही है। लोकचिंता अपने साथ-साथ बहुत से देवताओं को लेकर उपस्थित होती है। बौद्धिक वर्ग उनका विरोध कर एक बड़े जन समुदाय को चोट पहुँचाने के स्थान पर उन्हें अनेक रूपों में स्वीकार लेता है। कोई पिता बन जाता है, कोई पुत्र; कोई विरोध करके भक्ति करता है तो कोई सेवा करके। कुछ वाहन बन जाते हैं, कुछ दिग्पाल, तो कुछ पर्यायवाची नाम। और फिर इन्हें तत्त्वचिंतन के स्तर पर 'एक एव आत्मा बहुधा स्तूयते' (निरुक्त 7।4।8-9) एक ही सत्ता के विविध रूप घोषित करके एकेश्वरवाद की रक्षा भी कर लेते हैं। इस एकता के प्रतिपादन के लिए पद्मपुराण भूमि खंड 2, पाताल खंड अध्याय 73।51; विष्णुपुराण 5।33।49; ब्रह्मवैवर्त पुराण, श्रीकृष्ण जन्म-खंड, उत्तरार्ध 53।73; वायुपुराण 25।20-25 द्रष्टव्य हैं। इन संप्रदायों में सर्वप्रमुख विष्णु और शिव हैं। इनमें बहुत-सी समानताएँ और असमानताएँ हैं। पर

1. विष्णु और शिव के विकास में जिन प्रक्रियाओं ने योग दिया है उनमें पश्चिम से होनेवाले फारसी तथा यूनानी आक्रमणों को न भूलना चाहिए। इन आक्रमणों ने एक निश्चित और वैयक्तिक (बजाय अपरूप एवं बुद्धिप्रवण के) देवता की धारणा में महत्त्वपूर्ण भाग लिया होगा।

भक्ति का भाव दोनों संप्रदायों में है। रामायण में तो रुद्र भयावह न होकर शिव हो गए हैं, वे आशुतोष हैं, दयानिधि हैं, वरदाता हैं। उनकी पत्नी उमा भी आदिम भयावह देवी न होकर दयालुता की मूर्ति हैं। यह सब भक्तिवाद की ही नम्र देन है। परंतु आगे चलकर शैव संप्रदाय अधिक वैज्ञानिक, दार्शनिक और तार्किक होते गए तथा वैष्णव संप्रदाय अधिक भावुकतापरक। संभवतः इसीलिए हमें शिव का वैसा कोई जनप्रिय अवतार नहीं मिलता जैसे कि विष्णु के (राम-कृष्ण) प्राप्त होते हैं। इतना अंतर होते हुए भी दोनों ही आवागमन के बंधन से छुटकारा दिलाते हैं, दोनों में ही मानवीय दुख के प्रति दर्द है, दोनों ने ही उन दार्शनिक सीमाओं को उपलब्ध किया जो साधारण विश्वास नहीं प्राप्त कर सकते; दोनों में ही श्रृंगारिक तत्त्व नैतिकता की सीमा के बाहर तक उतरे हैं। परंतु फिर भी भावुक धर्म के अंग भक्ति के प्रसंग में लोग वैष्णव संप्रदायों का ही जिक्र करते हैं यद्यपि शैव (शाक्त भी) साधना भक्ति के विकास में एक अनिवार्य कड़ी है।

अस्तु, संप्रदाय-रचना के बाद दो बातों की ओर ध्यान गया : प्रथम तो प्रचार और उसके लिए पुराणों की रचना हुई, दूसरे सैद्धांतिक एवं व्यावहारिक उपासना-विधि का निरूपण जिसके लिए आगम और संहिताएँ बनीं। इन पुराणों ने भक्ति के व्यवहार और दर्शन को सामान्य जनता तक पहुँचाने में अत्यधिक मदद की। जो लोग इस बात पर आश्चर्य प्रकट करते हैं कि कैसे शक्तिशाली बौद्धधर्म इस देश से अचानक गायब हो गया, उन्हें पुराणों के व्यापक कोलाहल शून्य पर गंभीर प्रभाव को ध्यान में रखना चाहिए। इन पुराणों ने लाक्षणिक प्रणाली से यथार्थ जीवन के उदाहरणों के माध्यमों से भक्ति-मार्ग एवं सगुणोपासना को बहुत अधिक प्रचारित किया। इन पुराणों के गहरे प्रभाव का परिचायक यह तथ्य भी है कि हिंदू पुराणों के अनुकरण पर जैनों के चौबीस तथा बौद्धों के नौ पुराण बने। पुराणों के अध्ययन से यह भी पता चलता है कि प्रारंभ में शिव का महत्त्व अधिक रहा, बाद को विष्णु इतना आगे बढ़ सके हैं।[1] पुराणों में दस शैव पुराण हैं, तथा वैष्णव पुराण चार ही हैं। यद्यपि कुछ अन्य पुराणों में भी यत्र-तत्र कृष्ण-वासुदेव का उल्लेख मिल जाता है। पुराणों द्वारा स्थापित देवताओं में ब्राह्मण देवताओं जैसी गंभीरता एवं प्रभुत्वशीलता (Imposing Nature) हमें प्राप्त नहीं होती। भक्ति के आग्रह में ये अधिक मानवीय, सहज, सुलभ एवं प्रेममय तथा आत्मीय हो गए हैं। चार्ल्स इलियट ने पुराने वैदिक धर्म से इस नए हिंदू मतवाद का अंतर तीन मुख्य बातों में माना है। प्रथम तो यह कि धार्मिक वातावरण में एक सार्वभौम गहनता और व्यापकता आई। इसका दुहरा प्रभाव पड़ा—एक ओर तो प्राचीन मतों और संस्कारों के प्रति तर्कहीन श्रद्धा बनी रही, दूसरी ओर नए विश्वास उदित होते रहे—क्योंकि

1. हरवंशलाल शर्मा, सूर और उनका साहित्य, द्वितीय संस्करण, पृ. 111

रचनात्मक शक्ति सदैव कुछ नया चाहती है। दूसरी मुख्य बात इलियट के अनुसार है किसी कठोर अनुशासन एवं श्रेणीबद्धता (hierarchy) का अभाव ! ब्राह्मणों ने किसी विशेष धर्म-शैली पर विशेष जोर कभी नहीं दिया, बल्कि उनका एक न एक वर्ग हर धर्म शैली और मत को परामर्श देने के लिए तथा प्रयोक्ता रूप में उपलब्ध हो जाता था।[1] अतः स्वाभाविक रूप में प्रत्येक पुरोहित अपने देवता और रीति का प्रवक्ता बन गया। परिणामस्वरूप प्राचीन मत को नए मत का संगठित विरोध नहीं सहना पड़ा और न पुराने मत ने नए मत का ही प्रतिरोध किया। एक तीसरी सर्वाधिक महत्त्वपूर्ण बात वह विचारधारा है जो उपनिषद्-काल से अब तक चली आ रही है कि विधि-विधान एवं धर्म-संप्रदाय और उनकी रीतियाँ सब निचले स्तर की चीजें हैं और आत्मा को उनका अतिक्रमण करना चाहिए।[2] अतिक्रमण की इस प्रवृत्ति ने भी स्थूल सांप्रदायिकता में ही भारतीय साधना को बँधने नहीं दिया—उससे ऊपर भी उठकर चिंतन एवं गायन तथा परिणामस्वरूप कलासृजन होता रहा।

पुराणों में ही आकर सगुण उपासना के अवतारवाद, मूर्तिपूजा, मंदिर-निर्माण आदि पूरी तरह स्थापित होते हैं। यद्यपि मूर्तिपूजा की भावना सिंधु-घाटी की सभ्यता में विद्यमान है,[3] परंतु ऋग्वेद की धर्मसाधना में मूर्ति-पूजा प्राप्त नहीं होती—ऐसा विद्वानों का निश्चित मत हो चला है।[4] परंतु वेदों में शिश्नदेव, मूरदेव आदि के उपासकों को हेय दृष्टि से देखा गया है—इससे यह अनुमान लगाया जा सकता है कि आर्यों के श्रेष्ठ वर्गों के बाहर मूर्तिपूजा का कोई रूप प्रचलित अवश्य था—संभवतः सिंधु-घाटी सभ्यता का विकसित रूप। ब्राह्मण ग्रंथों में भी प्रतिमा-पूजा का स्पष्ट उल्लेख नहीं मिलता। परंतु गृह्यसूत्रों तथा पाणिनि (500 ई. पू.) के समय

---

1. देवताओं को अपनाने की विधि का उल्लेख पिछले पृष्ठों पर किया जा चुका है।
2. Charles Eliot, op. cit, p. 192
3. R.P. chanda, op. cit, p. 9
4. (क) मैक्समूलर, विलसन, मैक्डानल जैसे ऋग्वेद में मूर्तिपूजा के लक्षणों को मानने वाले तथा वोलेन्सन, वेंकटेश्वर जैसे न माननेवाले विद्वानों के मतों की विस्तृत समीक्षा करते हुए श्री जे.एन. बनर्जी ने अपने उपरिलिखित ग्रंथ में कहा है :
   The Rigvedic verse 10/30/3 does not prove the existence of the practice of Image worship in early Vedic religion तथा After a critical consideration of all these data, it can be confidently observed that, even when some references to symbols or sensible representations are found in the Vedic and Brahmanic texts, this does not necessarily mean that they were the image proper of the respective divinities. p. 61
   (ख) The mind of the Vedic poet is the rationalistic mind of ruminating philosopher, rather than the artistic mind which reproduces the finished product. It is engaged too much in reasoning about and constantly altering the wavering shapes of the Gods. So that these remain to the end of Vedic →

से लगातार स्पष्ट लिखित, उत्कीर्ण अनेक पुरातात्त्विक प्रमाण मिलने लगते हैं।[1] भक्ति के इस द्वितीय उत्थान में संप्रदायों की प्रतिष्ठा के बाद से तो मूर्तिपूजा एवं सगुण मतवाद का पूर्ण स्थापन हो जाता है। मैं समझता हूँ कि यह धर्म-साधना के बढ़ाव का अनिवार्य परिणाम था, इसे ग्रीक छाया कहना बहुत उचित नहीं है। ग्रीक छाया मूर्तिगठन में हो सकती है, पर मूर्ति की धारणा में नहीं। इसके लिए अपने देश की ही वेद एवं वेदबाह्य साधनाओं के समन्वय पर ध्यान देना होगा। अवतारवाद की धारणा के मूल बीज भी विद्वानों ने वेदों में देखे हैं। परंतु स्थिति प्रतिमा और अवतार के बारे में एक ही है। वहाँ पर नराकार या अर्द्धनराकार की भावना कल्पनामूलक वाग्वैदग्ध्य के रूप में है, किसी निश्चित व्यूह-सिद्धांत आदि के रूप में नहीं। पर इस कल्पनात्मक रूप ने आगे संप्रदाय-देवों के रूप के निर्माण में सहायता पहुँचाई है।[2] इस संबंध में यह भी ध्यान में रखना चाहिए कि पुराण-काल में ही आकर जैन तीर्थंकरों की मूर्तियों का निर्माण और पूजन प्रारंभ होता है, इसी

→ time too uncertain in outline, too fluid in substance for the modelling of the artist...As a matter of fact there in no record of Vedic Icons, or Vedic temples. In all these senses there is no Vedic pantheon. Bloomfield, *Religion of the Vedas,* p. 89

(ग) देवताओं के नराकार-रूप के बारे में यास्क के निरुक्त के 13।1।7 तथा अन्य मिलते-जुलते अंशों की समीक्षा करते हुए आर.पी. चाँदा ने कहा है, "The discussion clearly shows that upto the time of Yaska, which synchronises with the last phase of the Vedic period, the Vedic Gods had not been invested with the forms, in which they appear in the Epic and Puranas."–*Memoirs of the Archeological Survey of India*, no. 30, p. 2

1. In the last section of the Vedic literature, from the khilas (Supplement) to the earlier authoritative Brahmanas and Aranyaks and the Grhya Sutras, we have clear and unmistakable evidence about the recognition of the images of the Gods and their shrines by the orthodox Vedic Brahmanas.–J.N. Banerjea, op. cit, p. 68
2. (क) But these and many other similar concepts are pure and simple imageries without actual concrete bases. These theriomorphic and Anthropomorphic descriptions, however, played an important part in the evolution of some of the cult-gods in the subsequent religious history of India . Ibid, p. 51

   (ख) वैदिक युग में आकाश को पार करने वाले देवता 'सुपर्णे गरुत्मान' थे। आगे चलकर जब आदित्य विष्णु भागवत विष्णु बनते हैं तब गरुड़ उनका वाहन बन जाता है। इसी प्रकार रुद्र को ऋग्वेद 2।33।6 तथा 2।33।8 में 'वृषभ' कहा गया है। सिक्कों के आधार पर इस बात के निश्चित प्रमाण हैं कि उन्हें कुछ स्थानों में बैल का रूप दिया गया। आगे उपासकों के मानसिक परिवर्तन के साथ अर्द्धनराकार वृषभ उनका वाहन बन जाता है। इस प्रकार के उदाहरण विरल नहीं हैं।

युग में अनात्मवादी बौद्धों के महायान संप्रदाय की नींव पड़ती है और इनमें भी बोधिसत्वों की पूजा, चैत्य-पूजा आदि बातें प्रारंभ होती हैं। स्पष्ट है कि मूर्तिपूजा के लिए श्रद्धा की अनिवार्य आवश्यकता है तथा श्रद्धा भक्ति का आंतरिक पक्ष है इस प्रकार भक्ति की यह भावना हमें सभी संप्रदायों में बिखरी दिखाई देती है। ऐसी स्थिति में यह कहना उचित नहीं है कि भक्ति वह बिंदु है जिस पर इकट्ठे होकर सारे हिंदू संप्रदाय बौद्ध अनात्मवाद से लड़ रहे थे।[1]

1. Yusuf Hussain, *Glimpses of Medieval Indian culture*, p. 7

2

भक्ति : आधुनिक सांस्कृतिक संदर्भ

इतिहास-दर्शन के अनेक तत्त्व-वेत्ताओं ने संस्कृतियों के विकास के संबंध में गहराई से अध्ययन कर अनेक सिद्धांत निश्चित किए हैं। इनमें तीन सिद्धांतों की बहुधा चर्चा होती है; निकोलाई डैनिलेब्सकी तथा स्पेंग्लर का आवर्तवादी सिद्धांत, आर्नल्ड ट्वायनबी का आरोह अवरोहवादी लयात्मक सिद्धांत एवं मार्क्सवादियों तथा अभिनव समाज शास्त्रियों (सोरोकिन इत्यादि) के रेखाकार या शंखाकार विकासमूलक मत। यहाँ पर हमें इन सिद्धांतों के गुण-दोषों में नहीं जाना है तथा किसी सिद्धांत विशेष को स्वीकार करने का प्रश्न भी नहीं उठता है। हमारा तात्पर्य मात्र इतना है कि इतिहास और संस्कृति के व्यापक परिवेश में ही धर्म-साधनाओं को देखा जाए। स्पेंग्लर ने संस्कृतियों के जन्म, विकास, प्रौढ़ावस्था और मृत्यु की चर्चा करते हुए कहा है कि अंतिम अवस्था में एक प्रकार की सेकंड 'रिलिजसनेस' उत्पन्न हो जाती है जबकि यौवनकाल की शक्तिमान धर्म-भावना की ओर लोग लौटते हैं। उसके अनुसार संस्कृति के युवाकाल में जो धर्म-भावना प्रस्फुटित होती है उसमें उसकी आदिम-शक्ति की समस्त सरलता और बल होता है। परंतु धीरे-धीरे धर्म संगठनों एवं रीतियों में लचीलेपन और शक्ति का अभाव होता जाता है तथा मूल उद्देश्यों से हट कर रूढ़िप्रियता (कर्मकांड) बढ़ जाती है तब फिर एक प्रकार का सुधार प्रारंभ होता है, जिसमें शुद्धतावाद तथा बौद्धिकता का बोलबाला हो जाता है एवं यह सुधारवाद बहुधा राजशक्तियों के माध्यम से लाया जाता है। वैदिक-औपनिषदिक युग, कर्मकांडी युग एवं बौद्ध-जैन धर्मों का उदय क्रमशः इन्हीं तीनों अवस्थाओं के द्योतक हैं। स्पेंग्लर के अनुसार इस बौद्धिकता एवं तार्किकता (जैसी कि बौद्ध धर्म में थी) के विरुद्ध फिर जो प्रतिक्रिया प्रारंभ होती है उसमें मिथ, अतार्किकता एवं अपार्थिवता के प्रति आकर्षण बढ़ जाता है। उच्च वर्गों में न घटित होकर जनसामान्य में यह प्रवृत्ति विकसित होती है। उसके अनुसार 300 ई. पूर्व में विकसित

हुए वैष्णव एवं शैवमत इसी द्वितीय धर्म-भावना के द्योतक हैं। अंततः यह द्वितीय धर्म-भावना एक प्रकार के कृषक धर्म में परिवर्तित हो जाती है तथा समाज का सांस्कृतिक विकास समाप्त होकर एक इतिहासरहित युग आ जाता है। ऐसी अवस्था में लोग कठिनतापूर्वक जीवन-यापन करते हुए जीवन को बर्दाश्त करते रहते हैं। जनसमूह विजिगीषु योद्धाओं के चरणों तले कुचलता रहता है, सहता रहता है। ऊपर-ऊपर विजय और पराजय लोगों को दिखाई भी पड़ती है, पर अंदर (इस) द्वितीय धर्म-भावना की शक्तिशालिनी पवित्रता के द्वारा सभी प्रकार की शंकाओं-संदेहों से सदा के लिए मुक्त प्राणीमात्र प्रार्थना किया करते हैं।

ऊपर से देखने पर यह बात सत्य प्रतीत हो सकती है, परंतु जैसा कि ट्वायनबी ने कहा है कि इक्कीस पूर्णतः विकसित हुई सभ्यताओं में सात अब भी जीवित हैं और उनमें हिंदू (या भारतीय) एक है। इस प्रकार स्पेंग्लर के मत का सैद्धांतिक आधार पर खंडन न भी किया जाए तब भी इस मत का निराकरण हो जाता है कि वैष्णव-शैवमत भारतवर्ष में द्वितीय धर्म-भावना के द्योतक थे। वास्तव में इन मतों के उदय के बाद ही हमारी सभ्यता का श्रेष्ठतम युग आता है—गुप्तयुग—जब कि परम भागवत गुप्त राजाओं ने वैष्णव धर्म को बहुमान प्रदान किया था।

ट्वायनबी सभ्यताओं के उत्थान-पतन की लयात्मक बात करता है—यानी कि कोई सभ्यता ऊपर उठती है, नीचे गिरती है फिर ऊपर उठती है। इसमें एक प्रकार की चुनौती और उसके प्रतिकार का रूप होता है। एक समाज को बार-बार चुनौती देते हैं और समाज उन चुनौतियों का उत्तर देता है। जब समाज उत्तर देने में असमर्थ और अक्षम हो जाता है तो वह सभ्यता नष्ट हो जाती है। इन चुनौतियों एवं जवाबों में सभ्यता ऊपर उठती या नीचे गिरती रहती है। उसके अनुसार सभ्यता के विकास के दिनों में चुनौतियों की अपेक्षा उत्तर अधिक शक्तिशाली होते हैं तथा अंतिम स्थिति में चुनौतियाँ अधिक। ऐसा भी होता है कि किसी कठिन समय में सभ्यता अपने को पीछे हटा लेती है और पुनः अधिक शक्ति के साथ प्रकट करती है। इस प्रकार तीनों स्थितियों में एक लयात्मक गतिशीलता है। इसमें सभ्यताओं की मौत की कोई निश्चित अवस्था नहीं होती। जब तक समाज में सृजनात्मक शक्ति बनी रहती है तब तक वह सभ्यता नष्ट नहीं होती, चाहे उसे कितनी ही चुनौतियाँ क्यों न मिलती रहें। भारतीय इतिहास से इस प्रकार के अनेक उदाहरण मिल सकते हैं। स्वयं आचार्य हजारी प्रसाद द्विवेदी का मत ट्वायनबी से दूर नहीं है जब वे कहते हैं, "सन् ईसवी की पंद्रहवीं-सोलहवीं शताब्दी भारतीय इतिहास में बहुत महत्त्वपूर्ण है। इस काल में यद्यपि विजातीय संस्कृति के संघर्ष से भारतीय संस्कृति के विकास की स्वाभाविक गति कुंठित हो गई थी, तथापि उसमें प्राण शक्ति बची हुई थी। अवसर पाते ही उसने अत्यंत शक्तिशाली मनीषियों को जन्म दिया। प्रधान रूप से भक्ति और धर्म के क्षेत्र में ही यह नवजागरण दिखाई दिया। उस काल

में स्वामी रामानंद, महाप्रभु बल्लभाचार्य, महाप्रभु चैतन्य देव, ज्ञानेश्वर, तुकाराम, गोस्वामी हितहरिवंश, सूरदास, कबीरदास, नामदेव, नानक आदि एक से एक शक्तिशाली महापुरुष पैदा हुए और उन्होंने मूर्च्छित संस्कृति को नया जीवन प्रदान किया। यह सब कैसे हुआ, यह कहना बड़ा कठिन है। इतिहास बताता है कि जब-जब भारतीय संस्कृति संकटापन्न हुई तब-तब कोई अज्ञात शक्ति, उसे एकदम मृत हो जाने से बचा लेती रही है।" (गोस्वामी हितहरिवंश संप्रदाय और साहित्य की भूमिका)

स्पष्ट है कि यह मत स्पेंग्लर की अपेक्षा अधिक वैज्ञानिक है। इसमें विकास की एक प्रक्रिया अवश्य है, पर इतिहास का बोध आगे बढ़ता है। ट्वायनबी के मत की, उसके उत्थान-पतनवादी दृष्टिकोण की, जम कर आलोचना हुई। सभ्यताओं को इस प्रकार एक बँधे-बँधाए साँचे के भीतर ढालने को त्रुटिपूर्ण सिद्ध किया गया। मार्क्स के द्वंद्वात्मक (तथा एक अज्ञात रहस्यमय शक्ति के आरोपण को भी अस्वीकार किया गया) विकास की भी बँधी-बँधाई परिपाटी को अंतिम सत्य नहीं स्वीकार किया गया। परंतु फिर भी आर्थिक व्यवस्था और उससे निर्मित संबंधों के महत्त्व को आगे के अन्य समाजशास्त्रियों ने भी स्वीकार किया है। यही नहीं, हीगेल के द्वंद्वात्मक दर्शन को, जिसे कि मार्क्स ने अपनी विचार-सारणि का आधार बनाया था, किसी न किसी रूप में स्वीकार किया जा रहा है। इतना भर इसमें और जोड़ लेना अनुचित न होगा कि विकास की गति मात्र आर्थिक व्यवस्था पर निर्धारित नहीं करती है, अन्य मानवीय गतिविधियाँ बदले में आर्थिक व्यवस्था को भी प्रभावित करती हैं। दर्शन, धर्म और कलाओं का सामाजिक जीवन से इसी प्रकार अंतरावलंबी संबंध रहता है। मार्क्सवाद के अनुसार जहाँ इनकी उत्पत्ति वर्गों के आधार पर होती है, हम इस मत में इतना और जोड़ देना चाहेंगे कि वर्गों की उपज होते हुए भी वर्गों के मध्य विभिन्नता की अपेक्षा समानता अधिक होती है और इसीलिए इन मानवीय क्रियाओं (दर्शन, धर्म, कला) की अपील वर्गों की अपेक्षा अधिक सूक्ष्म और व्यापक होती है।

मानवीय चेष्टाएँ या साधनाएँ जिन्हें हम सभ्यता और संस्कृति के नाम से अभिहित करते हैं, अनेक दिशाओं में अनेक विधियों से आगे बढ़ती हैं। साहित्य, दर्शन, विज्ञान, धर्म, कला, राज्य शासन आदि सभी क्षेत्रों का साथ-साथ अध्ययन किया जाए तभी विकास-प्रक्रिया अधिक स्पष्ट हो सकती है। आधुनिक विज्ञान की सर्व-उन्मेषिनी दृष्टि के आने के पूर्व तक हमारी चिंतन-प्रक्रिया के मूल में लगातार एक अज्ञात शक्ति ईश्वर और उससे संबंधित साधना धर्म-मुख्य चालिका एवं संपोषिका शक्ति रहे हैं, विशेष रूप से मध्ययुग में। इसका अर्थ यह नहीं कि अन्य मानव चेष्टाएँ दब गई थीं; तात्पर्य केवल इतना है कि धार्मिक दृष्टिकोण अन्य सारी गतिविधियों को प्रभावित ही नहीं करता था, खड़ा होने के लिए आधार भी देता था। मार्क्स ने कुछ आश्चर्य के साथ प्रश्न किया था कि क्यों पूर्वी देशों का

इतिहास धर्म का इतिहास प्रतीत होता है ?

परंतु आधुनिक युग के आने तक धर्म-साधना का स्वरूप एक ही नहीं बना रहा। प्रागैतिहासिक काल से लेकर अब तक धर्म के स्वरूप में अनेक परिवर्तन होते गए। भक्ति-प्रधान धर्म-साधना इन्हीं विकास क्रमों में उत्थित हुई है--मध्ययुग में। पूर्व मध्ययुग में दक्षिण भारत में इसका उद्भव होता है तथा उत्तर मध्ययुग में यह उत्तरी भारत की प्रधान शक्ति बन जाती है, दक्षिण से भी अधिक। परंतु इसका तात्पर्य यह नहीं कि भक्ति के बीज या स्वरूप हमें पहले प्राप्त नहीं होते। भक्ति में श्रद्धा और प्रेम की जो मूल भावना है वह तो मनुष्य की एक सहज वृत्ति है। अतः उसकी उपलब्धि तो किसी भी समय के साहित्य में हो सकती है। परंतु एक विशिष्ट शक्ति के रूप में उसका विकास मध्ययुग में ही होता है। यों विद्वानों ने भक्ति का व्यवस्थित क्रम-विकास दिखाया है। साधारणतः इसे वैष्णव धर्म के साथ एकात्म भी कर दिया गया है। यद्यपि यह सत्य है कि भक्ति का सर्वोत्तम एवं मुख्य रूप वैष्णव मत में ही मिलता है। परंतु भक्ति की धारणा का मूल रूप अन्य संप्रदायों में भी विकसित हुआ है, ऐसा इस लेखक का विचार है। शैव, शाक्त, बौद्ध, संत, स्मार्त, जैन, वैष्णव इन सभी संप्रदायों में इसका प्रकाशन हुआ है। वैष्णव-मत के साथ संबद्ध करने पर हमें भक्ति के प्रारंभिक विकास को दिखा कर फिर उसे, सुदूर दक्षिण में पहुँचा कर तमिल प्रदेश के आलवारों में दिखाना पड़ता है। यदि भक्ति की भावना को अन्य साधनाओं में भी देखा जाए तो मेरे द्वारा कही गई बात अधिक स्पष्ट होगी। पर इतना अवश्य मानना पड़ेगा कि भक्ति की जिस भावुकता को हम वैष्णवों में पाते हैं, आलवारों में पाते हैं अन्यत्र उसकी कमी है। उत्तर भारत में बुद्धिवादी बौद्ध-आंदोलन, तर्क-प्रवण पंडितों, दार्शनिकों (चाहे वे नागार्जुन न हों या कुमारिल भट्ट अथवा शंकराचार्य) के विवादों के कारण यह मत ऊपर से दबा प्रतीत होता है, पर मूल की प्रेरणा से शंकर भी अछूते नहीं रहे। भावुकताप्रधान भक्ति-मार्ग की परंपरा को खोजने के लिए दक्षिणादिमुख यदि हम हों भी तब भी महायान की भक्ति भावना की देन का उचित मूल्यांकन होना चाहिए। परंतु यहीं एक बात को ध्यान में रखना होगा कि उत्तर भारत में जिन परिस्थितियों में और जिस शक्ति के रूप में यह मतवाद पुनर्जाग्रत हुआ है वह एक महान् लोकशक्ति के रूप में है। भक्ति की यह भावना नई नहीं थी, नयापन था उसकी शक्ति, उसका लोक सुलभ रूप। शुक्लजी ने कहा है "नियमों से निराश होकर 'कर्मवाद' की कठोरता से घबराकर परोक्ष ज्ञान और परोक्ष शक्ति मात्र से पूरा पड़ता न देख कर ही तो मनुष्य परोक्ष 'हृदय' की खोज में लगा और अंत में भक्ति-मार्ग में जाकर इस परोक्ष हृदय को उसने पाया।" इस कथन का एक अर्थ यह निकाला जा सकता है कि मनुष्य की आध्यात्मिक आकांक्षाएँ पूर्व प्रचलित धर्म-साधनाओं से संतुष्ट नहीं हुई थीं। यह मत मुझे समीचीन नहीं लगता। इसके द्वारा इस बात की पूर्व-कल्पना कर ली जाती है कि भक्ति की आवश्यकता जिस समाज को थी वह पहले

से ही विद्यमान था। पर ऐसा तो नहीं ही था। वास्तव में पूर्व साधनाएँ भी मनुष्य की वैसी ही आध्यात्मिक तृप्ति करती रहीं जैसी कि भक्ति कर सकी। वे नई शक्ति बन कर आईं और निःसत्य होकर अपनी उपलब्धि परंपरा के अगले चरण को सौंपकर अंधकार में पड़ गईं। भक्ति भी चरम सत्य नहीं सिद्ध हुई। भक्ति एक विशेष परिस्थिति में चारों ओर व्याप्त हुई और एक विशिष्ट रूप में व्याप्त हुई है। उसका वैदिक-औपनिषदिक भक्ति से वही संबंध है, जो गांधीजी की अहिंसा का संबंध बुद्ध की अहिंसा से है। गांधीजी ने एक वैयक्तिक गुण को सामाजिक मूल्य बना दिया। उसी प्रकार भक्ति के विशिष्ट भावुक आत्म-निवेदन को सामाजिक-सामूहिक चिंतन का आधार ही नहीं, कलश भी बनाया गया। प्रेम और भक्ति साध्य बन गए, साधन नहीं। इसके विशिष्ट सामाजिक कारण हैं।

जिस समय पांडित्य की मेधा मात्र शास्त्रानुवीक्षण में लगकर चहारदीवारों में बँधी ही नहीं, बल्कि चहारदीवारें बनाने भी लगी, (निबंध ग्रंथों का लेखन, काव्य-शास्त्र का रूढ़ विवेचन एवं धर्म में विधि-निषेधों का आधिक्य 11-12 शताब्दी से मिलने लगता है); जिस समय सहजयान बज्रयान ने लोक को आकर्षित करने के चक्कर में मानव जाति की अद्यावधि उपलब्ध समस्त नैतिक मान्यताओं एवं मूल्यों को ध्वस्त कर दिया, जब उत्तर से दक्षिण तक मत-मतांतरों एवं संप्रदायों का जाल जनता को दिग्मूढ़ करने लगा, जब जीवन के सम्मुख किसी ऊँचे लक्ष्य का अभाव हो गया—उसी समय इन समस्त परिस्थितियों से भी अधिक विकट इस्लाम का आक्रमण हुआ जिसने एक साथ अतीत की विराट परंपराओं (गुणों और अवगुणों से युक्त) को गहराई के साथ सम्हाले गए इस देश की संस्कृति के सम्मुख अस्तित्व का भयानक संकट उपस्थित कर दिया। कुछ काल के लिए ऐसा लगा कि नए धार्मिक उत्साह से दृप्त इस शक्ति के सम्मुख क्षीण-जर्जर और वृद्धा संस्कृति ठहर न सकेगी। हमारे यहाँ की 13वीं 14वीं शताब्दियाँ लगभग इसी अंधकार को व्यंजित करती हैं। परंतु यह जो वृद्धता थी उसी ने इस सर्वातिशायी शक्ति से लोहा लिया। अंतःसलिला भक्ति की भावधारा दक्षिणी वैष्णव मतवाद का सहारा लेकर तीव्र वेग से फूटी। भक्ति और वैष्णव मतवाद उत्तर से दक्षिण गया था, वहाँ वह पल्लवित होता रहा। जिस समय उत्तर भारत एक सामाजिक, राजनैतिक एवं धार्मिक निर्बलता के मध्य पड़ा हुआ मुस्लिम आक्रमण से आंदोलित हो रहा था, उस समय दक्षिण भारत ने उसे पुनः आस्था दी, सहारा दिया, जिसने गिरते हुए समाज और टूटती हुई संस्कृति को फिर से खड़ा कर दिया। जनशक्ति के रूप में भक्ति आई, इस कथन का तात्पर्य मात्र इतना ही है। पर यह याद रखना चाहिए कि यह दक्षिणी भक्तिधारा किसी शून्य में आखिर प्रतिष्ठित नहीं हुई। भक्ति भाव धारा अंतःसलिल थी। उसे निकलने का अवकाश नहीं मिल रहा था जिसे वैष्णव आचार्यों ने ऊपर आने में सहायता दी और जिसका भरपूर उपयोग एवं प्रसार

15-16वीं शती के वैष्णव आचार्यों (चतुः संप्रदायोत्तर) ने किया। यहाँ पर यह भी ध्यान में रखने योग्य तथ्य है कि पूर्व स्थापित चतुः संप्रदायों में निम्बार्क को छोड़ कर अन्य संप्रदायों को उत्तर में अधिक गहरी प्रतिष्ठा या प्रचार नहीं मिला। यह बात भी सूचित करती है कि उत्तर की स्थितियाँ कुछ भिन्न थीं। उनके लिए भिन्न प्रकार की शास्त्रीयता एवं साधना-विधि की आवश्यकता थी। निम्बार्कियों ने इस तथ्य को समझा था और अन्य तीन संप्रदायों से उनका मत निश्चित रूप से एक बात में भिन्न था कि उन्होंने प्रेम देवी राधा को प्रतिष्ठा दी। इस प्रकार मधुर भाव को उत्तर की जमीन अधिक अनुकूल मिली और इसी कारण उत्तर भारत में बाद को जिन संप्रदायों की स्थापना हुई वे सब के सब मधुर भाव की ओर झुके। तुलसीदास इनमें अपवाद हैं, जिन पर हम यहाँ विचार नहीं करेंगे। दक्षिणी भक्तों में जो माधुरी भाव के यत्रतत्र उद्‌गार हैं। वे प्रतीकात्मक अधिक हैं। अंदाल या गोढ़ा के पद इस संबंध में बहुधा उद्धृत किए गए हैं। परंतु एक तो अंदाल स्वयं स्त्री थी और अपनी जैविक स्थिति में अपने पूर्ण यौवन को कृष्ण को सौंपने को प्रस्तुत हुई थी; पुरुष परमात्मा को जब तक स्त्री न माने तब तक पूर्ण यौवन समर्पित करने की बात नहीं उठती। फारस में परमात्मा की कल्पना स्त्री रूप में हुई और परिणामतः सूफी कवि और संत सहज ही माधुरी भाव की ओर झुक गए परंतु हमारे देश में पुरुष रूप कल्पना रही—ईश्वर की। परिणामतः एक विशेष दार्शनिक दृष्टि, एक प्रकार की विशेष साधना (मानसिक विशेषकर) की आवश्यकता पड़ी जिसमें कि पुरुष अपने पुरुषत्व का अभिमान भुला कर स्त्री रूप में पुरुष परमात्मा को देख सके। जहाँ तक प्रतीकों का प्रश्न है उनमें माधुरी भाव की रस सिद्धि नहीं मानी जा सकती—मात्र झुकाव भले मान लें।

उत्तर भारत में मधुर भावापन्न भक्ति का मुख्य कारण बंगाल-वैष्णवता है। स्त्री-पुरुष रूप में साधना का प्रचलन पूर्वी भारत में तांत्रिक मतवाद के प्रसारण के कारण था ही—उनका मिलन सुख महासुख का पर्याय भी बन सका था। तांत्रिक दर्शन जब वैष्णव मत के संपर्क में आया तब उसे भी उसने 'युगनद्ध' की परिभाषा के अंतर्गत ले लेना चाहा। इधर साहित्य और कला के क्षेत्र में कृष्ण की प्रेमिका राधा कवियों के बीच में सुपरिचित थीं। उन्हें ही सहजिया-वैष्णव दर्शन के भीतर प्रतिष्ठित कर दिया गया। भक्ति-भावना यों भी प्रेममूलक होती है। जब उसमें 'युगनद्ध' दर्शन आ मिला और साहित्य का प्रेमी-प्रेमिका तत्त्व भी सम्मिलित हुआ तब उसने उस रासायनिक मिश्रण का रूप ले लिया, जिसकी माधुरी से सारा उत्तरी-भारत आप्लावित हो उठा। परंतु बंगाल की भूमि तांत्रिक अतिचारों के कारण जितनी विधि-निषेध रूपा हो गई थी, उतनी मध्यदेश की नहीं थी। परिणामस्वरूप बंगाल की परकीया राधा ब्रज में स्वकीया बन गई। सूरदास ने राधा-कृष्ण का धूमधाम से विवाह कराया। इस मधुर साधना की समानधर्मा सूफी-साधना इसी

बीच यथेष्ट प्रचार पाती है। उसने भी मधुर भावापन्न भक्ति को पल्लवित होने में सहायता दी। इनका विशेष प्रभाव 'भाव और दर्शन' की दृष्टि से निर्गुण कवियों पर पड़ा, क्योंकि नाथपंथी जब ऐतिहासिक दबाव में पड़कर मुसलमान होने को बाध्य हुए—उस समय सूफी मुसलमानों से उनका स्वाभाविक रूप से अधिक संपर्क बढ़ा और वे मधुर भाव के प्रतीक वहाँ से लेते हैं।

तुलसी वास्तव में स्मार्त-भक्ति के सर्वश्रेष्ठ प्रतिनिधि हैं। मध्ययुग में जिस समन्वय-वादिनी दृष्टि का विकास हुआ, उसे मुसलिम आक्रमण के कारण आत्मरक्षा एवं आचार-प्रधान होना पड़ा। यह दृष्टि स्मार्त-मत की थी जो 1000 ई. के बाद से मध्य प्रदेश की सामान्य जनता द्वारा अधिकाधिक अपनाई गई। तुलसीदास ने आचार-प्रवणता के साथ भक्ति के आवेश को भी मिला दिया और इस प्रकार उस कठिन समय में सामान्य जन के सम्मुख वे एक व्यवस्थित जीवन-दर्शन एवं जीवन-प्रणाली देने में समर्थ हुए। प्राचीन जीवन के नैरंतर्य को नवीन भावधारा के साथ संगुंफित करने का तुलसीदास का प्रयास मध्ययुग में अप्रतिम है—संभवतः इसी कारण परंपराओं में गहरी जड़ें रखनेवाले इस वृद्ध देश में वे इतने अधिक जनप्रिय भी हो सके। मनुष्य केवल भाव में नहीं जीता, उसे अपने दैनंदिन जीवन में एक प्रकार की आचार-पद्धति की भी आवश्यकता होती है; तथा आचार इतना उथला नहीं होता जितना लोग समझते हैं—उसके भी आंतरिक मूल्य होते हैं जो शताब्दियों के परीक्षण में खरे उतरते हैं। इसके अतिरिक्त आचार मनुष्य के भाव जगत् की अभिव्यक्ति भी होते हैं। करुणा और दया, प्रेम एवं उदारता श्रेष्ठ भाव मूल्य हैं। पर इनका प्रकाशन आचार के द्वारा ही संभव है। तुलसीदास ने इस महत्त्व को समझा था, इसी कारण केवल इष्टदेव के रूप एवं लीला-गान के मधुर पक्ष में ही नहीं लगे (उसका भी यत्र-तत्र संकेत है) बल्कि जिंदगी जीने की उस प्रणाली को उन्होंने स्पष्ट करना चाहा जिसमें इन मानवीय मूल्यों की उपलब्धि प्रकाशित की जा सके। कृष्ण भक्त कवियों ने इन बातों की उपेक्षा की—यद्यपि उस कठिन समय में समाज को आस्था देने का अनुपम कार्य इन्होंने किया। वैष्णव-कवि की यह मधुरोपासना धीरे-धीरे स्थूल ऐहिकता में रीति-काल के कवियों में परिणत होती गई और उसकी रही-सही सामाजिक शक्तिवत्ता समाप्त कर दी गई। इस प्रकार की उपासना के जो रसिकगण थे, वे भी इसके मर्म से दूर होते गए एवं बाह्याडंबरों, सांप्रदायिक विद्वेषों में रुचि लेने लगे। समाज-निरपेक्षता ने उनकी शक्ति का अपहरण कर लिया। इसी कारण 18-19वीं शती के प्रेम-भक्ति के कवियों में परिमाण की प्रचुरता होते हुए भी वह संपन्नता नहीं प्राप्त होती जो 15वीं से 17वीं शती तक हमें दिखाई देती है। यह काल भी भक्तिकाल है पर अपनी सामाजिक शक्ति को खो चुका है और इसीलिए बहुत कुछ उपेक्षित सा हो गया है।

3

उत्तर भारत में भक्ति आंदोलन

विद्वानों ने भागवत धर्म एवं भक्ति-मार्ग की प्राचीनता के पर्याप्त प्रामाणिक विवरण प्रस्तुत किए हैं।[1] इस संबंध में विस्तृत विवेचन में न जाकर हम इतना ही कहना चाहते हैं कि भक्ति-मार्ग को केवल भागवत (वैष्णव) धर्म के साथ एकात्म करके न देखा जाना चाहिए। शैव, शाक्त, जैन, बौद्ध, तंत्र, योग आदि संप्रदायों की साधना-प्रणालियों में भी भक्ति किसी-न-किसी रूप में प्रकाशित होती रही है। हमें लगता है कि भक्ति-भाव अंतःसलिला के रूप में इस देश के लोक-जीवन में बराबर प्रवाहित रहा है और अवसर पाते की उसके सोते फूटते रहे हैं। पर इतना अवश्य है कि भागवत धर्म के साथ भक्ति का संबंध प्रारंभ से ही अधिक घनिष्ठ रहा है। संभवतः भागवत धर्म की लोकोन्मुखता ने उसे सदैव अधिक प्रश्रय एवं महत्त्व

---

1. देखिए–
   (क) आर.जी. भंडारकार : वैष्णविज्म, शैविज्म ऐंड माइनर रिलिजस सिस्टम्स ऑफ इंडिया
   (ख) बी.के. गोस्वामी : भक्ति-कल्ट इन एंशंट इंडिया
   (ग) हेमचंद्र राय चौधरी : मैटीरियल्स फॉर दि स्टडी ऑफ दि अर्ली हिस्ट्री ऑफ दि वैष्णव सेक्ट
   (घ) आचार्य हजारी प्रसाद द्विवेदी : सूर-साहित्य
   (ङ) डॉ. मुंशीराम शर्मा : भक्ति का विकास
   (च) बलदेव उपाध्याय : भागवत संप्रदाय
   (छ) परशुराम चतुर्वेदी : वैष्णव-धर्म
   (ज) डॉ. दीनदयालु गुप्त, डॉ. विजयेंद्र स्नातक आदि विद्वानों के भक्तिकाल से संबंधित विभिन्न शोध-प्रबंधों के एतत्संबंधी अध्याय

दिया है।[1]

संवत् 1000 के आसपास से मध्यदेश की स्मार्त आचार-परायण भूमि में आलवारों की भावभक्ति एवं प्रेम-प्रतीकवाद आचार्यों के शास्त्र-सिद्ध व्यक्तित्व के सहारे पहुँचते हैं। पूर्वी भारत की महायान-भक्ति और तंत्र-साधनाओं, गुह्य-उपासनाओं के सम्मिलन से विकसित सहजिया से वैष्णव-तत्त्व का प्रेम-मार्ग एवं परकीयोपासना (जो आगे चलकर गोपीभाव का रूप धारण करती है) भी इसी में आ जुड़ते हैं। इसी काल में पश्चिमोत्तर भारत से प्रेम की पीर के गायक सूफी भी इस देश में अपने सिद्धांतों का प्रचार करते हैं। तुर्क सुल्तानों के समय इन सूफियों के कार्यों को काफी व्यापकता और सफलता प्राप्त हुई थी। इसी समय मुसलमानों के आक्रमण भी होते हैं और कुछेक समय के लिए लगा कि यह दुर्दांत शक्ति भारतवर्ष के श्रेष्ठतम को कुचल कर रख देगी। ऐसी दशा में इस अनुभव-वृद्ध देश के जन को श्रद्धा एवं भक्ति ने इस झंझावात के समक्ष खड़ा रह सकने की शक्ति प्रदान की। एक पाँचवाँ तत्त्व भी इसी काल में इस परंपरा में आ जुड़ता है। राधा एवं कृष्ण की प्रेम-लीलाओं की साहित्यिक परंपरा धर्म-भावना के अंदर स्थान पा जाती है और यह लीलावाद उपर्युक्त समन्वय से उद्भूत प्रेम-प्रधान भक्ति को अपूर्व रस निर्भर बना देता है।

यहीं पर एक और तथ्य की ओर ध्यान दिला देना उचित होगा कि इस युग की संस्कृति मंदिरों को केंद्र बना कर बढ़ रही थी। प्रत्येक गाँव एवं मुहल्ले में छोटे-बड़े अनेक मंदिर विविध देवी-देवताओं के हुआ करते थे। ये मंदिर एक प्रकार के विकेंद्रीकरण के द्योतक थे।[2] बौद्ध विहारों में सामूहिक रूप से निवास,

---

1. भक्ति के तत्त्वान्वेषण की प्रारंभिक स्थिति में विद्वानों ने भारतीय भक्ति-भावना के मूल स्रोत खोजने की ओर अपनी रुचि दिखाई थी। विभिन्न विद्वानों ने इस संबंध में अलग-अलग मत निश्चित करने चाहे। ईसाई, सामी-पैगंबरी, द्रविड़ आदि विचारों को बहुधा भक्ति के मूल में देखा गया। भारतीय विद्वानों का एक वर्ग उसे आर्य-चिंता की उपज मानकर वेदों में उसके मूलतत्त्व खोजता रहा। इस समस्त विवेचन से एक ही सिद्धांत पर पहुँचने की अपेक्षा यह अनुभव किया जाने लगा कि भक्ति एवं श्रद्धा जैसे भाव प्रत्येक धर्ममत एवं सुसंस्कृत समाज में महत्त्वपूर्ण स्थान के अधिकारी होते हैं तथा जीवंत धर्म-साधनाओं में पारस्परिक प्रभाव-ग्रहण की प्रक्रिया बराबर चलती रहती है। इसी कारण सांप्रतिक तत्त्वान्वेषण में इन पारस्परिक प्रभावों के अध्ययन की ओर रुचि बढ़ी है। आवश्यकता इस बात की है कि विशिष्ट सामाजिक संदर्भों को परिपार्श्व में रख कर इन प्रभावों का अध्ययन किया जाए।
2. उस समय राजनैतिक शक्ति भी विकेंद्रित थी। हमारा अनुमान है कि इस विकेंद्रित रूप के कारण ही हिंदुत्व मुसलमानों के भीषण आक्रमण को बरदाश्त करके भी जीवित रह सका। तथा आगे चलकर वैष्णवधर्म के प्रसार में भी इस स्थिति ने सहायता पहुँचाई होगी।

प्रार्थना एवं पूजन होता था, पर इन स्मार्त मंदिरों में वैयक्तिकता एवं सामूहिकता का अपूर्व समन्वय था। उनमें रहता कोई नहीं था, पूजन भी वैयक्तिक था, परंतु उत्सव, व्रत एवं श्रद्धा सामूहिक थी। परिणामस्वरूप जब बख्तियार खिलजी जैसे मुसलमानों ने बौद्ध विहारों पर आक्रमण किया तो उन विहारों की विनष्टि के साथ ही बौद्ध धर्म को भी सांघातिक आघात लगा, पर मंदिरों को तोड़ने के बाद भी मुसलमान न तो मंदिरों के निर्माण का क्रम तोड़ सके और न मंदिरों पर श्रद्धा रखनेवाले जन की श्रद्धा को नष्ट कर सके। यह द्रष्टव्य है कि भारत के अधिकांश श्रेष्ठतम मंदिर इसी युग में बनते हैं। खजुराहो, कोणार्क, भुवनेश्वर हलेबीड, बेलूर आदि के मंदिर ग्यारहवीं शताब्दी के बाद ही बने हैं।

विक्रम की पंद्रहवीं शताब्दी तक आते-आते तुर्कों के शासन का अंत दिखाई पड़ने लगता है। मुसलमानों की अजेयता को इससे भारी धक्का लगता है तथा इस देश के हिंदू के मन से मुसलमानों का आतंक उठने लगता है। यह तथ्य इस अर्थ में अत्यधिक महत्त्वपूर्ण है कि हिंदुओं में इससे एक नए आशावाद एवं उत्साह का जन्म हुआ। इस उत्साह के मध्य ही पंद्रहवीं-सोलहवीं शताब्दियों में भक्ति का नवोत्थान हमें प्राप्त होता है। उपर्युक्त तथ्य इस अर्थ में भी महत्त्वपूर्ण है कि हिंदू-मुसलमानों के मध्य पारस्परिक बोध भी इस कारण बढ़ता है एवं सूफीमत को फैलने-बढ़ने या प्रभावित करने अथवा प्रभावित होने का अवसर मिलता है। नए बने मुसलमानों के कारण यह प्रक्रिया और अधिक गति प्राप्त करती है।[1]

यहीं पर एक और तथ्य याद कर लेना आवश्यक है। बौद्ध धर्म ने अपनी अंतिम परिणतियों में लोकार्षण का रास्ता ग्रहण किया था।[2] विशेष रूप से समाज की निम्न श्रेणियों में इसने आध्यात्मिक आकांक्षाएँ उत्पन्न कर दी थीं; उनमें आत्मविश्वास का गौरव भी स्थापित हो गया था। इस प्रकार नीची कही जानेवाली जातियाँ एक प्रकार की समानता की इच्छा प्रकट करती हैं। एक विचित्र अंतर्विरोध इस युग में दिखाई पड़ता है : एक ओर तो जाति-पाँति एवं कौलीन्य-भाव की जकड़बंदी होती है और दूसरी ओर ये तथाकथित नीची जातियाँ ऊपर आने या समानता के स्तर की घोषणा करती हैं। इस अंतर्विरोध में भक्ति-भाव को गति मिली है—क्योंकि भक्ति ने कौलीन्य को चोट पहुँचाए बिना कम-से-कम धर्म और प्रेम (भक्ति) के क्षेत्र में सबको समान मान लिया। मध्यकाल की दृष्टि से यह समानता साधारण नहीं है। इसी समय मुसलमानी आक्रमणों ने एक और समानता

---

1. विस्तार से देखिए : हिंदी साहित्य (भारतीय हिंदी परिषद्, प्रयाग) में डॉ. बनारसी प्रसाद सक्सेना लिखित सांस्कृतिक पृष्ठभूमि अध्याय, पृ. 54-56
2. हिंदी साहित्य की भूमिका : आचार्य हजारी प्रसाद द्विवेदी एवं सिद्ध-साहित्य : डॉ. धर्मवीर भारती में विस्तार से इसकी चर्चा की गई है।

स्थापित की। उनके अत्याचारों के शिकार छोटे-बड़े, ऊँचे-नीचे सभी हुए। इस प्रकार की स्थिति में यह अनिवार्य हो गया था कि जो भी साधना-मार्ग उदित हो वह व्यापक जीवन को समेटनेवाला हो। 15वीं-16वीं शतियों में नए आवेश से जगनेवाले भक्तिमार्ग में प्रेम की यह साधना सारे लोक-जीवन के लिए ग्रहणीय शक्ति बन कर उदित होती है। समन्वय एवं सामंजस्य की प्रवृत्तियों से ओतप्रोत इस समाज में भक्ति का यह मार्ग सगुण को स्वीकार करने के बाद भी निर्गुण का प्रत्याख्यान नहीं करता एवं निर्गुण की बात उठा कर उसे प्रियतम या मालिक के अनेक गुणों से विभूषित भी कर देता है। यहाँ पर शर्त केवल एक रह जाती है–प्रेम। जैसे भी बने प्रेम होना चाहिए, इसके अतिरिक्त भक्तिकाल का कुछ भी काम्य नहीं रह जाता। जप, तप, तीर्थ, व्रत, धर्म, अर्थ, काम, मोक्ष, ज्ञान, वैराग्य सब इसी ओर उन्मुख हैं। आदर्श है–'रीझि मजो या खीझि।' प्रेम ही मुक्ति-प्राप्ति का एक साधन था तथा प्रेम के द्वारा ही ऊँच-नीच तथा जाति-पाँति का भेद मिटाया जा सकता था। भक्ति-आंदोलन का ध्येय न केवल आध्यात्मिक उन्नति था, वरन् सामाजिक उत्थान भी था। बल्कि कहना यों चाहिए कि भक्तिकाल में आध्यात्मिक उन्नति एवं सामाजिक उत्थान दोनों ही पर्यायवाची-से बन गए थे। इसी कारण छोटे, उपेक्षित, अपढ़, निर्धन एवं अकुलीन भी इस युग में पूज्य बने। ध्यान रहे कि जुलाहे कबीर, अंधे सूरदास, निर्धन-तिरस्कृत तुलसीदास, बेलीक चलनेवाली मीरा किन्हीं सिद्धियों, चमत्कारों या डाँट-फटकार के कारण श्रद्धेय नहीं बनते। ये सभी प्रभु, प्रभु-कृपा एवं प्रभु-सेवा और प्रभु-प्रेम के गुण गाकर ही सामान्य जन का हृदय जीत सके थे। आल्हखंड में एक पंक्ति आती है : जननी ऐसा बेटा जनिये, कै सूरा कै भक्त कहाय।[1] (माँ, ऐसा पुत्र उत्पन्न करो जो या तो शूर कहलावे या भक्त) यह पंक्ति उस दृष्टिकोण को पूरी तरह व्यक्त कर रही है जो भक्ति को शूरवीरता (वह भी मध्यकाल की वीरता) के समकक्ष स्वीकार करता है।

प्रेम के इस प्रसंग में हम यह याद दिला देना आवश्यक समझते हैं कि ऊपर जिन तत्त्वों के आधार पर मध्यदेश के क्षेत्र में भक्ति के बीज-वपन की चर्चा कर रहे हैं वे सब प्रेम पर ही बल देने वाले हैं। पूर्वी भारत में तंत्र-मत एवं वैष्णव-मत का समन्वय जिस महायान भूमि पर हुआ था, उसमें भी प्रेम का अतिशय महत्त्व था। अनेक प्रकार की यौन-यौगिक क्रियाएँ उससे संबंधित थीं। दक्षिण की आलवार भक्ति में प्रेम का भाव अत्यंत समृद्ध था ही तथा सूफी-साधना प्रेम की पीर के प्रचारक-रूप में प्रसिद्ध ही है। राधा-कृष्ण लीला की साहित्यिक परंपरा भी रति-भावना के ही आधार पर खड़ी थी। इधर स्मार्त विचारधारा में श्रद्धा और उदारता का

---

1. हिंदी साहित्य (भारतीय हिंदी परिषद्), पृ. 462 पर उद्धृत।

जो अंश है उसने इन सभी प्रेम-प्रभावों को ग्रहण करने में सहायता दी। 15वीं शती में भक्ति के नए आंदोलन में प्रेमाभक्ति का स्वर अत्यंत प्रबल रूप ग्रहण करता है। परिणामस्वरूप इस युग में प्रेमाभक्ति के अनेक संप्रदाय एवं उसके प्रचारक कृती एवं साधक महात्मा उभरते दिखाई देते हैं। ये ही महात्मा इस आंदोलन का नेतृत्व करते हैं।

4

भक्ति आंदोलन के आचार्य

कैसा भी जन-आंदोलन क्यों न हो, कोई-न-कोई प्रतिभाशाली उस जनशक्ति का नेतृत्व करता हुआ उसे लक्ष्य तक ले जाता है। रामानंद, बल्लभ, चैतन्य, हित हरिवंश, हरिदास, हरिव्यास आदि इस नव-जाग्रत शक्ति के अग्रदूत बने। यहीं पर यह भी ध्यान में रखने की बात है कि काशी और राजस्थान निर्गुण-भक्ति के केंद्र बने या फिर सगुण मर्यादावाद के। संभवतः शैव-नाथ पंथियों के गढ़ ये स्थान थे अतः निर्गुण-भक्ति इनका स्वाभाविक विकास सिद्ध हुई, राम उनकी भक्ति के आलंबन बने। धुर पूरब बंगाल में सहजिया तांत्रिक साधना की पृष्ठभूमि में विकसित होनेवाले वैष्णव मतवाद का प्रेमतत्त्व परकीयोन्मुख हुआ। राधा-कृष्ण के रूप को अपनाकर ब्रज-प्रदेश (मथुरा-वृंदावन) राधा-कृष्ण की भक्ति का प्रमुख केंद्र एक बार पुनः बना (ई. पू. शूरसेन प्रदेश में सात्वत या भागवत धर्म का जोर था, ऐसा भंडारकर, राय चौधरी आदि सभी विद्वानों को मान्य है)[1]। बल्लभ, चैतन्य, हित हरिवंश, हरिदास

1. ब्रज प्रांत में कुषाण वंशी राजाओं के राजत्व-काल (ईसा की प्रथम शताब्दी) में जो बहुधा बौद्ध मतावलंबी थे, भागवत धर्म बहुत शिथिल था। कुषाण-वंशी राजा कनिष्क ने बौद्ध धर्म को ही प्रोत्साहन दिया, इसके अनंतर गुप्त-वंश के राजत्व-काल में वैष्णव धर्म फिर प्रबल हुआ। हर्षवर्द्धन ने बौद्ध धर्म को अपना कर उसी का प्रचार किया। उस समय एक प्रकार से ब्रज में भागवत धर्म का लोप हो गया। दक्षिण-भारत से आनेवाले आचार्यों द्वारा वैष्णव धर्म के प्रचार ने ब्रज-प्रांत में फिर से बौद्ध और शैव धर्मों को हटा कर भागवत धर्म का उत्थान कर दिया। चार आचार्यों में से आचार्य मध्वाचार्य, विष्णुस्वामी तथा निम्बार्काचार्य विष्णु के कृष्ण-रूप के उपासक थे। इसलिए चारों आचार्यों के मतों में से ब्रजभूमि में कृष्ण की जन्मभूमि होने के कारण मध्वाचार्य, विष्णुस्वामी और निम्बार्क-संप्रदायों की भक्ति-पद्धति का ही, 15वीं शती तक विशेष प्रचलन रहा।—डॉ. दीनदयालु गुप्त : अष्टछाप और बल्लभ संप्रदाय, प्र.सं., पृ. 39-40

आदि के संप्रदाय और साधनाएँ यहीं पुष्पित-पल्लवित हुईं। उत्तर भारत में भक्ति-प्रसार में चतुःसंप्रदायों के योग के प्रति कुछ असंतुलित एवं अत्युक्तिपूर्ण दृष्टिकोण रहा है। यह योगदान अपने आप में एक स्वतंत्र अध्ययन का विषय है, इसलिए विस्तार में न जाकर हम मात्र इतना कहना चाहते हैं कि निम्बार्क-संप्रदाय को छोड़कर और किसी संप्रदाय की ब्रज में अवस्थिति बल्लभ-चैतन्य आदि के पूर्व की प्राप्त नहीं होती। रामानुज की परंपरा काशी में मिलती अवश्य है, परंतु रामानंद के पहले वह एकदम क्षीण थी तथा रामानंद शुद्ध रामानुजी कितने रहे, यह काफी विवाद की बात है। कुछ लोग तो उन्हें एकदम पृथक् मानते हैं, जो रामानुज के साथ उन्हें संबंधित करते भी हैं वे भी केवल दर्शन के क्षेत्र में बाकी उपासना-पद्धति, आचार-व्यवहार, तिलक, माला और मंत्र में उनकी भिन्नता स्वीकार्य है।

निम्बार्क के बारे में भंडारकर[1], परशुराम चतुर्वेदी[2], बलदेव उपाध्याय[3] आदि सभी विद्वानों ने इस बात की ओर ध्यान दिलाया है कि उनके संप्रदाय का प्रसार ब्रज-प्रदेश (राजस्थान भी) तथा बंगाल में ही अधिक हुआ, दक्षिण में वह नितांत नगण्य रहा। बलदेव उपाध्याय ने तो स्पष्ट संकेत किया है :

''उत्तर भारत में विशेषकर मथुरा-मंडल में ही इन वैष्णवों की स्थिति से निम्बार्क का संबंध ब्रज-मंडल में ही जोड़ती है।''[4] हम समझते हैं कि यह बात काफी महत्त्वपूर्ण है। यह संप्रदाय उत्तर भारत की ही देन है। रामानुज के सिद्धांत के आधार[5] पर उत्तर भारत के अनुकूल विकसित इस संप्रदाय को दक्षिण के साथ जोड़ना उचित नहीं है। भले ही निम्बार्क दाक्षिणात्य रहे हों पर उनका संपद्राय उसी प्रकार उत्तर भारत का है जैसे दाक्षिणात्य बल्लभ का संपद्राय भी उत्तर का ही था। हम कहना चाहते हैं कि निम्बार्क और रामानंद ये दो प्रारंभिक सेतु हैं जिन्होंने भक्ति के क्षेत्र में दक्षिण और उत्तर को मिलाया है। दर्शन-ज्ञान के क्षेत्र में शंकराचार्य पहले ही सेतु बन चुके थे। आगे बल्लभाचार्य एवं चैतन्य महाप्रभु ने अपने को विष्णुस्वामी एवं माध्व से संबंधित किया है। पर यह केवल प्रामाणिकता के लिए है, अन्यथा जैसा कि डॉ. विजयेंद्र स्नातक ने भी कहा है कि नए संप्रदाय चतुःसंप्रदायों से अपनी प्रतिभा में नितांत पृथक् हैं।[6] प्रदेश-विशेष की स्थिति के साथ भक्ति-साधना में कुछ विभेद हो जाना असंभव या अनुचित भी नहीं है। आगे हम उत्तर भारत के प्रमुख वैष्णवाचार्यों का संक्षिप्त जीवन-विवरण उपस्थित कर रहे

---

1. वैष्णविज्म, शैविज्म एण्ड माइनर रिलिजस सिस्टम्स, पृ. 93
2. वैष्णव धर्म, पृ. 85
3. भागवत संप्रदाय, पृ. 314
4. वही, पृ. 314
5. आर.जी. भण्डारकर : वै. शै., पृ. 93
6. डॉ. विजयेंद्र स्नातक : राधाबल्लभ संप्रदाय : सिद्धांत और साहित्य, पृ. 52

हैं। इस विवरण से उस समय की साधना-दिशा के परिचय के साथ ही यह भी ज्ञात हो सकेगा कि इन लोगों ने कितना महान् कार्य संपादित किया था।

निम्बार्काचार्य

यथेष्ट ऊहापोह होने के बाद भी अब तक निम्बार्क का समय निश्चित नहीं हो पाया है। एक ओर बलदेव उपाध्याय तथा निम्बार्क-मतानुयायी अनेक आधुनिक विद्वान् उन्हें वैष्णव संप्रदायों में प्राचीनतम मानते हैं।[1] दूसरी ओर भंडारकर ने (और उनके ही अनुरूप परशुराम चतुर्वेदी, दीनदयालु गुप्त, हरवंश लाल शर्मा आदि हिंदी के विद्वानों ने भी) उनका समय 1162 ई. के आसपास, रामानुज के बाद, माना है। इनकी भक्ति-पद्धति पर रामानुज का स्पष्ट प्रभाव भंडारकर को मान्य है।[2] यदि राधा नाम को उन्होंने सबसे पहले प्रमुखता दी है तो उससे यह सूचित होता है कि निम्बार्क बहुत पहले के नहीं थे।[3] इस अर्थ में वे सर्वप्रथम आचार्य अवश्य हो जाते हैं कि राधाकृष्ण की भक्ति उत्तर भारत में उनके द्वारा ही प्रचारित हुई।[4] उन्हीं की शिष्य-परंपरा में आगे चलकर हरिव्यास देव (सं. 1600 के आसपास) ने निम्बार्क-संप्रदाय को अत्यधिक उन्नत किया। विद्वानों ने उन्हें बेलारी जिले के निम्बपुर ग्राम में उत्पन्न तैलंग ब्राह्मण माना है। उनके पिता क़ा नाम जगन्नाथ था तथा माता का सरस्वती। जन्मतिथि वैशाख शुक्ल तृतीया बताई जाती है। मध्ययुग चमत्कारों का युग था। हर साधु-महात्मा एवं महापुरुष के साथ अनेक चमत्कारी कथाएँ जुड़ जाया करती थीं। निम्बार्क के साथ भी एक कथा जुड़ी हुई है कि नीम के वृक्ष पर सुदर्शन चक्र का इन्होंने आह्वान कर लिया था जिससे कि कुछ उपासक सूर्यास्त के बाद भी भोजन कर सकें। तभीसे इनका नाम निम्बार्क या निम्बादित्य पड़ गया था। गोवर्धन के निंकट इस स्थान का नाम आज भी निम्बग्राम है। निम्बार्क के दो ग्रंथ मुख्य कहे जाते हैं—वेदांत-पारिजात-सौरभ तथा दशश्लोकी। इस संप्रदाय को हंस, सनक या देवर्षि संप्रदाय भी कहते हैं। आगे निम्बार्क की परंपरा में तीसवें आचार्य केशव काश्मीरी ने गीता और ब्रह्मसूत्रों पर पुनः भाष्य लिखे। 31वें श्री भट्ट ने हिंदी में रचना की।[5] तथा 32 वें हरिव्यास

1. भागवत संप्रदाय, पृ. 316
2. भंडारकर : वै. शै., पृ. 92-93
3. 11-12वीं शती के पूर्व राधा का उल्लेख देवी के रूप में कहीं नहीं मिलता। यहाँ तक कि जयेदव के गीतगोविंद में वे अत्यंत मनोहर, मानवीय, अनन्य प्रेमिका हैं, देवी नहीं। गीत गोविंद के दशावतार में कृष्ण के प्रसंग में राधा का उल्लेख नहीं किया गया है।
4. अंगेतु वामे वृषभानुजा मुदा, विराजमानामनुरूप सौभगाम्।
सखीसहस्रैः परिसेवितां सदा, स्मरेम देवीं सकलेष्ट कामदाम्।—दशश्लोकी, 5
5. युगल शतक।

देव ने अपनी संगठन-शक्ति के बल पर संप्रदाय का अभिनवीकरण भी किया। हरिव्यास देव के महत्त्वपूर्ण योगदान के कारण इसे हरिव्यासी संप्रदाय भी कहा जाने लगा।[1] निम्बार्कीय संप्रदाय की देन हिंदी को अत्यंत महत्त्वपूर्ण है। आगे चलकर घनानंद, रूप रसिक देव, रसिक गोविंद जैसे श्रेष्ठ कवि निम्बार्क-मतानुयायी हुए हैं।

कृष्ण की 'अनुरूप सौभगा' राधा को निम्बार्क मत सामने लाया, यह इस संप्रदाय की बहुत बड़ी देन कही जाती है। (यद्यपि यह बात काफी विवादास्पद है।) पर माधुर्य-भावना का पूर्ण विकास संभवतः बाद में इस संप्रदाय में हुआ और वह भी कभी उस सीमा तक नहीं पहुँचा जिस तक सखी, राधाबल्लभीय या गौड़ीय-वैष्णव संप्रदाय में वह पहुँच सका। माधुर्य के साथ ही अन्य भावों को भी निम्बार्क-संप्रदाय के आचार्यों ने मान दिया है।[2] परंतु कृष्ण के प्रति अनन्य भक्ति का उपदेश स्वयं निम्बार्क ने पहले ही दिया था :

नान्यागतिः कृष्णपदारविन्दात्
सदृश्यते ब्रह्मशिवादिवंदितात्।
भक्तेच्छयोपात्त-सुचिन्त्यविग्रहा-
दचिन्त्य शक्तेरविचिन्त्य साशयात्।

—दशश्लोकी, श्लोक 8

परंतु यहीं पर हम उस विवाद की ओर इंगित कर देना चाहते हैं जो दशश्लोकी को लेकर है। विद्वानों का एक वर्ग दशश्लोकी को निम्बार्क-कृत नहीं मानता। आचार्य हजारी प्रसाद द्विवेदी ने भी उसके 19वीं शती की रचना होने का संदेह किया है।[3] दूसरी ओर संप्रदाय के विद्वान् तथा पं. परशुराम चतुर्वेदी,[4] बलदेव उपाध्याय[5] आदि उसे निम्बार्ककृत स्वीकार करते हैं। दोनों ही पक्षों में पुष्ट प्रमाणों का अभाव है। परंतु इतना निश्चित है कि इनके वेदांत-पारिजात-सौरभ और दशश्लोकी की भावना के मध्य कोई संबंध ज्ञात नहीं होता। दशश्लोकी में राधा और कृष्ण की भक्ति का विह्वल आह्वान है, पर वेदांत-पारिजात-सौरभ में रमाकांत, पुरुषोत्तम, वासुदेव

---

1. हरिव्यास देव को माधुर्य उपासना का प्रवर्त्तक तथा महावाणी का रचनाकार कहा जाता है। पर जैसा कि हम आगे निम्बार्क संप्रदाय की पद्धति एवं निम्बार्कीय कवियों के विवेचन के प्रसंग में बतलावेंगे कि हरिव्यास देव की अपेक्षा रूप रसिक जी को महावाणीकार मानना उचित होगा।
2. भागवत संप्रदाय, पृ. 347-48
3. आचार्य हजारी प्रसाद द्विवेदी : हिंदी साहित्य, पृ. 198-199
4. वैष्णव धर्म, पृ. 84
5. भागवत संप्रदाय, पृ. 318

आदि नाम तो आते हैं पर कृष्ण का नाम नहीं आता।[1] राधा और कृष्ण की रसपरक लीलाओं की गंध भी इस भाष्य में नहीं है। परंतु केवल इसी आधार पर दशश्लोकी को नितांत परवर्ती रचना भी नहीं कहा जा सकता। इस संबंध में और अधिक अनुसंधान की आवश्यकता है। निम्बार्क के श्रीकृष्ण स्तव-राज, प्रयत्न कल्पवल्ली, मंत्र-रहस्य षोडसी आदि जिन ग्रंथों को निम्बार्ककृत बताया गया है, अब वे अधिकांश परवर्ती या अन्य ग्रंथों के अंश सिद्ध किए जा चुके हैं।[2]

रामानंद

भक्ती द्राविड़ ऊपजी, लाये रामानंद।
परगट किया कबीर ने, सप्तदीप नवखंड।।

इस कथन से इतना तो पता चलता ही है कि बहुत पहले से ही भक्ति का संबंध दक्षिण भारत से मान लिया गया था।[3] इधर विविध वैष्णवाचार्य एवं भक्तों के संबंध में जो अनुसंधान हुए हैं, उनसे यह पता चलता है कि उत्तर भारत में वैष्णव साधना का पहला केंद्र काशी में श्री वैष्णवों का बना। दक्षिण से भक्ति रामानंद के गुरु राघवानंद लाए थे। परंतु संभवतः दक्षिण की परिस्थितियों में पले-पुसे राघवानंद उत्तर भारत की मनोवृत्ति के अनुकूल नहीं बन पाए थे परंतु अपने विद्रोही शिष्य रामानंद को अलग संप्रदाय चलाने की आज्ञा देकर उन्होंने एक समुचित कार्य किया था। स्वामी राघवानंद के बारे में कुछ विशेष ज्ञात नहीं है, परंतु किंवदंतियों आदि से यह पता चलता है कि वे वैष्णव आचार्य होने के साथ ही योग-विद्या में भी निष्णात् थे। रामानंद ने भी संभवतः अपने गुरु से योग-साधना सीखी होगी। काशी उन दिनों शैवमत का अखाड़ा भी था, अतः यह समझने में कुछ कठिनाई न होनी चाहिए कि वैष्णवों को भी उस चमत्कारिक युग में अपना स्थान सुरक्षित रखने के लिए योग-क्रियाओं से परिचित अवश्य होना पड़ा होगा। इस पृष्ठभूमि में रामानंद एवं उनके शिष्यों की निर्गुण उपासना सहज समझ में आनेवाली है। रामानंद से ही यह योग-परंपरा समाप्त नहीं हो जाती। ऐसा लगता है कि राघवानंद-रामानंद-संप्रदाय को प्रारंभ से ही शैवनाथ-पंथियों से लोहा लेना पड़ा और

1. डॉ. शरण विहारी गोस्वामी ने अपने शोध-प्रबंध 'हिंदी कृष्णभक्ति काव्य में सखी भावना' में निम्बार्क के ग्रंथों पर विस्तार से विचार किया है। देखिए पृ. 80-84 (अप्रकाशित प्रबंध)।
2. वही, पृ. 80-84
3. श्रीमद्‌भागवत् माहात्म्य, प्रथम अध्याय, श्लोक 48
   उत्पन्ना द्राविड़े साहं, वृद्धिं कर्णाटके गता
   क्वचित्क्वचिन्महाराष्ट्रे, गुर्जरे जीर्णतां गता।

फिर धीरे-धीरे इन्होंने उनको अपने भीतर आत्मसात् भी किया। डॉ. जी. एस. घुर्ये ने श्री कृष्णदास पवहारी की दास, तारानाथ आदि कथाओं का विश्लेषण करते हुए कहा है कि इस प्रमुख साधु की जीवन-विधि इस बात का उदाहरण है कि कैसे वैष्णवों, विशेषकर रामानंदी वैष्णवों द्वारा शैव संप्रदायों, विशेष रूप से नाथ पंथियों, के बीच एक धीमी किंतु दृढ़ रोपण-प्रक्रिया (प्रॉसेस ऑफ ट्रांसप्लांटेशन) चलाई जा रही थी।[1] यानी कि योगमार्ग के वृक्ष पर भक्ति की क़लम लग रही थी। राघवानंद की साधना योग और भक्ति का समन्वित रूप है।[2] बहुत संभव है कि वैष्णव पंथों ने मध्यकालीन योग-उपासकों को भी अपने में सम्मिलित कर अपने संप्रदाय को अधिक लोकप्रिय तथा व्यापक बनाया होगा।[3]

जन्म : स्वामी रामानंद के जन्म को लेकर विद्वानों में काफी मतभेद है। भंडारकर उनका समय 1300 ई. के आसपास मानते हैं।[4] परशुराम चतुर्वेदी ने भी उन्हें 1299 ई. में उत्पन्न माना है।[5] रामानंद-संप्रदाय पर विशेष खोज करनेवाले डॉ. बदरी नारायण श्रीवास्तव ने भी उन्हें संवत् 1356 से 1467 (1299 ई. से 1410 ई.) तक माना है।[6] गुरु-परंपरा के आधार पर पं. रामचंद्र शुक्ल ने उन्हें स्थूल रूप से विक्रम की 15वीं शती के चतुर्थ तथा 16वीं शती के तृतीय चरण के भीतर स्वीकार किया है।[7] श्री बलदेव उपाध्याय ने भी सं. 1567 के आसपास तिरोधान-समय मानकर शुक्लजी का ही समर्थन किया है।[8] विल्सन ने भी भंडारकर इत्यादि के मत को असंगत बताते हुए उन्हें 14वीं शताब्दी के अंत या 15वीं के प्रारंभ के पूर्व नहीं माना।[9] हमारा विचार है कि शुक्लजी एवं उपाध्यायजी के निर्णय अधिक तर्कसंगत हैं। नाभादास के जिस छप्पय के आधार पर भंडारकर इत्यादि ने अपने निर्णय किए हैं उसकी गुरु-परंपरा अधूरी है। इसके अतिरिक्त यदि रामानंद को इतना पहले रखें तो फिर कबीर आदि उनके शिष्य नहीं सिद्ध होते और इस प्रकार उनका वह महत्त्व भी नष्ट हो जाता है जो लोक-परंपरा एवं शास्त्रज्ञ विद्वान् दोनों के माध्यम से सुरक्षित चला आ रहा है। इसके अतिरिक्त रामार्चन-पद्धति को रामानंदजी की प्रामाणिक कृति मान लेने के बाद कोई कारण शेष नहीं रहता कि

1. जी. एस. घुर्ये : इंडियन साधूज, पृ. 184-190
2. बल्देव उपाध्याय : भागवत संप्रदाय, पृ. 245
3. वही, पृ. 247
4. भंडारकर : वै. एण्ड शै., पृ. 95
5. वैष्णव धर्म, पृ. 108
6. हिंदी साहित्य कोश में रामानंद संप्रदाय पर टिप्पणी, पृ. 648
7. हिंदी साहित्य का इतिहास, पृ. 108
8. भागवत संप्रदाय, पृ. 253
9. एच.एम. विल्सन : एसेज ऑन दि रिलिजस सेक्ट्स ऑफ हिन्दूज, पृ. 24

स्वयं उनके द्वारा दी गई गुरु-परंपरा को अस्वीकार किया जाए। इस परंपरा के अनुसार रामानुज की 14वीं पीढ़ी में रामानंद जी का आविर्भाव हुआ। रामानुज का तिरोधान-काल वि. 1194 या 1196 माना जाता है अतः इस प्रकार उन्हें विक्रम की पंद्रहवीं शती के उत्तरार्ध में मानना असंगत सिद्ध नहीं होता।

रामानंदजी के जीवन का कोई प्रामाणिक विवरण उपलब्ध नहीं होता परंतु अगस्त्य-संहिता एवं भक्तमाल के आधार पर इन्हें पुण्य सदन शर्मा एवं सुशीला देवी का पुत्र माना गया है। वे कान्यकुब्ज ब्राह्मण थे तथा प्रयाग के निकट इनका जन्म हुआ था। जीवन में इन्होंने लंबी यात्राएँ की थीं। इन यात्राओं ने भी संभवतः इनके मन पर समानता-सिद्धांत का तर्क बिठाया होगा। डॉ. बदरी नारायण श्रीवास्तव का अनुमान है, "रामानंद ने तीर्थों का भ्रमण करके ही अपने दृष्टिकोण को युगधर्म के अनुकूल बना लिया था।"[1] अनुमान है कि तीर्थाटन से लौटने पर गुरु-मठ में उनके गुरुभाइयों ने उनके साथ भोजन करने में आपत्ति की होगी। उनका अनुमान है कि अपनी तीर्थयात्रा में रामानंद ने अवश्य ही खान-पान संबंधी छुआछूत का कोई विचार न किया होगा। अपने शिष्यों का यह आग्रह देखकर गुरु राघवानंद ने एक नूतन संप्रदाय चलाने की आज्ञा दी। यह आज्ञा शिष्य के महत्त्व को तो सूचित करती ही है उस गुरु के महत्त्व को भी सूचित करती है जो शिष्य की स्वाधीन चिंता का मूल्य समझता है। यह अनुमान असंगत न होना चाहिए कि रामानंद में जो आकाशधर्मी गुरुत्व आया, जिसके नीचे सगुण-निर्गुण सभी मतवाद पनप सके, उसकी एक बड़ी प्रेरणा स्वयं उनके अपने गुरु का आकाशधर्मित्व है। कहते हैं कि मध्ययुग की समग्र स्वाधीन चिंता के गुरु रामानंद ही थे।[2]

दक्षिण भारत की विधि-निषेधपरक जटिल समाज-व्यवस्था के बीच रामानुजाचार्य ने कम उदारता नहीं दिखाई थी।[3] पर उत्तरी भारत के शैवों एवं सारी समाज-व्यवस्था तथा वैदिक मान्यताओं को लात मारनेवाले अंतिम बौद्धों को आत्मसात् करने के लिए अधिक उदार भक्ति की आवश्यकता थी। रामानंद ने उसको और अधिक सर्वजन-सुलभ बनाया। रामानुज ने ब्राह्मण-श्रेष्ठता को सुरक्षित रखते हुए भी भक्ति का द्वार हजारों लोगों के लिए उन्मुक्त किया था। रामानंद ने उस श्रेष्ठता को भी समाप्त कर दिया। हिंदी साहित्य की भूमिका में आचार्य हजारी प्रसाद द्विवेदी ने

1. बदरी नारायण श्रीवास्तव : रामानंद संप्रदाय तथा हिंदी-साहित्य पर उसका प्रभाव, पृ. 85
2. डॉ. हजारी प्रसाद द्विवेदी : हिंदी साहित्य की भूमिका, पृ. 47
3. श्री एस.डी. शर्मा : हिंदुइज्म थ्रू दि एजेज (भारतीय विद्याभवन, बम्बई); के.सी. बरदाचारी : आसपेक्ट्स ऑफ भक्ति (मैसूर यूनिवर्सिटी), 1956

भारतीय-मध्ययुगेरसाधना से रामानुज हरिवर दास की हरि भक्ति-प्रकाशिका (भक्तमाल की टीका) का लगभग 100 वर्ष पूर्व लिखा यह मत उद्धृत किया है—रामानंद ने देखा कि भगवान् के शरणागत होकर जो भक्ति के पथ में आ गया, उसके लिए वर्णाश्रम का बंधन व्यर्थ है, इसीलिए भगवद्‌भक्त को खानपान के झंझट में नहीं पड़ना चाहिए। यदि ऋषियों के नाम पर गोत्र और परिवार बन सकते हैं तो ऋषियों के भी पूजित परमेश्वर के नाम पर सबका परिचय क्यों नहीं दिया जा सकता ? इस प्रकार "सभी भाई भाई हैं, सभी एक जाति के हैं। श्रेष्ठता भक्ति से होती है, जन्म से नहीं।"[1] रामानंद ने इस आदर्श को लेकर जीवन में सभी वर्गों को दीक्षा दी।[2] उसका परिणाम भी सामने है, उत्तर भारत में रामानंदी बैरागियों की संख्या सबसे अधिक है और उनके इष्ट देवता राम उत्तर भारत के सबसे अधिक प्रेरक देवता साक्षात् भगवान् हैं। उनके महान् और गत्वर व्यक्तित्व से अनुप्रेरित उत्तर भारत के दो श्रेष्ठतम साधक, भक्त, कवि एवं कल्याणकामी कबीर और तुलसी की विभूति से कौन परिचित नहीं है ? एक उस निर्गुण-भक्ति-भावधारा का प्रतीक और प्रतिनिधि है जिसे रामानंद ने अपनी योग-साधना और भक्ति-साधना के समन्वय द्वारा नाथ-पंथियों को आत्मसात् करने में प्रयुक्त किया था और दूसरा राम-सीता के उस सगुण आदर्श स्वरूप का पूजक है जिसे रामानुज के लक्ष्मीनारायण से हटकर राम-सीता के रूप में प्रतिष्ठापित किया गया था। एक राम को दशरथ-सुत मानता है, दूसरा उनको 'आनमर्म' बताता है। रामानंद के जीवन का कोई प्रामाणिक विवरण उपलब्ध न होने पर भी ऐसा लगता है कि वे सदैव जिज्ञासु एवं प्रभाव-ग्रहण के प्रति अत्यधिक उदार रहे हैं। साथ ही हरि को भजनेवाली बात मूल में सदैव विद्यमान रही। भक्ति को उन्होंने रामानुजाचार्य की भाँति मात्र उपासना तक ही नहीं प्रेम और भजन के वास्तविक अर्थों में प्रतिष्ठित करने में सहायता दी। योगमार्ग और ज्ञान का उन्होंने तिरस्कार नहीं किया पर भक्ति का अंग मानकर ही उसे स्वीकारा और तभी वे शैवों-बौद्धों को भक्तिमार्ग के भीतर जीत कर ला सके थे। उनके संप्रदाय में प्रभाव-ग्रहणशीलता का जीवंत तत्त्व सदैव विद्यमान रहा। आगे चलकर कृष्ण-भक्ति की मधुर उपासना भी राम-संप्रदाय में प्रविष्ट हुई तथा आवश्यकता पड़ने पर एक प्रकार का सैनिक रूप ग्रहण करने में भी उनके संप्रदाय को देर नहीं लगी। दुष्ट-दलन धनुर्धारी राम के भक्तों में इस स्वर का उभर आना बहुत आश्चर्यजनक नहीं है।

ऊपर हमने रामानंद की दो प्रमुख विशेषताओं का उल्लेख किया है—निम्नवर्गों

---

1. हिंदी साहित्य की भूमिका, पृ. 47
2. रामानंद के 12 प्रमुख शिष्य कहे जाते हैं। उनमें विभिन्न ऊँची-नीची जातियों के व्यक्ति सम्मिलित हैं।

को भी दीक्षा देना तथा अपने संप्रदाय के अधिकृत देवता लक्ष्मी-नारायण के स्थान पर राम-सीता (जो स्थानीय रंगत के कारण अवध-काशी में अधिक शक्तिशाली रहे होंगे) की प्रतिष्ठा। डॉ. भंडारकर ने उनकी एक तीसरी विशेषता की ओर ध्यान आकर्षित किया है और वह है लोक-भाषाओं को बहुमान देना। यह उनकी और भक्तिमार्ग की जनवादिनी शक्ति और विशिष्टता की द्योतक है। रामानंद ने वैकुंठ के स्थान पर साकेत को ही परमधाम माना है। यहाँ से यथार्थ का आदर्शीकरण एवं उदात्तीकरण प्राप्त होता है। यह प्रवृत्ति शायद मुस्लिम अत्याचारियों के प्रभाव के फलस्वरूप बलवती हो गई थी। यह प्रतिक्रिया अत्यंत स्वस्थ एवं आशावादिनी थी। यदि समाज केवल वैकुंठ की ओर प्रभावित होता तब उसे हम सुविधा के साथ पलायन कह सकते थे, परंतु अपने ही नगरों एवं तीर्थों को वैकुंठ ही नहीं परमधाम मानना गहरे आशावादी एवं मानसिक रूप से संघर्षरत मन की उपज है।[1] रामानंद की रचनाएँ अनेक कही जाती हैं पर उपलब्ध केवल दो 'वैष्णव-मताब्ज-भास्कर' तथा 'श्री रामार्चन पद्धति' हैं। इसके अतिरिक्त हिंदी में कतिपय स्तुतिपरक पद भी मिले हैं।

बल्लभाचार्य

आचार्य बल्लभ के बारे में हमें अधिक प्रामाणिक विवरण प्राप्त होते हैं। एक स्वर से सभी विद्वानों ने इनका जन्म सं. 1535 वि. और मृत्यु सं. 1587 वि. मानी है। इनके पिता का नाम लक्ष्मण भट्ट तथा माता का नाम एल्लमागारु था। वे लोग तैलंग ब्राह्मण थे, जो उत्तर में बस गए थे। काशी में यथोचित शिक्षा-दीक्षा के पश्चात् तरुण वय में ही उन्होंने विजयनगर के राजा कृष्ण देव राय की सभा में मायावादियों तथा नास्तिकों को शास्त्रार्थ में पराजित किया तथा वैष्णवों को समर्थित किया। इसके पश्चात् ही मत-साम्य तथा प्रामाणिकता प्राप्ति-हेतु उन्होंने विष्णुस्वामी के संप्रदाय में दीक्षा ले ली। पर जैसे रामानंद अपनी भक्ति-पद्धति आदि में अपने आचार्य रामानुज से ही नहीं बँधे वैसे ही बल्लभ जैसे लोकनेता को किसी विशेष मतवाद के साथ बँधकर रहना पसंद नहीं आया।[2] बल्लभ ने भी अपने जीवन में तीन यात्राओं में सारे भारत का भ्रमण किया। तीर्थ यात्राओं का वास्तव में इन

---

1. हिंदी साहित्य : पृ. 107-108
2. डॉ. विजयेंद्र स्नातक का यह मत भी इस संबंध में उल्लेखनीय है : "बल्लभाचार्य की भक्तिपद्धति का नूतन रूप और उसमें कृष्ण के माधुर्य-भाव की उपासना की स्वीकृति अपनी विशिष्ट देन है जो विष्णु स्वामी के युग में किसी भी रूप में प्रचलित नहीं थी।" —राधाबल्लभ संप्रदाय : साहित्य और सिद्धांत, पृ. 50

आचार्यों पर (उस युग की साधना और समाज पर भी) बड़ा प्रभाव पड़ा है। इनमें उन्हें अपने युग और देश का वास्तविक परिचय मिला होगा। ये यात्राएँ जहाँ एक ओर व्यक्तित्व के विकास में सहायक सिद्ध होती हैं, वहीं दूसरी ओर मत-प्रचार एवं पारस्परिक संबोधि भी देती हैं। ऐसी ही एक तीर्थयात्रा में बल्लभ ने विजयनगर के शास्त्रार्थ में वैष्णव-मतवाद का झंडा ऊँचा किया था। इन्हीं यात्राओं में 84 स्थानों पर उन्होंने श्रीमद्भागवत का पारायण किया था जहाँ पर कि महाप्रभुजी की बैठकें बनवा दी गई हैं, इनमें 22 केवल ब्रज में हैं। इससे पता चलता है कि श्रीमद्भागवत पुराण को अधिकारी ग्रंथ मानकर ये वैष्णवाचार्य भक्ति का प्रसार कर रहे थे तथा ब्रज-भूमि के लिए भी प्रयत्नशील थे।

संवत् 1556 में उन्होंने श्रीनाथ जी के मंदिर का निर्माण प्रारंभ कराया, जो 1556 वि. में ही समाप्त हुआ। यह मंदिर आगे चलकर न केवल बल्लभ संप्रदाय का ही केंद्र-पीठ बना, बल्कि अष्टछाप के गायक कवियों की सृजन-भूमि भी बनने का गौरव इसी ने प्राप्त किया। हिंदी के भक्ति-साहित्य के निर्माण में इस मंदिर का स्थान अक्षुण्ण रहेगा। ब्रजभूमि की पुनःप्रतिष्ठा में भी इस मंदिर का प्रमुख हाथ है। बल्लभ ने कृष्ण-भक्ति एवं ब्रज भूमि को आदर दिया, उनका प्रभाव भी इस क्षेत्र में बहुत था। उनके इष्ट देवता श्रीनाथ जी का मंदिर भी इसी क्षेत्र में था, परंतु यह आश्चर्यजनक बात है कि वे स्वयं प्रयाग के पास अड़ैल ग्राम में जीवन भर रहे तथा मृत्यु के निकट काशी में संन्यास धारण कर रहने लगे।

बल्लभाचार्यजी ने विवाह किया था और दो पुत्र भी थे। यह बात रामानंदी संप्रदाय से नितांत भिन्न है। रामानंद का संप्रदाय वैरागियों का था तथा पुष्टिमार्ग गृहस्थों का। संभवतः इसके पीछे भी (रामानंदी वैराग्यी प्रधानता) शैवसाधना को आत्मसात् करने का प्रयास था।

बल्लभ के चौरासी प्रसिद्ध शिष्य हुए जिनके ऊपर 'चौरासी वैष्णवन की वार्ता' लिखी गई है। इन्हीं में सूरदास, कुंभनदास, परमानंददास तथा कृष्णदास अष्टछाप के चार प्रमुख कवि भी हैं। पुष्टि संप्रदाय शिष्य-मंडली में श्री बल्लभाचार्य, 'आचार्य जी महाप्रभु' तथा उनके पुत्र विट्ठलनाथ जी 'गोसाईं जी' के नाम से प्रसिद्ध हैं। यहीं एक आश्चर्यजनक नाम-साम्य गौड़ीय वैष्णव संप्रदाय से प्राप्त होता है। गौड़ीय वैष्णवों में भी चैतन्य को महाप्रभु कहा गया है और उनके षट् गोस्वामी शिष्यों के रूप में प्रसिद्ध ही हैं। यहाँ पर संभवतः बल्लभ के अनुयायी चैतन्य से प्रभावित हुए थे। यह भी हो सकता है कि गुरु-पूजा पर जोर देनेवाली उस साधना के भीतर ही गुरु को इतना प्रमुख स्थान मिल गया था। उनके पुत्र गो. विट्ठलनाथ ने संप्रदाय के व्यवस्थित प्रचार एवं संगठन में अत्यंत महत्त्वपूर्ण कार्य किया है। इसके अतिरिक्त मधुर-उपासना की भी आधिकारिक स्वीकृति उन्होंने दी थी। पुष्टि-संप्रदाय की नींव बल्लभ ने रखी पर भवन-निर्माण विट्ठलनाथ ने किया था।

उपासना के क्षेत्र में बल्लभाचार्य की मुख्य देन बालकृष्ण-पूजा का प्रचार है। रामानुज की परंपरा को आगे बढ़ाते हुए बल्लभाचार्य ने भी अपनी भक्ति में प्रपत्ति को विशेष स्थान दिया। कृष्ण के साथ राधा की उपासना को भी उन्होंने स्वीकार किया। लीला को बल्लभाचार्य ने बहुत ऊँचा स्थान दिया।

दर्शन के क्षेत्र में वे शुद्धाद्वैत के प्रतिष्ठाता थे पर दर्शन-विवेचन तो उपरले स्तर पर ही लोगों को प्रभावित करता था, बल्लभाचार्य ने जिस पुष्टिमार्ग या सेवा-मार्ग का विचार, आचार के क्षेत्र में किया वह उनके दर्शन की अपेक्षा कहीं अधिक महत्त्वपूर्ण है। भक्ति और उपासना के जिस विधि-विधान को उन्होंने तथा गो. विट्ठलनाथ ने उपस्थित किया वह बड़े-बड़े नरपतियों के लिए भी आकांक्षा की वस्तु था। मानो सारे मुस्लिम-शासन के वैभव को इस परब्रह्म की पूजा-पद्धति द्वारा चुनौती दी गई थी। इस सूक्ष्म एवं जटिल विधि-विधान के पीछे एक मनोवैज्ञानिक प्रक्रिया भी लगी थी कि इसके माध्यम से भक्त के अहंकार को दूर रखा जाए क्योंकि विशद पूजन-विधान निभाना लगभग असंभव है और साधक को अपनी सारी शक्ति इसी में लगानी पड़ती होगी। यों तो प्रभु के अनुग्रह को भक्ति के सभी संप्रदायों ने स्वीकार किया है, पर पुष्टिमार्ग में इसे सर्वाधिक महत्त्व प्राप्त हुआ। पुष्टिमार्ग शब्द ही जिस 'पोषण' शब्द पर आधारित है, उसका तात्पर्य अनुग्रह है।[1] बल्लभ ने स्पष्ट कहा है—"पुष्टिमार्गोऽनुग्रहैक साध्यः"[2]। उनके अनुसार कालादि के प्रभाव को रोकनेवाली श्रीकृष्ण की कृपा ही पुष्टि है।[3]

संप्रदाय में प्रसिद्ध है कि बल्लभ की लिखी हुई 84 पुस्तकें हैं। उनमें से ऑफ्रेख्ट के 'कैटेलॉग्स कैटेलेगोरम' में निम्नलिखित नाम दिए गए हैं—अंतःकरण प्रबोध और टीका, आचार्य कारिका, आनंदाधिकरण, आर्या, एकांत रहस्य, कृष्णाश्रय स्तोत्र, चतुश्लोक भागवत टीका, जलभेद, जैमिनी-सूत्र भाष्य-मीमांसा, तत्त्वदीप निबंध (तत्त्वार्थ-दीप और टीका), त्रिविध लीला नामावली, नवरत्न और टीका, निरोध लक्षण और विवृत्ति, पत्रावलंबन, पद्य-परित्याग परिवृढ़ाष्टक, पुरुषोत्तम सहस्रनाम, पुष्टि-प्रवाह-मर्यादा भेद और टीका, पूर्व-मीमांसा कारिका, प्रेमामृत और टीका, प्रौढ़चरितनाम, बाल-चरित नाम, बालबोध, ब्रह्मसूत्राणु भाष्य, भक्तिवर्धिनी और टीका, भक्ति-सिद्धांत, भगवद्‌गीता भाष्य, भागवत तत्त्वदीप और टीका, सुबोधिनी टीका, भागवत पुराण एकादश स्कंध, अर्थ-निरूपण कारिका, भागवत-सार समुच्चय, मंगलवाद, मथुरा माहात्म्य, मधुराष्टक, यमुनाष्टक, राजलीलानाम, विवेक धैर्याश्रय,

---

1. पोषण तदनुग्रह : श्रीमद्‌भागवत 2।10।4
2. श्रणुभाष्य, चतुर्थ अध्याय, चतुर्थ पाद, सूत्र 9 की टीका।
3. तत्त्व-दीप-निबंध : भागवतार्थ प्रकरण, (डॉ. हरवंशलाल शर्मा द्वारा सूर और उनका साहित्य, पृ. 255 पर उद्धृत)।

वेद-स्तुति कारिका, श्रद्धा प्रकरण, श्रुतिसार संन्यास निर्णय और टीका, सर्वोत्तम स्तोत्र टिप्पण और टीका, साक्षात् पुरुषोत्तम-वाक्य, सिद्धांत-मुक्तावली, सिद्धांत-रहस्य, सेवाफल स्तोत्र और टीका, स्वामिन्याष्टक, भागवत-पुराण दशम् स्कन्ध-अनुक्रमणिका, भागवत-पुराण पंचम् स्कन्ध टीका।[1]

इनमें से मधुराष्टक और स्वामिन्याष्टक तो निश्चित रूप से बल्लभाचार्य के पुत्र गोस्वामी विट्ठलनाथ की रचनाएँ हैं। बल्लभ के ग्रंथों की इस राशि में भागवत की सुबोधिनी टीका, ब्रह्म-सूत्रों का अणुभाष्य, पूर्व-मीमांसा कारिका, तत्त्वदीप निबंध और उसकी टीका अधिक महत्त्वपूर्ण है। उनके सिद्धांत-विवेचक 16 प्रकीर्ण ग्रंथों ने भी संप्रदाय के सिद्धांत और व्यवहार पर पर्याप्त प्रभाव डाला है। सुबोधिनी टीका एवं अणुभाष्य की अनेक टीकाएँ और भाष्य संप्रदाय के परवर्ती विद्वानों ने लिखे हैं। तत्वार्थदीप में तीन विभाग हैं जिनमें से प्रथम शास्त्रार्थ-प्रकरण में दार्शनिक प्रकृति की 105 कारिकाएँ हैं। द्वितीय विभाग सर्वनिर्णय-प्रकरण में कर्तव्य एवं जीवन के लक्ष्यों पर विचार हुआ है। भागवतार्थ-प्रकरण नामक तीसरे अध्याय में भागवत् के 12 स्कन्धों का संक्षेप दिया हुआ है, इस तीसरे खंड पर आगे चलकर पुरुषोत्तम जी महाराजा और कल्याणराज ने टीकाएँ लिखी हैं। छोटे ग्रंथों में 'संन्यास-निर्णय' में कर्ममार्ग, ज्ञानमार्ग और भक्तिमार्ग के तीन प्रकार के संन्यासों का विवेचन 22 श्लोकों में किया गया है। बल्लभाचार्य का सेवाफल 8 श्लोकों की एक छोटी-सी रचना है जिसमें ईश्वर की पूजा के अवरोधों एवं प्राप्तव्यों की चर्चा की गई है। भक्ति-वर्धिनी 11 श्लोकों की रचना है। यमुनाष्टक यमुना की स्तुति में 9 श्लोकों का संग्रह है। बाल-बोध के 19 श्लोकों में बल्लभ ने बताया है कि संसार में काम्य वस्तुएँ दो हैं—दुःख का अभाव और आनंद। इन्हीं को मोक्ष और काम कहते हैं। उनके अनुसार विष्णु की कृपा से मोक्ष प्राप्त किया जा सकता है। सिद्धांत-मुक्तावली नामक ग्रंथ के 21 छंदों में भक्ति का विवेचन करते हुए उन्होंने बताया है कि व्यक्ति को अपना सब कुछ भगवान् को समर्पित कर देना चाहिए। 'पुष्टि-प्रवाह-मर्यादा-भेद' भी छोटा-सा ग्रंथ है जिसमें 25 श्लोक हैं। इसमें पुष्टि-प्रवाह और मर्यादा-मार्गों का संकेत करने के अतिरिक्त उन्होंने बताया है कि अहंकार, बुरे कर्म, कुसंगति, विशेष स्थान अथवा काल में जन्म लेना यह पाँच स्वाभाविक बुराइयाँ होती हैं। जब सब कुछ भगवान् को अर्पित कर दिया जाता है तब ये बुराइयाँ दूर होती हैं। नवरत्न के 9 श्लोकों में वैराग्य एवं सर्वस्व-समर्पण की भावना पर बल दिया गया है। अंतःकरण-प्रबोध 10 छंदों की पुस्तिका है। इसमें स्वपरीक्षण के साथ-साथ क्षमा प्राप्त करने के लिए भगवान् की प्रार्थना पर जोर दिया है और

1. एस.एन. दासगुप्ता : ए हिस्ट्री ऑफ इंडियन फिलासफी,चतुर्थ भाग, पृ. 373 पर उद्धृत (कैम्ब्रिज यूनिवर्सिटी प्रेस, 1955)।

यह भी बताया है कि व्यक्ति को अपने मन में यह धारणा पुष्ट करनी चाहिए कि प्रत्येक वस्तु भगवान् की है। 'विवेक धैर्याश्रय' में ईश्वर पर पूर्ण विश्वास रखने की बात कही गई है। इस ग्रंथ के अनुसार वह प्रत्येक वस्तु जानता है तथा सदैव हमारे कल्याण की चिंता करता है इसलिए प्रत्येक वस्तु को भगवान् के आसरे पर छोड़ देना चाहिए। इस ग्रंथ में 17 श्लोक हैं। कृष्णाश्रय 11 छंदों की रचना है। इसमें भी प्रत्येक बात में कृष्ण पर ही आश्रित रहने की बात कही गई है। इस ग्रंथ का ऐतिहासिक एवं सामाजिक दृष्टि से बहुत अधिक महत्त्व है क्योंकि इसमें तत्कालीन सामाजिक और धार्मिक वातावरण का सजीव चित्रण हुआ है। चतुश्लोकी में भी भगवान् पर आश्वस्त भाव रखने की बात दुहराई गई है। भक्तिवर्धिनी के 11 श्लोकों में बल्लभ ने बतलाया है कि ईश्वर के प्रेम का बीज हम सबके मन के भीतर होता है परंतु अनेक कारणों से वह अवरुद्ध रहता है। जब इसका अंकुरण होता है तब साधक प्रत्येक से प्रेम करने लगता है। इस ईश्वरीय प्रेम की सांद्र अवस्थाओं में सांसारिक वस्तुओं के प्रति लगाव असंभव हो जाता है तथा फिर इसे नष्ट भी नहीं किया जा सकता है। पंच-पाद्य में केवल 5 श्लोक हैं तथा जलभेद में 20। जलभेद में साधकों के विभिन्न वर्गों एवं भक्ति के विभिन्न मार्गों की चर्चा की गई है। बल्लभ के ये 16 ग्रंथ ही संगृहीत होकर षोडष ग्रंथ कहलाते हैं। इनमें से प्रथम तीन संन्यास निर्णय, जलभेद एवं भक्तिवर्धिनी अत्यधिक महत्त्वपूर्ण हैं। इनके ऊपर लिखी गई टीकाओं, वृत्तियों आदि की संख्या काफी बड़ी है।

चैतन्य

भक्ति के कर्मकांड को बल्लभाचार्य ने सुदृढ़ किया एवं उसके संवेग (इमोशन) पक्ष को चैतन्य ने। उनमें अद्‌भुत पांडित्य था और उसी आधार पर जो भक्ति विकसित हुई है उसमें दार्शनिक चेतना तो थी ही साथ ही सहजिया वैष्णवों की प्रेम-साधना भी ग्रहण कर ली गई। श्रीकृष्ण चैतन्य उत्तर मध्ययुग के सबसे प्रभावशाली व्यक्तियों में प्रतीत होते हैं। लगता है कि उत्तर भारत में बुद्धदेव के बाद चैतन्य से अधिक मोहक और प्रभावशाली व्यक्तित्व दूसरा नहीं हुआ। तुलसीदास की ख्याति दूसरे ढंग की है और वह उनके साहित्य के माध्यम से बढ़ी है जबकि चैतन्य की सारी महिमा उनके प्रत्यक्ष व्यक्तित्व में निहित है। जीवन में उन्होंने कुल 8 श्लोक लिखे हैं परंतु उनके व्यक्तित्व की गत्वरता इतनी मोहक थी कि जो भी उसके संपर्क में आया, उनका होकर रह गया। उनकी भक्ति-पद्धति का कितना गहरा असर अन्य भक्ति-संप्रदायों पर पड़ा है, इसकी मीमांसा हम आगे करेंगे। यहाँ पर इस मोहक व्यक्तित्व के बारे में इतना ही कहना यथेष्ट होगा कि भक्तिमार्ग में दीक्षित हो जाने के बाद शास्त्रार्थ में उनकी रुचि समाप्त हो गई, उपदेशक बनने की उन्हें

याद नहीं रही तथा जयदेव, विद्यापति, चंडीदास की कृतियों, ब्रह्म-संहिता तथा लीलाशुक बिल्वमंगल के 'कृष्ण कर्णामृत' को छोड़कर अपने भावावेश में कुछ पढ़ने का फिर कभी अवसर नहीं मिला। राधाकृष्ण की लीलाओं का स्मरण और भावन, कृष्ण-संकीर्तन एवं हरि-बोल का निरंतर उच्चारण बस यही उनके नैमित्तक कर्म, धर्म, प्रचार या शास्त्रार्थ थे। पर इनके पीछे संवेग की सांद्रता, आत्मा की गहनता एवं गूढ़तम पुकार थी जिसने उन्हें इतना मोहक और प्रभावशाली बना दिया। उत्तर से दक्षिण, पूर्व से पश्चिम तक उनका नाम और प्रभाव विद्युत-वेग से प्रसरित हो गया, उनके जीवन-काल में ही। यह सामान्य उपलब्धि न थी। प्रसिद्धि रामानंद एवं बल्लभ को भी प्राप्त हुई थी पर वह अपने शिष्यों-भक्तों तक सीमित थी। उसमें पावसनद का वह प्रवाह न था जो अपने साथ बहा ले जाए। चैतन्य के चरित्र में पर्वत-प्रवाहिनी का वेग था और पावसनद की गहराई एवं सर्वातिशायी प्रसार भी था।

कृष्ण चैतन्य का बाल नाम विश्वंभर था। नवद्वीप के विद्वान् पंडित जगन्नाथ मिश्र के घर उनका जन्म सं. 1542 (1485 ई.) में हुआ था। बालपन के उद्दंड विश्वंभर शीघ्र ही तर्क-विचक्षण पंडित बन गए और फिर यात्रा करते समय वे उन्हीं ईश्वरपुरी के संपर्क में आए जिनका एक बार वे मजाक उड़ा चुके थे। ईश्वरपुरी वृंदावन के विरक्त विद्वान् भक्त माधवेंद्रपुरी के शिष्य थे। बहुधा चैतन्य के वट-कल्प व्यक्तित्व के सम्मुख लोग माधवेंद्रपुरी को उसी प्रकार अनदेखा छोड़ जाते हैं जैसे रामानंद के समक्ष राघवानंद को उपेक्षित कर दिया जाता है। वृंदावन के पुनः उद्धार[1] का वास्तविक श्रेय माधवेंद्रपुरी को ही है। माधवेंद्रपुरी बंगाली थे तथा बलदेव उपाध्याय ने इनका जन्म 1457 वि. (1400 ई.) में माना है। चैतन्य चरितामृत में एक घटना का उल्लेख है कि उन्होंने गोपाल की मूर्ति का पूजन करने के लिए बंगाल से दो ब्राह्मण बुलवाए थे। कहा जाता है कि गोवर्धन के आन्यौर ग्राम में श्रीनाथ जी की मूर्ति की सेवा पूजा बंगाली वैष्णव माधवानंद करते थे। जब बल्लभाचार्य ने श्रीनाथ जी का विशाल मंदिर बनवाकर उसमें कीर्तन-पूजन आदि की व्यवस्था की तब भी सेवा का भार बंगाली वैष्णवों पर ही रहा। इनमें से एक माधवेंद्रपुरी थे। बाद को कृष्णदास अधिकारी ने काफी कूटनीतिज्ञ ढंग पर इन बंगालियों को निकाल बाहर किया। ('चौरासी वैष्णवन की वार्ता' के अनुसार इन बंगालियों की पूजा-पद्धति पुष्टि-संप्रदाय के अनुकूल नहीं थी), ये लोग साथ में एक

1. महमूद गजनवी ने अपने आक्रमणों में मथुरा-वृंदावन को उनके मंदिरों की मुग्ध भाव से प्रशंसा कर-करके तुड़वा दिया था। कुछ समय के लिए इस विनाश ने इस प्रदेश को नितांत श्रीहीन कर दिया था। उसके पश्चात् जो तुर्क आते रहे वे इसे नष्ट ही करते रहे। पंद्रहवीं शती में वृंदावन विजन का स्वरूप धारण कर चुका था।

देवी की भी उपासना करते थे।[1] अतः बल्लभ या अन्य किसी वैष्णव आचार्य के आगमन के पूर्व बंगाल का वैष्णव मत (जिसमें सहजिया साधना के अवशेष भी विद्यमान थे) ब्रज-प्रदेश में पहुँच चुका था और इसने आगे के वैष्णव मतों को प्रत्यक्ष-अप्रत्यक्ष रीति से प्रभावित अवश्य किया होगा। बंगाल और ब्रज का संबंध-सूत्र जोड़नेवाले ज्ञात महापुरुष माधवेंद्रपुरी ही प्रतीत होते हैं, जो ब्रज में रह कर वहाँ के तीर्थों का उद्धार करने में लगे थे। इन्हीं माधवेंद्रपुरी के शिष्य ईश्वरपुरी से चैतन्य को वैष्णव भक्ति की दीक्षा मिली। संभवतः कृष्ण चैतन्य में वृंदावन के तीर्थों के उद्धार के प्रति जो मिशनरी उत्साह प्राप्त होता है—जिसके वशीभूत हो उन्होंने लोकनाथ गोस्वामी और भूगर्भ आचार्य को उनकी वृंदावन इच्छा के विरुद्ध भेजा था—उसकी अप्रत्यक्ष प्रेरणा स्वयं माधवेंद्रपुरी द्वारा ही प्राप्त हुई थी।

वैष्णव दीक्षा (सं. 1564) मिलने के उपरांत उनका समस्त समय वैष्णव भजन-कीर्तन में व्यतीत होने लगा। भजनों-कीर्तनों की परंपरा पहले भी थी, पर चैतन्य ने जिस आवेग को उसमें भर दिया, उसकी समता भागवत में वर्णित मात्र कृष्ण के वेणु-गायन से ही की जा सकती है :

निशम्य गीतं तदनंगवर्धन ब्रजस्त्रियः कृष्णगृहीतमानसा।
आजग्मुरन्योन्यमलक्षितोद्यमाः स यत्र कान्तो जवलोलकुण्डलाः।

—10 । 29 । 4

ता वार्यमाणाः पतिमिः पितृभिर्भ्रातृबन्धुभिः
गोविन्दाय हृतात्मानो न न्यवर्तन्त मोहिताः।

—10 । 29 । 8

इसी प्रकार चैतन्य के इस संकीर्तन की संपृक्ति जिसे प्राप्त हो गई वही इसकी माधुरी में आकंठ मग्न हो गया। नवद्वीप में श्रीवास के आँगन में होनेवाले इस कीर्तन की ख्याति धीरे-धीरे बढ़ चली। फिर तो इसमें शांतिपुर के प्रख्यात पंडित अद्वैताचार्य तथा संन्यासी नित्यानंद ही सम्मिलित नहीं हुए, मुसलमान भक्त हरिदास भी आ जुड़े। चैतन्य-संप्रदाय के विकास में आगे अद्वैत एवं नित्यानंद (निताई) ने महत्त्वपूर्ण योग दिया है। नित्यानंद की अधीक्षता में सहस्रों पथभ्रष्ट बौद्ध, नाथ-पंथी एवं शाक्त इस संप्रदाय के अंतर्गत आ गए।

चैतन्य का कीर्तन धीरे-धीरे नगर-कीर्तन का स्वरूप धारण कर लेता है। चैतन्य के बढ़ते हुए अनुयायियों का यह सूचक है कि सहस्रों की संख्या में निमाई (चैतन्य) के नेतृत्व में लोग सड़कों पर नृत्य-गान एवं कीर्तन करते-करते विह्वल होने लगे। चैतन्य का भी आवेश बढ़ता जा रहा था और सं. 1566 में काटवा ग्राम

1. इस प्रसंग से यह अनुमान लगाना कठिन नहीं है कि ये बंगाली सहजिया वैष्णव-मत के ही उत्तराधिकारी थे और चैतन्य स्वयं सहजियों के ही उत्तराधिकारी बने।

में ईश्वरपुरी के गुरुभाई केशव भारती से संन्यास-दीक्षा लेकर वे घर, माँ एवं तरुणी पत्नी का रहा-सहा मोह तोड़ कर निकल पड़े। यहाँ फिर सिद्धार्थ की याद हो आती है। अंतर इतना है कि सिद्धार्थ जग के दुःख से पीड़ित होकर घर से निकले थे एवं चैतन्य ब्रह्मानंद में डूब कर घर त्यागते हैं।

संन्यास लेने के पश्चात् चैतन्य जगन्नाथपुरी के लिए प्रस्थान करते हैं। वहाँ पर वेदांती पंडित, तर्कशास्त्री तथा न्याय के प्रतिष्ठाता वासुदेव सार्वभौम इनसे प्रभावित होते है। अद्वैताचार्य के बाद सार्वभौम की वैष्णव परिणति चैतन्य और उनकी भक्ति को विद्वानों में भी गहरी प्रतिष्ठा देती है। 'चैतन्य चंद्रोदय', नाटक में कवि कर्णपूर ने सार्वभौम वासुदेव के कुछ अंश उस समय के उद्धृत किए हैं जबकि वे चैतन्य की शरण में आते हैं। उससे प्रतीत होता है कि चैतन्य को उनके समय तक अवतार माना जाने लगा था। अपने जीवन में ही इतनी जल्दी अवतार की प्रसिद्धि चैतन्य को छोड़कर शायद ही अन्य किसी को भारतवर्ष के धार्मिक इतिहास में मिली हो।

पुरी में कुछ दिन रहने के उपरांत चैतन्य दक्षिण की तीर्थयात्रा पर निकलते हैं। लगभग दो वर्ष तक (सं. 1567-68) वे इन यात्राओं में रहे। इसी दक्षिण यात्रा में उनकी भेंट सुप्रसिद्ध रामानंद राय से हुई थी जो स्वयं एक उच्च पदस्थ शासक थे। राय रामानंद से वार्ता करने के बाद संभवतः चैतन्य की भक्ति-पद्धति का दार्शनिक-धार्मिक स्वरूप भी कुछ स्पष्ट हुआ। दक्षिण से ही चैतन्य ब्रह्म संहिता लाए थे जो आगे चलकर गौड़ीय वैष्णव संप्रदाय का प्रधान उपजीव्य ग्रंथ बना। रूप गोस्वामी ने अपने भक्तिशास्त्र के ग्रंथों में इसका उपयोग प्रमाण-ग्रंथ के रूप में किया है। इसी यात्रा में चैतन्य दक्षिण भारत की भक्ति के निकट संपर्क में भी आए होंगे। दूसरी महत्त्वपूर्ण बात इस यात्रा की यह है कि उन्होंने वैष्णवों के साथ ही शैव तीर्थों का भी भक्तिभावपूर्वक भ्रमण किया। यहाँ तक कि शंकराचार्य के शृंगेरी मठ में भी वे गए। लौटते-लौटते चैतन्य इतने जनप्रिय हो चुके थे कि उड़ीसा के राजा प्रताप रुद्र देव भी इनके प्रभाव में आ गए। इसने चैतन्य-संप्रदाय को आगे बढ़ने में और सहायता दी।

चैतन्य के मन में प्रारंभ से ही वृंदावन की यात्रा करने की इच्छा थी पर मार्ग में बराबर अड़चनें आती रहीं। पुरी-यात्रा के तीन वर्ष पश्चात् वे वृंदावन के लिए निकले। इसी यात्रा के रास्ते बंगाल के मुसलमान शासक के दो उच्च पदाधिकारी (जो ब्राह्मण होते हुए भी अन्त्यजों के समान थे, केनेडी ने तो उन्हें मुसलमान ही लिखा है[1]) चैतन्य के शिष्य हुए जिनका नामकरण रूप और सनातन किया गया। आगे चलकर इन दोनों भाइयों ने संप्रदाय में अत्यंत महत्त्वपूर्ण योग

1. एम.टी.केनेडी : चैतन्य मूवमेंट, पृ. 45-46 (आक्सफोर्ड यूनिवर्सिटी प्रेस, 1925)।

दिया। वे लोग संप्रदाय के मस्तिष्क बन सके। चैतन्य मत को दार्शनिक, धार्मिक एवं रस-शास्त्रीय आधार उन्होंने ही प्रदान किया। वृंदावन के प्रसिद्ध 6 गोस्वामियों में ये दोनों बंधु अन्यतम सिद्ध हुए।

सं. 1671 में वृंदावन होकर लौटने पर प्रयाग में उनकी भेंट बल्लभाचार्य से कुंभ के अवसर पर हुई तथा बनारस पहुँचने पर शांकर वेदांत के प्रख्यात विद्वान् प्रकाशानंद सरस्वती उनके मोहक व्यक्तित्व से अप्रभावित न रह सके और ज्ञान की सारी गरिमा को छोड़कर चैतन्य के हो रहे। चैतन्य और उनके मत की यह एक उल्लेखनीय विजय थी, जिसने उन्हें बौद्धिकों के बीच प्रतिष्ठा दी। यद्यपि चैतन्य ने कोई भाष्य नहीं लिखा था, किसी दार्शनिक मतवाद का प्रसार नहीं किया था, संभवतः तब तक चतुःसंप्रदायों से उनका संबंध भी नहीं जुड़ा था; परंतु अद्वैताचार्य, नित्यानंद, वासुदेव सार्वभौम, रामानंद राय एवं प्रकाशानंद सरस्वती जैसे विद्वानों का आसपास उपलब्ध समर्थन चैतन्यमत को (बौद्धिकों के बीच) प्रतिष्ठा देने में अत्यंत सफल रहा।

बनारस से चैतन्य पुनः पुरी पहुँचे तथा जीवन के शेष 17 या 18 वर्ष उन्होंने अपने प्रेमोन्माद में वहीं बिताए। उनका आवेश और उन्माद बढ़ता ही गया। वे भौतिक जीवन को नितांत भुला कर दिनरात विक्षिप्तों की भाँति केवल राधा-कृष्ण-लीलाओं में ही व्यस्त रहने लगे। अनुमान है कि ऐसी ही विक्षिप्तावस्था में समुद्र के नील जल पर शुभ्र चंद्र की ज्योत्स्ना को उन्होंने यमुनाजल पर कृष्ण की क्रीड़ा समझ कर उसी में डूब कर सं. 1591 (जुलाई 1534) में अपने प्राण दे दिए।

चैतन्य ने जीवन में महान् कार्य किया। प्रेमाभक्ति के आवेश को उन्होंने जन-साधारण तक पहुँचा दिया। उनके मुख्य सहायक नित्यानंद ने इस परिपाटी को और बढ़ा दिया। रामानंद और बल्लभ के समान ही उनके भी महान् शिष्य हुए। रूप, सनातन, जीव, गोपाल भट्ट, कृष्णदास एवं रघुनाथ भट्ट ये षट्गोस्वामी किसी भी गुरु या संप्रदाय के लिए ईर्ष्या के विषय हो सकते हैं। बिना इनकी मान्यता के बंगाल तक का कोई वैष्णव ग्रंथ चैतन्य मत में प्रामाणिक नहीं माना जाता था।

ऊपर हम संकेत कर चुके हैं कि चैतन्य को शीघ्र ही अवतार माना जाने लगा था। आगे उनकी प्रतिमा के पूजन की भी व्यवस्था हुई।

रामानंद, बल्लभ और चैतन्य की इस वैष्णवाचार्य बृहत्त्रयी के अतिरिक्त कुछ अन्य व्यक्ति भी साधना एवं साहित्य की दृष्टि से महत्त्वपूर्ण हुए हैं। गोस्वामी हितहरिवंश, स्वामी हरिदास—दो ऐसे ही व्यक्तित्व थे। बृहत्त्रयी के आचार्य स्वयं कवि न थे—उनमें से एक ने केवल शिष्यों को दृष्टि दी (रामानंद), दूसरे ने संप्रदाय का विधिवत निरूपण और स्थापन किया (बल्लभ) और तीसरे ने अपने व्यक्तित्व के पारस-संस्पर्श से जिस लोहे (जनता) को सोना बना दिया उसने स्वयं संप्रदाय की प्रतिष्ठा कर दी (चैतन्य)। साहित्य एवं कला की दृष्टि से इनकी अपेक्षा इनके

शिष्यों का महत्त्व अधिक है (कबीर एवं रैदास, अष्टछाप के कवि तथा वृंदावन के षट्गोस्वामी ऐसे ही महत्त्वपूर्ण शिष्य हैं) परंतु हितहरिवंश एवं हरिदास, ऐसा लगता है, आचार्य एवं शिष्य के समन्वित रूप थे। वे संप्रदाय-प्रतिष्ठापक भी हैं और स्वयं उच्चकोटि के कवि भी; बल्कि यह कहना अधिक समीचीन लगता है, कि वे चैतन्य एवं अष्टछाप दोनों के मिले-जुले रूप हैं। वे चैतन्य की भाँति अपने व्यक्तित्व से भी प्रभावित करते हैं तथा अपने साहित्य एवं कला से भी। उनमें चैतन्य जैसी तन्मयता है एवं सूरदास जैसा काव्य-संवेग भी। कहते हैं कि हरिराम व्यास ओरछे में एक वैष्णव साधु के मुख से हितहरिवंश का एक पद सुनकर वृंदावन की ओर उन्मुख हो गए थे।[1] स्वामी हरिदास तो अपने युग के श्रेष्ठतम संगीतज्ञ भी थे। प्रसिद्ध है कि अकबर भी छिपकर उनका गान सुनने आया था। इन लोगों ने चैतन्य की ही भाँति अपना कोई सांप्रदायिक भाष्य भी नहीं लिखा। नीचे हम उनके जीवन और कार्यों की संक्षिप्त रूपरेखा उपस्थित कर रहे हैं।

स्वामी हरिदास

आपसी सांप्रदायिक विद्वेष के फलस्वरूप वृंदावन के भक्तों, आचार्यों आदि का ऐतिहासिक स्वरूप निश्चित करना बहुत कठिन हो गया है। जन्म संवत्, जन्म स्थान, गुरु-निर्णय, संप्रदाय-संबंध आदि को लेकर स्वामी हरिदास के संबंध में काफी वितंडावाद खड़ा किया गया है, परंतु इधर जो अनुसंधान हुए हैं, उनके आधार पर स्वामी हरिदास का जन्म संवत् 1537 माना जा सकता है।[2] आचार्य पं. रामचंद्र शुक्ल ने उनका कविता-काल संवत् 1600 से 1617 तक माना है।[3] यह समय-निर्धारण उपर्युक्त जन्मतिथि मानने पर अनुचित नहीं प्रतीत होता। स्वामी हरिदास जी के पिता का नाम आसधीर था। अलीगढ़ जिले के हरिदासपुर ग्राम में उनका जन्म हुआ था। शैशव से ही उनके साथ भी चमत्कारपूर्ण घटनाएँ श्रद्धालु भक्तों ने जोड़ दी हैं, उनकी चर्चा यहाँ पर प्रासंगिक न होगी।

यह बात काफी विवादास्पद है कि उनका विवाह हुआ था या नहीं, परंतु यदि हुआ भी था, तो रमणी की रूपराशि उन्हें लुभा न सकी और कहते हैं कि राधाष्टमी के दिन अपने पिता आसधीर जी से युगल-मंत्र की दीक्षा लेकर विरक्त

---

1. वासुदेव गोस्वामी : भक्त कवि व्यास जी, जीवनी खंड, पृ. 54
2. (क) डॉ. नारायणदत्त शर्मा, स्वामी हरिदास जी का संप्रदाय और उसका वाणी-साहित्य, (अप्र. प्रबं), पृ. 170

   (ख) डॉ. शरण बिहारी गोस्वामी : हिंदी कृष्ण-भक्ति-काव्य में सखीभाव, (अप्र, प्रबं.), पृ. 419
3. हिंदी साहित्य का इतिहास, पृ. 172

होकर ये घर से चले आये। संभवतः कुछ दिन इधर-उधर घूमते-घामते एवं तीर्थाटन करते रहे और संवत् 1562 में वे वृंदावन आ गये थे। इस प्रकार हरिदास जी वृंदावन को अपना केंद्र बनानेवाले महात्माओं में प्रथम हैं। चैतन्य महाप्रभु वृंदावन संवत् 1571 में पहुँचे थे (अपने दो शिष्यों को वे कुछ पहले ही भेज चुके थे) तथा हितहरिवंश जी सं. 1591 में वृंदावन आए थे। स्वामी हरिदास जी के उपास्य बाँके बिहारी जी का प्राकट्य सं. 1567 में हुआ था। हितहरिवंश जी के वृंदावन आ जाने पर इन दोनों अपूर्व साधकों का घनिष्ठ परिचय हो गया था। उस समय के भक्तों (यथा हरिराम व्यास आदि ने इन दोनों रसिकों का नाम बड़े आदर से और कभी-कभी साथ-साथ लिया है।[1]) हितहरिवंश जी को अपनी उपासना-पद्धति के निर्माण में स्वामी हरिदास जी से प्रेरणा अवश्य प्राप्त हुई होगी।

स्वामी हरिदास जी अपने युग के श्रेष्ठतम संगीतकार थे। तानसेन एवं बैजू बावरा उनके शिष्य कहे जाते हैं। यह भी प्रवाद है कि स्वयं अकबर उनका संगीत सुनने के लिए उपस्थित हुआ था। संगीत एक ऐसी कला है जो अपनी नितांत सूक्ष्मता एवं अशरीरीपन के कारण मनुष्य को रहस्यवादी एवं आध्यात्मिक बना भी देती है। स्वामी हरिदास की रसिकता को अध्यात्म के ऊँचे स्तर तक उड़ाने में उनकी संगीत कला का कितना बड़ा हाथ रहा होगा, यह सहज अनुमान का विषय है, बल्कि कहना चाहिए कि समस्त कृष्ण-भक्ति के संप्रदायों में संगीत की साधना ने लौकिक को अलौकिक के स्तर तक उठाने में सहायता दी होगी। यही स्थिति सूफी संप्रदायों के बारे में भी कही जा सकती है।

सबसे बड़ा विवाद स्वामी हरिदास जी के संप्रदाय को लेकर है। यद्यपि ग्राउज ने अपने 'मथुरा मेमॉयर्स' में उन्हें बहुत पहले ही एक पृथक् संप्रदाय वाला माना था।[2] सन् 1942 में होनेवाले निधुवन के झगड़े के फलस्वरूप स्वामी हरिदास की टट्टी-संस्थान वाली परंपरा ने अपना संबंध निम्बार्क संप्रदाय से जोड़ लिया। उसी काल के किशोरदास के 'निज मत सिद्धांत' तथा सहचरिशरण द्वारा दी गई गुरु-परंपरा के द्वारा इस मत का समर्थन किया गया है। परिणामस्वरूप श्री बलदेव उपाध्याय।[3] डॉ. हरवंशलाल शर्मा[4], परशुराम चतुर्वेदी[5], डॉ. त्रिलोकी नारायण दीक्षित[6], प्रभृति लोगों ने उन्हें निम्बार्क संप्रदायांतर्गत मान लिया। परंतु वास्तव में दोनों संप्रदायों में इष्ट, मंत्र, आचार का इतना बड़ा अंतर है कि उन्हें एक मानना

1. हरिवंशी हरिदासी जहाँ, मोहि करुना करि राखो तहाँ : भक्त कवि व्यास, पृ. 407
2. श्री स्वामी हरिदास अभिनंदन ग्रंथ, पृ. 83 पर उद्धृत।
3. भागवत् संप्रदाय, पृ. 351
4. सूरदास और उनका साहित्य, पृ. 101
5. वैष्णव धर्म, पृ. 86
6. हिंदी साहित्य कोश में सखी-संप्रदाय पर टिप्पणी, पृ. 804

उचित न होगा। इसके अतिरिक्त हरिदासी संप्रदाय के एक कवि भगवत् रसिक ने तो निम्बार्कियों के द्वैताद्वैत दर्शन का भी प्रत्याख्यान कर दिया है :

नाहीं द्वैताद्वैत हरि, नाहिं विशिष्टाद्वैत।
बँधे नहीं मतवाद में, ईश्वर इच्छाद्वैत।[1]

इस प्रकार उनका एक स्वतंत्र मत प्रतीत होता है। अपनी उपासना में उन्होंने एकदम निराला ढंग अपनाया था। लोक-वेद की सभी रीतियों का परित्याग कर स्वामी हरिदास ने अपनी साधना-पद्धति आरंभ की थी। राधावल्लभीय भक्त ध्रुवदास ने उनकी इस विशेषता की ओर इंगित किया है।

रसिक अनन्य हरिदास जू, गायौ नित्य बिहार।
सेवा हूँ में दूर किय विधि-निषेध जंजार।[2]

इधर चतुःसंप्रदायों में किसी से अपना संबंध जोड़ने के चक्कर में मगन बिहारी लाल गोस्वामी ने 'हरिदास-अभिनंदन-ग्रंथ' में अपने निबंध 'श्री हरिदासजी का विष्णुस्वामी संप्रदाय' (पृ. 109-18) में उन्हें विष्णुस्वामी संप्रदायांतर्गत सिद्ध करना चाहा है। परंतु यह तो और भी भ्रमात्मक है। इस संबंध में डॉ. दीनदयालु गुप्त का मत सर्वथा उचित प्रतीत होता है। उनके अनुसार यह संप्रदाय भी भक्ति का एक साधन-मार्ग है, और अपने आरंभिक काल में वेदांत के किसी वाद अथवा किसी अन्य दार्शनिक सिद्धांत का प्रचारक मत नहीं था।[3] डॉ. विजयेंद्र स्नातक ने भी इसे पृथक् संप्रदाय ही माना है।[4]

स्वामी हरिदास की रचनाएँ अधिक नहीं हैं। वे कवि से बड़े संगीतज्ञ थे। पं. रामचंद्र शुक्लजी ने कहा है, "उनके पद कठिन राग-रागिनियों में गाने योग्य हैं, पढ़ने में कुछ ऊबड़खाबड़ लगते हैं।"[5] इनका 'संग्रह' केलिमाल नाम से प्रकाशित है। संप्रदाय के भीतर इसकी अत्यधिक प्रतिष्ठा है।

हरिदासजी की मृत्यु के संबंध में कोई निश्चित मत नहीं है। अनुमान है कि संवत् 1635 के आसपास इनकी मृत्यु हुई होगी।[6] इधर वृंदावन से प्रकाशित होनेवाले 'श्री सर्वेश्वर' नामक पत्र में श्री विश्वेश्वर शरणजी ने स्वामी हरिदास पर

---

1. भगवत रसिक : अनन्य निश्चयात्मक ग्रंथ, पृ. 83
2. भक्तनामावली (बयालीस लीला), पृ. 28
3. अष्टछाप और बल्लभ संप्रदाय, पृ. 68
4. राधा बल्लभ संप्रदाय : सिद्धांत और साहित्य, पृ. 51-52
5. हिंदी साहित्य का इतिहास, पृ. 172
6. डॉ. शरण बिहारी गोस्वामी : हिंदी कृष्ण भक्ति काव्य में सखी भाव (अप्र, प्रबं.), पृ. 419

एक लेखमाला लिखी है, जिसमें जन्म-संवत्, मृत्यु-संवत्, पिता, गुरु, संप्रदाय, कुल आदि के बारे में विचार किया गया है। उनके अनुसार 'सिद्धांत पक्ष' में श्री स्वामी जी महाराज श्री निम्बार्क संप्रदाय के थे। वे आजन्म ब्रह्मचारी थे; उनका जन्म वि. सं. 1537 भाद्रपद शुक्ला अष्टमी को और निकुंज-प्रवेश 1632 में हुआ था; वे सनाढ्य कुल के थे; उनका जन्म वृंदावन के समीप ही राजपुर में हुआ था; उनके गुरुदेव श्री स्वामी आसधीर देवजी थे; वस्तुतः वे उनके पिता नहीं थे—पिता तो सनाढ्य कुल-भूषण श्री गंगाधर जी थे।[1] इनमें से जन्म-मृत्यु संवतों से हमारा कोई विरोध नहीं है तथा हम उन्हें निम्बार्क का अनुयायी नहीं मानते। शेष प्रश्न हमारे लिए अप्रासंगिक हैं।

परिचय-संबंधी इन प्रसंगों के विवाद में हम यहाँ नहीं पड़ना चाहते और इससे हमारे मंतव्यों में भी कोई अंतर नहीं आता। वे विक्रम की 16वीं शती के अंतिम हिस्से एवं सत्रहवीं शती के पूर्वार्द्ध में उपस्थित थे। वृंदावन के रसिक भक्तों में वे अन्यतम थे। उनके समकालीन एवं श्रद्धालु हरिराम व्यास के शब्दों में :

ऐसो रसिक भयौ ना है है भुवमंडल आकाश।[2]

भक्तमालकार नाभादास के अतिरिक्त उनके गुरु स्वामी अग्रदास (रामानंदी संप्रदाय) ने आपको साक्षात् प्रेमावतारी ही माना है :

नमो नमो श्री हरिदास बृंदा विपिन वास
वर प्राण सर्वस बाँके बिहारी।
श्याम श्यामा जुगल रूप माधुर्य के
रसिक रिझवार प्रेमावतारी।
परम वैराग्य निधि बसत निधिवन सदा
भावना लीन सुप्रवीन भारी
कामना कल्पतर सकल संताप हर,
अग्रदास अलि कल्याणकारी।[3]

नाभादास ने अपने भक्तमाल में उनकी निराली उपासना-प्रणाली की प्रशंसा की है।[4]

जहाँ तक संप्रदाय एवं सिद्धांत का प्रश्न है, हम समझते हैं कि न तो वे

1. श्री सर्वेश्वर, वर्ष 4, अंक 2, पृ. 29
2. व्यास वाणी
3. श्री सर्वेश्वर, वर्ष 3, संख्या 2, पृ. 14 पर विश्वेश्वर शरण जी द्वारा उद्धृत
4. 'भक्तमाल', छप्पय सं. 91

किसी व्यवस्थित संप्रदाय के प्रवर्तक हैं और न किसी दार्शनिक मतवाद के प्रचारक। वे तो अपने श्यामा-श्याम को लाड़ लड़ाने में अपनी संगीत-माधुरी से रिझाने एवं लीला-भावन में ही मग्न रहनेवाले रसिक भक्त थे।

स्वामी हरिदासजी स्वयं विरक्त साधु थे। आगे चलकर उनके अनुयायियों के दो दल हो गए। एक विरक्तों का—जिसका टट्टी-स्थान अलग बना तथा दूसरा गृहस्थ गोस्वामियों का—जिनके ऊपर बिहारीजी की सेवा-पूजा का भार है। उनके विरक्त शिष्यों में अष्टाचार्य अत्यंत प्रसिद्ध हैं और उनकी वाणियों का एक संकलन 'अष्टाचार्यों की बानी' नाम से उपलब्ध होता है। इस वाणी को संप्रदाय में अत्यधिक श्रद्धा प्राप्त है।

स्वामी हरिदासजी का व्यक्तित्व अत्यधिक प्रभावशाली था। अपने संपर्क में आनेवाले प्रत्येक व्यक्ति को उन्होंने प्रभावित किया था। सखी भाव की उपासना स्वामीजी की मुख्य देन है। दूर से ही लीलादर्शन एवं लीलागान के जो लक्षण गीतगोविंद आदि से मिलने लगे थे[1] उनका श्रेष्ठतम परिपाक साधना के स्तर पर हरिदास जी में हुआ। उनकी यह साधना नितांत ऐकांतिक एवं संपूर्ण अनन्यता की है। वास्तव में यह साधना की अत्यधिक ऊँची स्थिति का नाम है। हमें लगता है कि उनकी साधना को सगुणोपासना कहना बहुत उचित नहीं है, क्योंकि कृष्ण के ब्रज-लीला वाले सगुण रूप को वे स्वीकार नहीं करते। उन्होंने कृष्ण नाम तक को स्वीकार नहीं किया। लीला का एक नितांत गोपनीय रहस्यात्मक प्रकार उनको स्वीकार था। दार्शनिक चिंतन एवं तार्किक निरूपण से एकदम असंपृक्त रह कर वे जिस भावदशा में विभोर रहते थे, उसे रहस्यानुभूति की साधना कहना अधिक उचित होगा। वास्तव में प्रेमाभक्ति अपनी सर्वोत्तम परिणति के स्तर तक स्वामी हरिदास जी की साधना में पहुँच गई थी।

उनके संप्रदाय में अलग से निरूपित कोई दार्शनिक पद्धति न होकर उपासना का मार्ग एवं तत्संबंधी व्यावहारिक कल्पनाएँ ही हैं। अतः यहाँ हम उनके दर्शन आदि पर विचार नहीं करेंगे। उनकी लीला, उपास्य आदि की धारणाओं की विवेचना चतुर्थ अध्याय में की जाएगी। यहाँ हम भगवत्‌रसिक संप्रदाय की उपासना आदि का परिचय देनेवाला पद उद्धृत करके इस प्रसंग को समाप्त करते हैं।

आचारज ललिता सखी, रसिक हमारी छाप।
नित्य किशोर उपासना, जुगुल मंत्र को जाप।
जुगुल मंत्र को जाप, वेद रसिकन की वाणी
श्री बृंदाबन धाम इष्ट स्यामा महरानी
प्रेम देवता मिले बिना सिधि होई न कारज

1. राधामाधवोर्जयन्ति यमुनाकूले रहः केलय : गीत गोविंद।

भगवत सब सुखदानि, प्रकट में रसिकाचारज
नाहीं द्वैत अद्धैत हरि, नाहिं विशिष्टाद्वैत।
बँधे नहीं मतवाद में, ईश्वर इच्छा द्वैत।
ईश्वर इच्छा द्वैत करै सबही को पोषन।
आप रहे निरलेप, भगत सौ माने तोषन।
भगवत रसिक अनन्य संग डोले गलबाहीं
करे मनोरथ सिद्ध, उचित अनुचित कछु नाहीं।[1]

गोस्वामी हित हरिवंश

हित हरिवंशजी के जन्म, स्थान, जन्म संवत्, पिता के नाम आदि[2] के बारे में विद्वानों में कुछ मतभेद रहा है। पर इधर राधावल्लभीय विद्वान् श्री ललिता चरण गोस्वामी[3] एवं दिल्ली-विश्वविद्यालय के प्राध्यापक डॉ. विजयेंद्र स्नातक[4] के जो शोधपूर्ण ग्रंथ आए हैं, उन्हीं के आधार पर हम यहाँ उनका जीवन-चरित्र दे रहे हैं। इन ग्रंथों में विविध प्रश्नों पर गहरी छानबीन की गई है।

गोस्वामी हित हरिवंश का जन्म सं. 1559 में मथुरा के निकट 'बाद' नामक ग्राम में वैशाख शुक्ल एकादशी, सोमवार को हुआ था। इनके पिता का नाम व्यास मिश्र था, जो देवबंद (सहारनपुर) के रहने वाले विद्वान्—राज ज्योतिषी (संभवतः इब्राहीम लोदी से सम्मानित) थे। संस्कृत की शिक्षा स्वभावतः पिता से ही इन्हें प्राप्त हुई होगी। हरिवंशजी का संस्कृत ज्ञान बहुत अच्छा था, यह इस बात से ही प्रकट है कि उन्होंने संस्कृत में 'राधा-सुधानिधि' काव्य की रचना की थी। उनके बाल्य-जीवन से संबंधित, मध्ययुगीन अन्य महापुरुषों की भाँति, अनेक अलौकिक चमत्कार प्रचलित हैं। कहा जाता है कि जब ये 6 मास के थे तभी 'राधा-सुधानिधि' इनके कंठ से निस्सृत हो पड़ी थी जिसका लेखन कार्य इनके पितृव्य श्री नृसिंहाश्रम जी ने संपादित किया था। बाल्यकाल से ही राधा-कृष्ण की क्रीड़ाओं के अनुकरण में ही उनका मन लगता था।

---

1. भगवत् रसिक : अनन्य निश्चयात्मक ग्रंथ, पृ. 43
2. वासुदेव गोस्वामी : भक्त कवि व्यास जी : हित हरिवंश जी के निम्न पद को उन्होंने सुना था :
   आजु अति राजत दंपति भोर।
   सुरति रंग के रस में भीने, नागर नवल किशोर।
   —जीवनी खंड,' पृ. 54
3. गोस्वामी हित हरिवंश संप्रदाय और साहित्य।
4. राधाबल्लभ संप्रदाय : सिद्धांत और साहित्य।

गोस्वामी हित हरिवंश को दीक्षा स्वयं श्री राधिकाजी से प्राप्त हुई थी। सांप्रदायिक ग्रंथों में राधा जी का गुरु रूप में बार-बार उल्लेख हुआ है। इस संबंध में कथा है कि एक दिन राधाजी ने उन्हें स्वप्न दिया कि घर के बाहर के पीपल के वृक्ष की ऊँची डाल पर एक लाल पत्ते पर एक मंत्र अंकित है, उसे प्राप्त करो और उसे अपना दीक्षा-मंत्र मानो। उसी मंत्र से हित हरिवंशजी दीक्षित हुए। इस प्रकार की धारणा आज के वैज्ञानिक युग में बहुत प्रामाणिक नहीं मानी जा सकती। परंतु राधा-कृष्ण की क्रीड़ाओं (भागवत् इस समय तक अत्यंत जनप्रिय ग्रंथ हो चुका था, स्वयं आचार्य बल्लभ ने ब्रज प्रदेश में विभिन्न स्थानों पर उसके 22 पाठ किए थे।) का शैशव काल से ही ध्यान और अनुसरण करनेवाला बालक स्वप्न में यदि कुछ प्रेरणा प्राप्त करे तो वह मनोवैज्ञानिक दृष्टि से अनुचित न होगा।

अस्तु, इस मंत्र की प्राप्ति के बाद उनकी प्रेमाभक्ति का रस निरंतर सांद्र होता गया। इस संबंध में यह बात अत्यंत महत्त्वपूर्ण और ध्यान देने योग्य है कि गृहस्थ बने रहते हुए भी उन्होंने अपनी निष्ठा एवं भक्ति में अंतर नहीं आने दिया। तत्कालीन महात्माओं में वैराग्य की लहर जिस रूप में फैल रही थी और दांपत्य जीवन के प्रति जो तिरस्कार भावना पैदा की जा रही थी, श्री हित हरिवंश जी ने स्वयं सद्‌गृहस्थ का जीवन व्यतीत कर तथाकथित वैराग्य भाव को चुनौती दी।[1] माता-पिता की मृत्यु के बाद इनका मन स्वयं आराध्या की लीला-स्थली में जाकर वहाँ की रसमयी भक्ति-पद्धति में लीन होने के लिए व्याकुल हो उठा और संवत् 1590 में वे वृंदावन के लिए चल पड़े। रास्ते में चिथरावल ग्राम में राधाजी के स्वप्नानुसार उन्होंने आत्मदेव नामक ब्राह्मण की दो तरुणी कन्याओं से विवाह किया तथा श्री राधाबल्लभजी का विग्रह प्राप्त किया, जिसे उन्होंने वृंदावन में प्रतिष्ठापित किया था। आधुनिक मूल्यों और मान्यताओं की दृष्टि से हित हरिवंश जी का यह विवाह बहुत उचित नहीं ठहराया जा सकता एवं इस कथा की व्याख्या दूसरे आधार पर भी की जा सकती है।[2] परंतु मध्यकालीन

---

1. राधाबल्लभ संप्रदाय : सिद्धांत और साहित्य, डॉ. विजयेन्द्र स्नातक, पृ. 106
2. कहते हैं कि वृंदावन चलते समय उनकी प्रथम पत्नी रुक्मिणी देवी बच्चों के छोटा होने के कारण आ नहीं पाई थीं। क्या यह सम्भव नहीं कि किसी कारणवश कष्ट होने के कारण साथ न दे सकी हो, एवं तरुण भक्त हित हरिवंश की भक्ति-पद्धति की ओर वह ब्राह्मण और उसकी कन्याएँ भी आकर्षित हुई हों एवं परिणाम इस विवाह के रूप में हुआ हो। (इस स्वप्न में कहा गया है कि राधा ने कहा था कि यह विवाह →

आदर्शों एवं परिस्थितियों को सदैव आधुनिक जीवन के नैतिक मानदंड पर परखना उचित नहीं होता। 1590 वि. की फाल्गुन एकादशी को वे वृंदावन पहुँचे। तत्कालीन ज़मींदार नरवाहन ने आपको अपनी साधना के लिए पर्याप्त भूमि प्रदान की।

उस समय तक वृंदावन में गौड़ीय वैष्णव संप्रदाय के प्रख्यात षट्गोस्वामी पहुँच चुके थे, गोवर्धन में श्रीनाथ जी के मंदिर की स्थापना हुए समय बीत चुका था, बल्लभ की तो अब तक मृत्यु हो चुकी थी एवं इसके अगले वर्ष चैतन्य की भी मृत्यु हो गई। अष्टछाप की स्थापना तो नहीं हुई थी पर सूरदास आदि क्रियाशील थे। राधा को इष्टदेवी और गुरु गोस्वामी हरिवंश ने पहले ही स्वीकार कर लिया था। वृंदावन आकर वे इन वैष्णवों के संपर्क में आये होंगे। स्थायी रूप से वृंदावन-वास करने का निश्चय करने के बाद श्री हरिवंश जी ने कदाचित वैष्णव धर्म में प्रचलित समस्त साधना पद्धतियों का अनुशीलन किया होगा और इस मनन-अध्ययन के बाद अपनी नूतन साधना-पद्धति प्रवर्तित की होगी। परम्परा से जो साधना-पद्धतियाँ वैष्णव-संप्रदायों में प्रचलित थीं, उनमें विधि-निषेध के साथ कर्मकांड का प्रभाव बढ़ गया था और बाह्याचार की अनेक परिपाटियाँ प्रचलित हो गई थीं, उन्हें स्वीकार न करके श्री हरिवंश जी ने स्वकीय नूतन संप्रदाय का प्रवर्तन किया और अनेक बातों में सर्वथा अभिनव शैली स्वीकार की।[1] धीरे-धीरे उनके रुचिर एवं प्रेम-मय व्यक्तित्व, सरल कवित्व और सरस प्रेममयी साधना-पद्धति से प्रभावित होकर लोग उनके पास इकट्ठे होने लगे। नरवाहन, नवलदास, पूरनदास, हरिराम व्यास, आदि उनके मुख्य शिष्य हैं। इनमें विद्वत्ता एवं साहित्य की दृष्टि से हरिराम व्यास ही महत्त्वपूर्ण हैं। परंतु आगे चलकर 'राधाबल्लभ संप्रदाय' में प्रभूत परिमाण में साहित्य का सृजन हुआ। बल्लभ संप्रदाय को छोड़कर ब्रजभाषा में अन्य किसी वैष्णव संप्रदाय की साहित्य राशि इस परिमाण में उपलब्ध नहीं होती। सम्प्रदाय की जनप्रियता एवं प्रेरक शक्ति का यह स्पष्ट प्रमाण है।

वृंदावन में रहते हुए उन्होंने आराध्य के सिद्ध-केलि स्थानों (मानसरोवर, सेवाकुंज, रासमंडल और वंशीवट) का प्राकट्य किया। सेवाकुंज में राधाबल्लभजी

⟶

उनके भक्ति-भाव का विरोधी न होगा। इससे भी यह ध्वनि निकलती है कि सम्भवतः प्रथम पत्नी उनकी भक्ति-पद्धति से सहमत न थी गृहस्थी के साथ भक्त के आदर्श का पालन करने वाले हित हरिवंश जी एवं उस युग की बहुविवाह-प्रथा को देखते हुए चारित्रिक दृष्टि से यह बात अनुचित नहीं प्रतीत होती।

1. डॉ. वियजेन्द्र स्नातक : राधाबल्लभ संप्रदाय : सिद्धांत और साहित्य, पृ. 108

के विग्रह की स्थापना की एवं संवत् 1591 में प्रथम पाटोत्सव इसी सेवाकुंज में संपन्न हुआ। रासमंडल की स्थापना करके उन्होंने कृष्ण भक्ति के प्रसार में अत्यंत महत्त्वपूर्ण योग दिया है। राधाबल्लभजी के विग्रह-स्थापन के पश्चात् उन्होंने अपनी उस अष्टयामसेवा-पद्धति एवं रसभक्ति का प्रचार प्रारंभ किया जिससे अन्य संप्रदाय भी प्रभावित हुए। यहाँ तक कि गौड़ीय संप्रदाय के प्रसिद्ध विद्वान् भक्त प्रबोधानंद सरस्वती सं. 1592 में वृंदावन पधारे तो हित हरिवंशजी उनकी भक्ति-पद्धति के प्रति अत्यंत आकर्षित हुए। उन्होंने हित हरिवंश की स्तुति भी अपने अष्टक में लिखी है।[1]

वृंदावन आगमन के पश्चात् ही संभवतः उन्होंने ग्रंथ रचना की होगी।[2] उनके चार ग्रंथ कहे गए हैं–'राधा सुधानिधि', राधा की स्तुति में लिखा गया संस्कृत-स्तोत्र-ग्रंथ है। 'हित चौरासी' में उनकी भक्ति-भावना की अभिव्यक्ति श्रेष्ठ काव्य के माध्यम से ब्रज भाषा के चौरासी पदों में हुई है। सत्ताइस स्फुट पद और दोहे भी ब्रजभाषा में ही प्राप्त हैं जिनमें सांप्रदायिक सिद्धांत एवं भावनाएँ हैं तथा 'यमुनाष्टक' नामक संस्कृत-स्तोत्र-ग्रंथ भी उनका कहा जाता है। इनमें, 'हित चौरासी' निश्चय ही सर्वश्रेष्ठ ग्रंथ है काव्य की दृष्टि से भी एवं सांप्रदायिक सिद्धांतों की दृष्टि से भी। यह उनकी परिपक्वावस्था का लिखा प्रतीत होता है। इसे संप्रदाय का मुख्य उपजीव्य ग्रंथ होने का गौरव भी प्राप्त है।

वंशी के अवतार कहे जानेवाले इस श्रेष्ठ भक्त कवि एवं आचार्य का निधन संवत् 1609 में हुआ। राधा-कृष्ण युगल की सखी-भाव से आराधना करने का संदेश देकर उन्होंने एक नए प्रकार का वैष्णव रहस्यवाद प्रवर्तित किया। प्रेम या हित तत्त्व को उन्होंने परात्पर तत्त्व की स्थिति तक पहुँचा कर प्रेम को भाव से दर्शन बना दिया। हित हरिवंशजी के योग्य शिष्य हरिराम व्यास ने राधा बल्लभ संप्रदाय के उपास्य एवं उपासना-विधि आदि का संक्षिप्त परिचय एक ही पद में दिया है। पद इस प्रकार है :

रसिक अनन्य हमारी जाति।
कुल देवी राधा, बरसानौ खेरौ, ब्रजबासिन सो पाँति।
गोत गोपाल, जनेऊ, माला, सिखा सिखंडि हरि मंदिर भाल।
हरि गुन नाम वेद धुनिसुनियत, मूँज पखावज, कुस करताल।
साखा जमुना, हरि-लीला षटकर्म, प्रसाद प्रान-धन रास।

1. त्वमसि श्री हरिवंश श्यामचंद्रस्य वंश। परम रसद नादैर्मोहितः सर्वविश्वः अनुपमगुणदामैर्निमित्तोऽसि द्विजेंद्र, मम हृदि तव गाथाश्चित्रलेखेव लग्नाः। प्रबोधानंद।
2. 'राधासुधानिधि' के बारे में यह ख्याति है कि वह उन्होंने शैशव में ही लिखी थी।

सेवा विधि-निषेध, जड़ संगति, वृत्ति सदा बृंदाबन बास।
अमृत भागवत, कृष्ण नाम संध्या, तर्पन गायत्री जाप।
बंसी रिषि, जजमान कल्पतरु, व्यास न देत असीस-सराप।

—भक्त कवि व्यासजी—पद संख्या 93, पृ. 215

हित हरिवंशजी एवं हरिदास के प्रभाव का अनुमान इसी से लगाया जा सकता है कि परवर्ती समस्त कृष्णोपासक किसी न किसी स्तर पर युगल-विहार-लीलाओं के सखी भावापन्न गान को अपनाते हैं।

5

भक्ति की संबंध भावना

भक्त और भगवान् के मध्य एक वैयक्तिक संबंध की कल्पना भक्तिमार्ग की सबसे बड़ी विशेषता है। भक्ति का मनोभाव कुछ ऐसा संकुल होता है कि उसमें संभ्रम, भय, पवित्रता, निर्भरता, प्रेम, विश्वास आदि अनेक वृत्तियाँ और गुण गुंफित रहते हैं। ईश्वर की रहस्यानुभूति अनेक रूपों में हो सकती है और उसके स्वरूप की अवधारणा ही यह निश्चित करती है कि ईश्वर और भक्त के मध्य संबंधभाव (रिलेशनशिप) क्या रहे ? जीवन में अनेक प्रकार के सामाजिक संबंधों के संपर्क में हम आते हैं। इन संबंधों के साँचे व्यवहार में ढले-ढलाये उपस्थित रहते हैं। और उन्हीं में रहस्यानुभूति का द्रव ढल जाता है। उसी रूपांतर के माध्यम से ही उस परम रूप को अभिव्यक्त किया जाता है। इस बात की निश्चितता तब और बढ़ जाती है जब ईश्वर धर्म 'संस्थापनार्थाय' एवं 'विनाशाय दुष्कृताम' इस पृथ्वी पर अवतार लेता है। इस अवतार-कल्पना के साथ जब रक्षक का रूप मिल जाता है तब उसकी प्रभविष्णुता सहस्रगुणित हो उठती है। उसको हम पिता, माता, शिशु, गुरु, स्वामी, प्रिय, प्रेमिका या मित्रादि सामाजिक संबंधों के रूप में भावित करने लगते हैं। यह एक प्रकार का प्रतीकवाद है। ऐसे प्रतीकों के माध्यम से दिव्य प्रेम एवं अलौकिक प्रेम के मध्य साहचर्य की स्थापना संसार के सभी आस्तिक धर्मों की विशेषता है। ऐसे स्थलों पर मूलतः अलौकिक संबंध प्रस्तुत हैं एवं लौकिक संबंध अप्रस्तुत। प्रारंभ में तो ये साहचर्यमूलक ही होते हैं और उपमेय के एकाध तत्त्वों की ही समानता उपमान में मिलती है पर प्रगाढ़ संबंध एवं सतत ध्यान से धीरे-धीरे यथार्थमूलकता का भी इनमें प्रवेश हो जाता है। हमारे समीक्ष्य युग में ये संबंध साहचर्य से हटकर यथार्थमूलक ही हो गए थे। वैदिक साहित्य[1] वृहदारण्यक उपनिषद् (4, 3, 21) आदि में केवल साहचर्य तत्त्व पर ही बल दिया गया है।

1. डॉ. मुंशीराम शर्मा : भक्ति का विकास, पृ. 128-132

गीता में थोड़ा आगे बढ़कर साहचर्य से यथार्थ भूमि में लाया गया है।[1]

पर यहाँ भी बल साहचर्य-भावना या उपासना पर ही है। नारद-भक्ति-सूत्र में परम प्रेम-रूपा में रूप शब्द साहचर्य पर बल देता है एवं परम शब्द से ज्ञात होता है इससे भिन्न भी कोई प्रेम था। वास्तव में जब यह धारणा बल पकड़ती है कि भगवान् भजनीय ही नहीं सर्वभाव से भजनीय है[2] तभी संबंधों पर अधिक बल दिया जाने लगता है, क्योंकि हमारा भाव-जगत् हमारे प्रत्यक्ष व्यावहारिक संबंधों से ही अनुशासित होता है। यों तो भगवान् सर्वभाव से भजनीय हैं पर प्रेम भाव ही वास्तविक है। क्योंकि जीवन का सबसे गहरा और स्थायी भाव रति है। यह मनोवैज्ञानिकों को भी अमान्य नहीं है। इसलिए रति भाव की विभिन्न छायाओं को ही वैष्णव-विचारकों ने मुख्य रूप से उपस्थित किया। उनके अनुसार भाव या रति पाँच प्रकार की होती है, जिनके अनुकूल ही पाँच रस-भक्तियाँ हो जाती हैं। शम, प्रीति, प्रेय, वात्सल्य और मधुरा ये पाँच रतियाँ हैं जिनसे कि शांत दास्य, सख्य, वात्सल्य और मधुर भाव की पाँच भक्तियाँ (भक्ति-रस) उद्रिक्त होती हैं।

इष्ट देवता और उसके परिकर के प्रति एक विशिष्ट निजी संबंध की विविध स्थितियाँ गौड़ीय वैष्णव मत की अपनी मौलिक देन है।[3] क्योंकि उसके बिना यह संबंध एकदम अरूप साहचर्य का हो जाता है और अचिंत्य भेदाभेदवादी दर्शन के मध्य इस संबंध को पहचानना कठिन हो जाता है। इसलिए इन वैष्णव आलंकारिकों ने भक्ति-भाव (कृष्ण-प्रीति) की प्रारंभिक स्थिति शांत मानी है। इस दशा में भक्त और भगवान् का संबंध स्पष्ट आकार नहीं ले पाता। संसार से विरक्ति एवं ईश्वर के प्रति चित्तवृत्तियों का लगाव तो हो जाता है परन्तु ईश्वर को निजी संबंधों की परिधि के भीतर नहीं देखा जा सकता।

वास्तव में शांत का स्थायी भाव शम एक ऐसी मानसिक अवस्था का द्योतक है, जहाँ पर परमात्मा के साथ एकत्व की चेतना तो आ जाती है पर राग का आवेश नहीं होता। मध्य-युगीन वैष्णव रहस्यानुभव की आवेगमयी स्थिति के भीतर न समा सकने के कारण इसे वैष्णव आलंकारिकों ने कृष्णरति में सबसे नीचे की अवस्था में रखा है। वास्तव में प्रेम-प्रतीकवाद का यह यथार्थ की ओर संचरण है।

शांत भक्ति

संकल्प-विकल्प से रहित मन की वृत्ति शांत रति है। इसे शम भी कहा जाता है।

---

1. पितेव पुत्रस्य, सखेव सख्युः प्रियप्रियायार्हसि देव सोढुम्।–गीता, 11।44
2. भागवत, 10।29।15
3. एस.के.दे : वै.फे.मू.,पृ. 286

यह ममता-गंध-शून्य होता है। भागवत में उसे निष्ठा बुद्धि[1] कहा गया है। इस मानसिक स्थिति को ही गीता में ब्रह्मभूत और प्रसन्नात्मा कहा है।[2] विष्णु धर्मोत्तरपुराण में कहा गया है, 'जहाँ न सुख, न दुख, न चिंता, न द्वेष, न राग, न कोई इच्छा है, मुनींद्रगण उस शम-प्रधान को शांत कहते है।"[3] यह भक्ति वास्तव में मूलतः मन में वैराग्य-भावना को उत्पन्न करती है। वास्तव में सारे संसार के रहस्यवादियों ने ईश्वर के मिलन के पूर्व वैराग्य द्वारा शरीर-कामनाओं को नष्ट करने की पद्धति को स्वीकार किया है। शांत भक्ति भी वैराग्य-मूलक है, पर यह निषेधात्मक न होकर विधेयात्मक है, तथा प्रेम भावना की प्रारंभिक स्थिति को पल्लवित करती है। प्रैट द्वारा गिनाई गई प्रथम अवस्था (परगेटिव स्टेज) शांत भक्ति के निकट की ही वस्तु है।[4]

शांत भक्ति एक प्रकार की ज्ञानमिश्रा-भक्ति है और इसका लक्ष्य मुक्ति प्राप्त करना होता है। पर जैसा कि पहले ही कहा जा चुका है कि परा या प्रेमा भक्ति का साधक मुक्ति न चाहकर भगवान् का प्रेम चाहता है। प्रेम सदैव व्यक्तिगत संपर्क पर ही आधृत होता है। इसलिए भक्ति या श्रद्धा का तत्त्व होते हुए भी शांत भक्ति श्रेष्ठ स्थान की अधिकारिणी नहीं हो पाती। यद्यपि इसका अस्वीकरण नहीं किया गया। इस भक्ति के आदर्श सनत्कुमार आदि माने गए हैं। पर प्रेमा भक्ति की आदर्श तो ब्रजगोपिकाएँ हैं।[5] हमारे आलोच्य काल से संबंधित संप्रदायों में शांत भक्ति का अधिक रूप देखने को नहीं मिलता। निर्गुण साधकों में ही मुख्य रूप से हम इस भक्ति को देख सकते हैं। इनमें भी सूफ़ी एवं कृष्णोपासक प्रेम-भक्तों के प्रभाव एवं प्रेम-प्रतीकवाद के आग्रह से यत्र-तत्र दास्य भाव या कांताभाव का स्वरूप मिलता है। निर्गुण कवियों में 'पतिव्रता कौ अंग' तथा 'विरहिणी कौ अंग'

---

1. भागवत 11/19/36
2. गीता 18/54
3. हरिभक्ति रसामृत सिंधु, पश्चिम विभाग, प्रथम लहरी, श्लोक 29-30 तथा नारायण भट्ट : भक्ति-रस-तरंगिणी, पृ. 113 पर उद्धृत।
4. जे.बी. प्रैट : दि रिलिजस कांशसनेस, पृ. 374
   प्रैट ने इसका मनोवैज्ञानिक अध्ययन करते हुए बताया है कि चरित्र और आध्यात्मिकता की भावना को दृढ़ करने में वैराग्य भाव बहुत सहायक होता है। बल्कि एक मत तो यह भी है कि मनुष्य के मन के जितना निकट अहंकार है, उतना ही निकट वैराग्य और त्याग भी। आधुनिक काल में उसका जितना अवमूल्यन हुआ है वह ठीक नहीं है (385-386)। वास्तव में इन साधनाओं के द्वारा अनाकांक्षित-अवांछित एवं विभ्रम उत्पन्न करनेवाले तत्त्वों को दूर रखने का मूल्यवान कार्य संपन्न होता है।
5. नारद-भक्ति-सूत्र, 21 तथा शांडिल्य भ. सू., 14

में कांता भाव की मधुर अभिव्यक्ति भी हुई है।[1] पर सब मिलाकर निर्गुणोपासक सभी संप्रदायों की भक्ति मुख्यतया शांत भाव की ही है। इन लोगों ने संसार की असारता, क्षण-भंगुरता आदि को दिखाते हुए वैराग्य के अंग की बड़ी चर्चा की है। और इसी प्रसंग में बार-बार राम का नाम रटने, राम से भक्ति करने का निर्देश भी करते जाते हैं। डॉ. वर्मा के निबंध में बताया गया है कि चेतावनी और उपदेश के अंग मुख्यतः शांत रस से संबंधित हैं।[2] क्रम और संख्या तालिका में इनका स्थान तीसरा है। उपदेश और चेतावनी से संबंधित साखी और सबदों की संख्या क्रमशः 268 और 235 है। यह इनके महत्त्व का द्योतक है।

सगुणोपासक संप्रदायों में संसार की विरक्ति संबंधी शांत रस की अभिव्यक्ति अवश्य हुई है, पर वह वास्तव में दास्य, सख्य, वात्सल्य या मधुरभाव की अंगभूत अभिव्यक्ति है। इनके अनुसार ये पाँचों भाव एक-दूसरे से निरपेक्ष नहीं हैं। उत्तरोत्तर एक का दूसरे में अंतर्भाव होता चलता है, तथा सर्वश्रेष्ठ कांता (या प्रियता) भाव में पाँचों भावों का समन्वय रहता है।[3] इस प्रकार सगुणोपासक (चैतन्य, बल्लभीय, हरिदासी, राधा बल्लभीय, रामोपासक) संप्रदायों में शांत भक्ति मुख्य नहीं है। वह भक्ति के अन्य भावों की पोषक मात्र है। शांत भक्ति के विभावों की चर्चा करते हुए भक्ति-रसामृत-सिंधु में भगवान् चतुर्भुज तथा आत्माराम एवं तापस भक्तों को शांत भक्ति का आलंबन माना है।[4] सगुणोपासक सभी संप्रदायों के अनुयायी कवियों ने अपने पूर्ववर्ती कवियों, भक्तों एवं गुरुओं की प्रशंसा में बहुत अधिक स्तुतियाँ की हैं। उन्हें हम शांत रस के अंतर्गत ही परिगणित कर सकते हैं। निम्बार्क-संप्रदाय के कवियों द्वारा गुरु-वंदन एवं सिद्धांत-निरूपण के प्रसंग में ईश्वर के स्वरूप-दर्शन, गुणगान आदि की चर्चा से युक्त तत्संबंधी प्रभूत साहित्य की रचना हुई है। 17वीं

---

1. डॉ. रामकुमार वर्मा ने भारतीय हिंदी-परिषद् प्रयाग द्वारा प्रकाशित हिंदी-साहित्य में पृ. 241 पर अट्ठाइस संत कवियों की बानियों के आधार पर विभिन्न अंगों की जो तालिका दी है उससे प्रतीत होता है कि संत-संप्रदायों में प्रेम का स्थान काफी ऊँचा रहा है। इस तालिका में प्रेम के अंगों की सबद और साखी संख्या 198 है तथा उसका क्रमानुसार पाँचवाँ स्थान है। प्रेम-प्रतीकों पर आधारित अंगों में 'पतिव्रता' का स्थान 15वाँ है तथा उसकी सबद-साखी संख्या 38 है। तथा विरह या विरह का उराहना का स्थान प्रेम के बाद है। उसके अंगों की संख्या 142 है। 'व्यभिचारिन कौ अंग' का स्थान 17वाँ है और साखी संख्या 8 हैं।
2. वही, पृ. 234
3. नारायण भट्ट ने भक्ति-रस-तरंगिणी में कहा है कि अंगी रसों में परस्पर अंगांगि भाव रहता है। वत्सलादौशांतस्य यथा।
   —भक्ति-रस-तरंगिणी, पृ. 110 (बाबा कृष्णदास द्वारा प्रणीत)
4. रूप गोस्वामी : हरिभक्ति रसामृत सिंधु, पश्चिम विभाग, 1।13-15

शती के अंतिम भाग के निम्बार्कीय आचार्य और कवि परशुराम देव का परशुराम-सागर तो मुख्यतः शांत रस का ही ग्रंथ है। हमारे आलोच्य युग में घनानंद, नागरीदास में शांत रस के यथेष्ट उद्धरण मिल जाते हैं।

हरिदासी संप्रदाय के अष्टादश सिद्धांत के पद, रसिक दास की रचनाएँ आदि सैद्धांतिक निरूपण इसी के अंतर्गत आवेंगे। इसी प्रकार सेवक, हरिराम व्यास, ध्रुवदास, रूपलाल, चाचा हित वृंदावन दास आदि में शांत भक्ति की रचनाओं का विशाल भंडार प्राप्त है। कृष्णदास कविराज की गौरगणोद्देश-दीपिका प्रियादास की भक्त-सुमिरनी, भक्तमाल की टीका आदि शांत रस के ही ग्रंथ कहे जाएँगे। सिद्धांत-निरूपण एवं गुरु-महिमा-गान वाली शांत भक्ति का अभाव पुष्टि मार्ग में भी नहीं है। रामोपासना की मधुर साधना के अंतर्गत भी शांत रस का निषेध नहीं है।[1] शांत भक्ति के जिन अनुभावों, उद्दीपनों एवं संचारी भावों की गणना वैष्णवाचार्यों ने की है, उनका भी अभाव उन संप्रदायों में नहीं है। पर ये सभी अंततः मधुर भाव की ओर मोड़ दिए गए हैं।

दास्य-भक्ति

भक्ति के क्षेत्र में निजी वैयक्तिक संबंधों का प्रथम स्फुरण दास्य भाव में होता है। निजी संबंधों के कारण भक्ति-भावना यहाँ पर अधिक प्रगाढ़ हो जाती है। शांत भक्ति की विशेषताओं के अतिरिक्त उसमें एक विशेषता और जुड़ जाती है कि भक्त भगवान् को अपना स्वामी मानकर उसकी सेवा के भाव को जगा लेता है। इस प्रकार रूपवर्णहीन शांत की अपेक्षा यह श्रेष्ठतर है। इसमें भगवान् शाश्वत स्वामी एवं उनका परिकर शाश्वत सेवक माना जाता है।

इसमें भक्त के मन में सदैव यह धारणा रहती है कि भगवान् मेरे ऊपर अनुग्रह करनेवाले हैं और मैं अनुग्राह्य हूँ। वे मेरे स्वामी और मैं उनका सेवक हूँ। भगवान् मेरी रक्षा और लालन-पालन करनेवाले हैं और मैं उनका लाल्य या पाल्य हूँ। प्रीत या दास्य भक्ति में इस प्रकार रूप गोस्वामी ने संभ्रम और गौरव के दो भाव माने हैं।[2] संभ्रम में भगवान् से भक्त अपने को अत्यंत दीन एवं हीन समझता है।[3] भगवान् के एक-एक रोम में कोटि-कोटि ब्रह्मांड निवास करते हैं, वे कृपा के

---

1. रामोपासक : कामदेंद्रमणि जी ने शांत रस के उपासकों को भी प्रभु के परिकरों में माना है। उनको रुक्ष और रस-रूप दो भागों में बाँटते हुए उन्होंने कहा है कि रस-रूप के उपासक महली सेवा और रस-भोग का मर्म जानते हैं। युगल-लीला में उनकी आस्था होती है। (भगवती प्रसाद सिंह, रामभक्ति में रसिक-संप्रदाय, पृ. 222-223 पर उद्धृत।)
2. हरिभक्ति रसामृत सिंधु, प. वि., द्वि. लहरी, 4
3. वही, 40

समुद्र हैं, क्षमाशील एवं शरणागत पालक हैं तथा वरीयान, बलवान एवं प्रेमवश्य हैं।[1] ऐसे प्रभु के प्रति उसका जो आश्रित, आज्ञाकारी एवं विश्वास का भाव तथा प्रभुता-ज्ञान से नम्र हुई बुद्धि है वही उसका संभ्रम प्रीत वाला दास भाव है।[2] दास चार प्रकार के होते हैं—अधिकृत, आश्रित, पारिषद एवं अनुग।[3] उनके भी अनेक भेदोपभेद हैं। विस्तार-भय से हम उन सबकी चर्चा यहाँ नहीं करेंगे। संभ्रम-प्रीति उत्तरोत्तर बढ़कर प्रेमा, स्नेह एवं राग अवस्था को प्राप्त होती है।[4]

गौरव-प्रीति-संपन्न भक्त में सदा भगवान् के द्वारा रक्षित और पालित होने की इच्छा रहती है, अथवा कृष्ण के द्वारा ही वह लालित और पालित होता है। यह अभिमान (लाल्याभिमान) रहता है।[5] इस प्रकार सेवकों में ऐश्वर्य-ज्ञान की ही प्रमुखता रहती है। गौरव-प्रीति भी प्रेमा, स्नेह एवं राग इन तीन अवस्थाओं में उत्तरोत्तर विकसित होती जाती हैं।

जब प्रीति इतनी गाढ़ एवं बद्धमूल हो जाए कि उसको ह्रास की तनिक भी आशंका न रहे तब उसे प्रेमा कहते हैं।[6] इसी प्रेमाभाव की सांद्रता में तरलायित हुए चित्त को स्नेह कहते हैं। इस अवस्था में प्रभु का क्षणिक विश्लेषण भी सह्य नहीं होता। स्नेह का उत्कर्ष राग में परिवर्तित होता है तथा भक्त प्रभु के साक्षात्कार या तत्तुल्य स्फुरण अथवा कृपालाभ से कृष्ण का अंतरंग बन जाता है। इस अवस्था में दुःख भी सुख हो जाता है। राग की अवस्था में उसे अपने प्राण-नाश का भी भय नहीं रह जाता।[7]

स्पष्ट है कि दास्य-भक्ति में प्रभु के माहात्म्य-ज्ञान के साथ ही शरणागति या प्रपत्ति का भाव मिला रहता है। शरणागति या आत्मा-समर्पण प्रेम के राज्य में एक ऊँची चीज है। इसके अतिरिक्त दास्य-भक्ति में सेवा का जो अंश है, वह भक्ति का एक अनिवार्य तत्त्व है। उसे सभी प्रकार की भक्तियों एवं भक्ति-संप्रदायों में स्वीकार किया गया है। गोस्वामी तुलसीदास ने तो यहाँ तक कह दिया है कि :

"सेवक सेव्य भाव बिनु भव न तरिअ उरगारि"[8]

बल्लभाचार्य ने भी दास्य भाव का तिरस्कार नहीं किया। अंतःकरण प्रबोध नामक

---

1. हरिभक्ति रसामृतसिंधु, प.वि., द्वि. लहरी, 7,11
2. वही,12
3. वही, 13
4. वही, 43
5. वही, 64
6. वही, 44
7. हरिभक्ति रसामृत सिंधु, पं. वि., द्वि. 46 और उसकी दुर्गम, संगमनी टीका, पृ. 343
8. रा. च. मा., उ. कां. 119 (क)

ग्रंथ में उन्होंने कहा है, "यदि भक्त को फल नहीं मिलता तो उसे पश्चात्ताप नहीं करना चाहिए। वह यही समझे कि मैं तो भगवान् का सेवक मात्र हूँ। श्रीकृष्ण को लौकिक स्वामी की तरह कभी न देखना चाहिए। सेवक का तो धर्म है किं वह स्वामी की आज्ञा का पालन करे"।[1] 'कृष्णाश्रय' ग्रंथ में भी दैन्य-भावना (जो दास-भाव का ही अंग है) को उन्होंने स्थान दिया है। बल्लभ-संप्रदाय के भक्तों में दास्य भाव के प्रचुर उद्धरण मिलते हैं।[2] डॉ. दीनदयालु गुप्त के अनुसार इस बात का कोई प्रणाम नहीं है कि सूर ने विनय एवं दैन्य के पद बल्लभाचार्य से मिलने के बाद नहीं लिखे और वह भी उस स्थिति में जबकि स्वयं बल्लभ ने 'दास्य भक्ति तथा दास्य भाव की सेवा का भी विधान अपनी भक्ति-पद्धति में रखा है।'[3]

रामानुज एवं रामानंदी संप्रदायों में दैन्य एवं दास-भाव को सदैव बहुमान मिला है। तुलसीदास की भक्ति दैन्य भाव की थी, यह बात प्रसिद्ध ही है। आगे चलकर जब रामोपासना मधुर-भावापन्न हो उठती है, उस समय भी अष्टयाम सेवा, अपनी हीनता आदि की भावनाएँ बराबर बनी रहती हैं।[4]

निम्बार्क द्वारा भक्ति की परिभाषा में उद्धृत श्लोक (दशश्लोकी) में दैन्यादि गुणों की उत्पत्ति प्रभु-कृपा से मानी गई है। इस प्रकार दास्य-भावना इस संप्रदाय में पूर्णतया मान्य है। यद्यपि निम्बार्क-संप्रदाय एवं हरिदासी तथा राधावल्लभीय संप्रदायों में जिस समय रसोपासना का विकास होता है, उसी समय रामोपासना के समान ही सेवक-भाव या कैंकर्य अंगीभाव न रहकर युगल-किशोर के माधुर्य का अंग और साधन मात्र हो जाता है। जीव का परतत्त्व से संबंध सेवक-सेव्य भाव का इन संप्रदायों में मान्य है। स्वा. हरिदास जब कहते हैं, "श्री हरिदास के स्वामी श्यामा कुंजबिहारी प्रानन के आधारिनि,"[5] तब स्वामी शब्द से यह सेवक, सेव्य-भाव प्रकट हो जाता है। वास्तव में सखी सहचरी, मंजरी या किंकरी भाव

---

1. अंतःकारण प्रबोध, षोडश ग्रंथ, रमानाथ शर्मा, पृ. 56-57
2. डॉ. दीनदयालु गुप्त, अष्टछाप और बल्लभ संप्रदाय, पृ. 602, 609
3. वही, पृ. 602-603
4. रामोपासक महात्मा रसरंगमणि (19वीं शती) ने वात्सल्य और दास्य को ही सब रसों का हेतु और आधार माना है :
   वात्सल्य माता पिता, सब रस को है रेतु।
   तिहि बिन जग लीला जुगल, बनत नहीं रस केतु।
   बिना दासता भक्ति नहिं, भक्ति बिना रस नाहिं।
   रसिक जीव रस रंग मणि, रामदास सब आहिं।।—राम रस रंग, दोहा, पृ. 10-11 पर
   वास्तव में वात्सल्य और दास्य को उन्होंने अंततः 'युगल लीला' की ओर प्रायोजित कर दिया है। अतः शास्त्रीय दृष्टि से ये अंगी न होकर अंग ही हुए।
5. अष्टादास सिद्धांत के पद, 2

मूलतः दास्य भावना की ही अभिव्यक्तियाँ हैं। स्त्रीपदवाची होने से अंतरंग विलास में इनका प्रवेश हो जाता है, जबकि पुरुष, दास या सेवक का अधिकार नहीं होता। पर मनोवैज्ञानिक दृष्टि से दास या दासी में कोई अंतर नहीं है।

गौड़ीय वैष्णवों में भी दास्य भाव अमान्य नहीं है। ऊपर हमने हरिभक्ति रसामृत सिंधु के आधार पर ही इसका विवेचन किया है। इस भक्तिरस को रूप गोस्वामी, कृष्णदास कविराज एवं जीव गोस्वामी आदि ने पाँच मुख्य भक्ति-रसों में ही माना है। पर उनके अनुसार उत्तरोत्तर विकास-क्रम में दास्य का भी अंतर्भाव मधुर भाव में हो जाता है। मधुर भाव ही श्रेष्ठ है, इस धारणा के कारण गौड़ीय भक्त-कवियों ने भी मधुर भावांतर्गत ही इसका चित्रण किया है।

निर्गुणी कवियों ने अवश्य इसकी शुद्ध प्रचुर अभिव्यक्ति की है। डॉ. रामकुमार वर्मा द्वारा विवेचित (पीछे उद्धृत) तालिका में सबदों एवं साखियों की सबसे अधिक संख्या विनय या विनती के अंगों की 280 है।[1] इस प्रकार सर्वाधिक महत्त्व दास्य या प्रीति भक्ति को ही निर्गुण कवियों ने दिया, ऐसा प्रतीत होता है। दास्य के दैन्य, विनय, आत्मदोष-कथन शरणागति आदि के अतिरिक्त राजा[2], स्वामी[3], पिता[4], जननी[5] आदि रूपों में जहाँ कल्पना की गई है, वे स्थल भी दास-भाव के ही हैं। इन प्रतीकों के माध्यम से दास्य भाव की ही अभिव्यक्ति हुई है।

सख्य-भक्ति (प्रेयस् रति)

दास भावना में प्रभु के गौरव एवं महत्ता की अनुभूति के कारण साधक का बहुत समीपी संपर्क नहीं हो पाता। स्वामी और सेवक के मध्य एक प्रकार का दुराव अवश्य रहता है। इसके अतिरिक्त स्वामी को सेवक के कार्यों में उतनी गाढ़ रुचि भी नहीं होती।

अतः भक्ति की और विकसित स्थिति में जिस सामाजिक भाव-संबंध की कल्पना की गई वह सख्य भाव है। सखाओं में परस्पर सामीप्य-बोध अधिक होता है, उनमें पारस्परिक अंतरंगता हो जाती है। वे एक-दूसरे के गुप्त रहस्यों से परिचित ही नहीं होते, एक-दूसरे के कार्यों में गहरी रुचि भी लेते हैं।

दास्य भक्ति के संबंध में हमने संभ्रम शब्द का नाम लिया था। रूप गोस्वामी के अनुसार संभ्रम की समाप्ति—अथवा विश्रंभ यानी कि बिना किसी प्रकार के

1. हिंदी साहित्य (द्वितीय भाग), भा. हि. परिषद्, पृ. 241
2. कबीर ग्रंथावली, पृ. 143
3. वही, पृ. 6
4. वही, पृ. 184
5. वही, पृ. 123

अंतराय के गाढ़ विश्वास को ही सख्य का स्थायी कहना चाहिए।[1] गाढ़ विश्वास वाली यह सख्य रति बढ़कर प्रणय, प्रेमा, स्नेह तथा राग में परिणत होती है।[2] इनकी फिर अनेक स्थितियों का निरूपण रूप गोस्वामी ने किया है।

सखा भी पुर तथा ब्रज-संबंध से दो प्रकार के माने गए हैं।[3] ब्रज-सखाओं के पुनः चार भेद हैं—सुहृत, सखा, प्रियसखा, प्रिय नर्म सखा।[4] इनमें अंतिम सर्वश्रेष्ठ होते हैं। सुहृत सखा कृष्ण से आयु में बड़े और कृष्ण के प्रति किंचित वात्सल्य से युक्त माने गए हैं। सखा भगवान् से आयु में कुछ कम, प्रिय सखा समान आयु के। प्रिय नर्म सखा उनसे भी अधिक मानवाले तथा अंतरंग गोपनीय लीलाओं के सहचर होते हैं।[5]

इन सभी सखाओं के आलंबन कृष्ण सुंदर वेश धारण करनेवाले, सुपंडित, अत्यंत प्रतिभाशाली, दक्ष, वीर शेषर, विदग्ध-बुद्धिमान, समृद्ध एवं सुखी हैं। ऐसे भगवान् के साथ उपर्युक्त संबंधों का अनुकरण करते हुए जो भाव-प्रतिभा मन में स्थापित होती है, वह सखा-भक्ति की ही होती है। इसमें शांत भक्ति के निरभिमान, विरक्ति आदि भी हैं, दास का सा सेवा-भाव है। सखा सेवा पूर्व कथित भाव-दशाएँ भी वात्सल्य में अंतर्भुक्त हो जाती हैं। जीवन की तीन मूल वृत्तियों—जिजीविषा, कामेच्छा, एवं सृजन-कामना में से एक सृजन-कामना का साकार विग्रह संतान होती है। इस रूप में भी वात्सल्य जीवन का अत्यधिक व्यापक और सार्वभौम भाव है। लौकिक जीवन के इस अनुभव को भी पारमार्थिक जीवन के क्षेत्र में घटाया गया है।

जिस समय भक्त परमात्मा को पुत्रवत् मानकर (नंद, यशोदा, दशरथ, कौशल्या आदि की भाँति) उन्हें लाड़ लड़ाता है, उनकी सुरक्षा और सुविधा का ध्यान रखता है, एवं बिना प्रतिदान में कुछ चाहे निष्काम भाव से उनके प्रति स्नेह रखता है, तब ऐसी भाव-भक्ति को वात्सल्य भक्ति कहा जाता है। यहाँ पर न तो संभ्रम है न विश्रंभ, बल्कि अनुकंपनीय पर अनुकंपा का भाव ही स्थायी है।[6] यह वात्सल्य रति पूर्वकथित अन्य रतियों की भाँति ही प्रौढ़ होने पर प्रेमा, स्नेह एवं राग अवस्थाओं को प्राप्त होती है। श्यामल गात, रुचिर, समस्त श्रेष्ठ लक्षणों से युक्त, प्रियवाक्, सरल, बुद्धिमान, विनयी, माननीयों का मान करनेवाले भगवान् कृष्ण (या राम) इस रति के आलंबन हैं।

---

1. हरिभक्ति रसामृत सिंधु, प. वि. 3।54-55
2. वही, 3।56
3. वही, 3।6
4. वही, 3।10
5. वही, 3।20
6. वही, 4।24

माता, पिता, ज्येष्ठ भ्राता, गुरुजन आदि इस भाव के आश्रय होते हैं। कुमारादि वय, रूप, वेष, शैशव की चपलता, जल्पना, स्मिति आदि लीलाएँ ही उद्दीपन हैं।[1] मस्तक का सूँघना, आशीर्वाद, आज्ञा, हितोपदेशदान, चुंबन, आश्लेष तथा स्तन्यस्राव आदि अनुभाव हैं।[2]

रामोपासकों में वृद्ध वात्सल्य एवं लघु वात्सल्य, ये दो भाग किए गए हैं। वृद्ध वात्सल्य से तात्पर्य ऊपर विवेचित वात्सल्य से है, पर लघु वात्सल्य है, जब राम सीता को पिता-माता मान कर साधक स्वयं को शिशु रूप में कल्पित करता है।[3]

जहाँ तक शिशु की क्रीड़ाओं, बाल-लीलाओं आदि के वर्णन का प्रश्न है, वात्सल्य भाव की निवृत्ति संसार के समस्त साहित्य में प्राप्त होती है। सूरदास तो इस चित्रण के अधीश्वर ही हैं। बाल-लीला एवं माता-पिता की अनुभूतियों का उनसे बड़ा चितेरा संसार में दूसरा उत्पन्न नहीं हुआ है पर मानसिक धरातल पर इस भाव की साधना अत्यधिक कठिन है।[4] जो भगवान् है, ईश्वर है, परमात्मा है, समस्त चराचर ब्रह्मांड के उद्भव स्थिति एवं निलय का हेतु है, उसे एक नगण्य साधक शिशु मानकर व्यवहार करे—यह स्थिति तनिक कठिन है। स्वयं को शिशु एवं ईश्वर को पिता मानकर एक प्रकार की प्रतीकोपासना संभव है, लेकिन यहाँ भी एक सुविकसित-प्रौढ़ व्यक्तित्व बालचेष्टाएँ, कठिनता से ही धारण कर सकेगा। इसलिए इस भाव की अभिव्यंजना हमें मध्यकालीन वैष्णव-साहित्य में कम मिलती है।

बल्लभ-संप्रदाय में कृष्ण के बाल-रूप की प्रतिष्ठा अवश्य है, एवं सूर और परमानंददास ने वात्सल्य भाव-संबंधी प्रचुर एवं उत्तम साहित्य की रचना भी की। परंतु फिर बल्लभ-संप्रदाय में भी मधुर भाव की साधना ही बढ़ती गई। स्वयं सूरदास ने अपने अंतिम पद में 'युगल रूप' में ही अपनी चित्तवृत्ति के रमे रहने का उल्लेख किया है।[5]

गौड़ीय वैष्णव-कवियों ने इस भाव के प्रकाशन की ओर बिल्कुल ही ध्यान नहीं दिया। उनका मन कृष्ण और राधा की किशोर-लीलाओं में ही रमा रहा।

निम्बार्क-संप्रदाय में भट्ट, हरिव्यासदेव, वृंदावन देव[6], घनानंद आदि ने

---

1. हरिभक्ति रसामृत सिंधु, प.वि., 4।273
2. वही, 4।8
3. वही, 4।20-22
4. रामभक्ति में रसिक संप्रदाय, डॉ. भगवती प्रसाद सिंह, पृ. 250
5. चौरासी वैष्णवन की वार्ता, भावप्रकाश, पृ. 786
6. वृंदावन देव की रचना 'गीतामृत-गंगा' का प्रथम घाट जन्मोत्सव एवं द्वितीय घाट पौगंड-लीलाओं का है।

बाल-क्रीड़ाओं के वर्णनों के अतिरिक्त बधाई के पदों में वात्सल्य की अभिव्यक्ति की है। यों सब मिलाकर इस संप्रदाय का मुख्य काम्य मधुर रस ही है। वात्सल्य के वर्णनों में भी बहाने से राधा-कृष्ण मिलन के प्रसंग इन्होंने ढूँढ़ लिये हैं। गोपाल बंन से गोचारण के उपरांत लौट रहे हैं तो दूल्ह के समान हैं[1] और सखियों के यूथ के आगे-आगे आ रही राधा दुलहिन के समान हैं। "इस संप्रदाय के कवियों के वात्सल्य रस के वर्णन में इस रस का वर्णन कवियों का मुख्य उद्देश्य नहीं है। वरन् उससे संबंधित रति बालक कृष्ण और राधा के पोषण में सहचरी-भाव की नित्य-विहार-दर्शन की सुख-लालसा छिपी है।"[2]

हरिदासी एवं राधाबल्लभीय संप्रदाय में ब्रजलीलाओं का महत्त्व ही नहीं है। वहाँ तो युगल की नित्य-विहार-लीलाओं का ही गान है, अतः वात्सल्य भाव की अभिव्यंजना का प्रश्न ही नहीं उठता। यों सखी-संप्रदाय (हरिदासी) के अष्टाचार्यों में से एक रसिक-दास इसके अपवाद हैं। उन्होंने वात्सल्य भाव का पर्याप्त अंकन किया है। यद्यपि यहाँ भी प्रवृत्ति वात्सल्य के मध्य मधुर भाव के प्रसंगों की योजना की ही रही है। बाललीला, नामक एक छोटी सी 49 छंदों की, इनकी पुस्तक है, उसमें कृष्ण के जन्म, बालपन आदि का वर्णन है तथा अंत में एक गोपी राधा को कृष्ण से गोचारण के बहाने लाकर वन में मिला देती है। युगल-मिलन में परिसमाप्ति होते हुए भी संप्रदाय की दृष्टि से यह ग्रंथ कुछ अनोखा है। यों रसिकदासजी ने स्वयं अपनी भावना स्पष्ट करते हुए लिखा है कि युगलकिशोर एक ओर सदा नित्य विहार में लगे रहते हैं एवं दूसरी ओर नंद एवं वृषभानु के घर जन्म भी लेते हैं।

रसोपासक संप्रदायों में वात्सल्य-भावना को रामोपासना के भीतर पर्याप्त स्थान मिला है, यद्यपि प्रवृत्ति 'युगल-किशोर' के नित्य विहार में सहायक होने की है। राम-सीता का विवाह, गौना करा दिया जाए, उनके विहार में कोई कष्ट असुविधा न रहे, यह भाव इन भक्तों में मुख्य है इसके अतिरिक्त राम-सीता की बालचेष्टाओं आदि का भी चित्रण शुद्ध वात्सल्य की दृष्टि से भी मिल जाता है। 'रामप्रियाशरण' प्रेमकली ने अपने 'सीतायन' नामक विशाल प्रबंधकाव्य में 'सीता' की बाल लीलाओं का अच्छा वर्णन दिया है :

छबीली जनक ललिन की जोरी
करि सिंगार निरखति नयनन भरि, जननि सकल तृण तोरी।

---

1. गोपाल लाल, दूलह बराती।
   गोधन आगे सखिन यूथ में राधा दुलहिन लाल गवाती।
   दुंदुभि दूध दोहन की बाजी राजी सब गोपाल सजाती।
   आरति पलक गहि जल मोती, श्रीभट रूप पिवाती।—श्री युगल शतक, पद 20
2. निम्बार्क-संप्रदाय के कृष्णभक्त हिंदी कवि : डॉ. नारायण दत्त शर्मा, पृ. 517 (अ.प्र.)

छम-छम चलति अरति पुनि दौरति, मणि प्रतिबिंब गहोरी।

इसी प्रकार सूरकिशोरजी की जानकीजी में वात्सल्यनिष्ठा थी। कहते हैं कि ये अयोध्या का पानी भी नहीं पीते थे, दामाद के नाते राम से परमपद तक की उन्होंने याचना नहीं की। पं. उमापति वसिष्ठ-भाव से भगवान् की आराधना करते थे। वे इसी कारण राम को प्रणाम नहीं करते थे।

निर्गुणोपासकों में न तो बाल-लीलाओं का स्थान है और न प्रभु को पुत्र मानने का ही प्रश्न है। इसी कारण वात्सल्य भाव की विवृत्ति वहाँ पर नहीं के बराबर है। स्वयं ईश्वर की पिता-रूप में चर्चा अवश्य आई है—पर वह मात्र प्रतीक है। इससे अधिक उसका महत्त्व नहीं है। पिता या माता रूप में अनेक संत-कवियों ने ईश्वर को माना है, इसकी चर्चा हम पीछे दास्य भक्ति के प्रसंग में कर चुके हैं।

मधुरा या कांता भक्ति

वात्सल्य में भी एक प्रकार की दूरी माता, पिता और पुत्र के मध्य अवश्य रहती है। जैसा सर्वस्व समर्पण, जितना सांद्र प्रेम एवं जितनी एकात्मानुभूति स्त्री-पुरुष के प्रेम में होती है, उतनी अन्यत्र नहीं। स्त्री-पुरुष के मध्य की काम-भावना जीवन की गहन्नतम, व्यापकतम एवं सार्वभौम वृत्ति है, इस भावना में पूर्ववर्ती सभी भावों का अंतर्भाव हो जाता है। पत्नी सेवा भी करती है, सखा-सखी की भाँति मंनोरजन भी करती है, माँ के समान हितचिंता भी करती है एवं पत्नी के रूप में अपना संपूर्ण व्यक्तित्व पति को अर्पित कर देती है। प्रेमभाव की यह सर्वोच्च अवस्था है एवं संसार के सभी आस्तिक धर्मों में इस प्रतीक का व्यवहार किया गया है। पर वैष्णवों में यह प्रतीक के स्तर पर न रहकर वास्तविकता के स्तर पर ले आया गया है। गोपियाँ इस प्रेम की आदर्श आश्रय हैं एवं गोपियों में राधा साक्षात् महाभावरूपा हैं। सौंदर्य एवं माधुर्य के धनविग्रह श्याम सुंदर ही इसके आलंबन हैं। भगवतरति का श्रेष्ठतम रूप यह मधुर भाव ही है। हमारे आलोच्य युग में इसी मधुर प्रेम के सूर्य की किरणों से सारे संप्रदाय आलोकित हो उठे थे। इस साधना की पृष्ठभूमि, विकास, स्वरूप एवं विभिन्न संप्रदायों में उसके रूप की विस्तृत चर्चा हम अगले अध्याय में करेंगे।

ऊपर हम जिन पाँचों भक्तियों का उल्लेख कर आए हैं उनके अनुरूप भावसत्ता वाले प्राणी पहले हो चुके हैं। चाहे सनक-संनंदन जैसे संत हों, या हनुमान, शुकदेव, संजय विदुर जैसे दास हों, अर्जुन, श्रीदामा, सुबल जैसे सखा हों, दशरथ, कौशल्या, नंद, यशोदा, वसिष्ठ जैसे गुरुजन हों या ब्रज-गोपिकाएँ (राधा आदि) सीतादि हों—ये सभी अखिल भुवन-मोहन श्यामसुंदर के प्रति तत्तत् भावों की प्रतिमाएँ

थीं। इनकी रति रागात्मिका थी। (इष्ट में गाढ़ तृष्णा राग का स्वरूप-लक्षण एवं इष्ट की आविष्टता उसका तटस्थ लक्षण है।[1]) इस रागभाव की भक्ति ही रागात्मिका होती हैं। ब्रजवासी-जनों की प्रीति ऐसी ही थी।[2]

जीव स्वभावतः कृष्ण-दास है, वह ब्रजवासी-जनों के समान तो नहीं है, पर उसे चाहिए कि अपनी योग्यता एवं रुचि के अनुसार ब्रजवासियों के उस-उस भाव का अनुकरण करे। इसे ही रागानुगा भक्ति कहते हैं—यानी कि रागात्मिका का अनुकरण करनेवाली। साधक अपने भावानुसार स्वयं को दास, सखा, माता-पिता या प्रिया अनुभव करे। अपने ही ऊपर उनका आरोप करे। धीरे-धीरे अभ्यास से वह वैसे ही भाव एवं प्रेम को मन में जगा सकेगा। सारे संसार के साधकों में संवेग, कल्पना आदि रोमांस तत्त्वों की प्रबलता मनोवैज्ञानिकों ने स्वीकार की है।[3]

उपर्युक्त परिगणित भाव-भूमियाँ वास्तव में उस मनोवैज्ञानिक प्रक्रिया पर आधारित हैं, जिसमें अनुभूति और कल्पनाएँ तथा इन पर उसका विश्वास एक-दूसरे के सहारे बढ़ते जाते हैं तथा इन्हीं के साथ उसकी संवेगात्मक जिंदगी और उसकी श्रद्धा भी समय के साथ बढ़ती जाती है।...(हिज इमोशनल लाइफ ऐण्ड हिज फेथ इन इट इंक्रीजिंग विद द इयर्स)।[4]

---

1. इष्टे गाढ़तृष्णा राग एइ स्वरूप लक्षण।
   इष्ट आविष्टता एइ तटस्थ लक्षण।।
   —चैतन्य चरितामृत, मध्य ली., परि. 22।86
2. ह.भ.र.सि., प. वि. 2।60-62
3. "दि मिस्टिक इज इसेन्शियली ए रोमेण्टिसिस्ट। बाइ सेयिंग दिस आइ मीन दैट ही एक्जिबिट्स इन अ लार्ज डिग्री दैट कान्फिडेन्स इन इमोशन ऐंड इमेजिनेशन विच आर एट दि बाटम ऑफ रोमेण्टिसिज्म" (रहस्यवादी अनिवार्यतः स्वच्छंदतावादी होता है। यह कहने से मेरा तात्पर्य है कि वह उन कल्पनाओं और संवेगों पर अधिकांशतः वैसा विश्वास प्रदर्शित करता है जो कि स्वच्छंदतावाद के मूल में होते हैं।)
   —जे. बी. प्रैट : द रिलिजस कांन्शसनेस, पृ. 366
4. वही, पृ. 367

6

भक्ति में मधुर भाव

मधुरा भक्ति के मूल में स्त्री-पुरुष के प्रेम संबंध की धारणा विद्यमान है। अपने इष्टदेव कृष्ण के प्रति जो राग (स्वारसिकी आविष्टता) ब्रजगोपिकाओं के हृदयों में था, उसी का अनुगमन करके मन में जो भावचिंतन किया जाता है, वही मधुराभक्ति में परिणत हो जाता है। समस्त साधना इसी उज्ज्वल भाव तक पहुँचने के लिए होती है। साधना के इस स्वरूप को हम आगे स्पष्ट करेंगे। यहाँ पर हम संक्षेप में इस साधना की ऐतिहासिक पृष्ठभूमि और विकास की रेखा स्पष्ट करने का प्रयास करेंगे।

इस साधना का प्रारंभिक और एतत् संबंधी रूप काफी पुराना एवं उपमानपरक है। लौकिक संबंध उपमान एवं पारलौकिक संबंध उपमेय होता है। वैदिक संहिताओं के ऐसे अंशों की ओर संकेत किया गया है। वृहदारण्यक उपनिषद् का एक मंत्र भी इस संबंध में बहुधा उद्धृत किया जाता है :

तद्यया प्रियया स्त्रिया सम्परिष्वक्तो न बाह्यम् किंचनवेदनान्तरम्।
एवमेवायम् पुरुषः प्राज्ञेनात्मना सम्परिष्वक्तो न बाह्यम् किंचनवेदनान्तरम्।[1]

यहाँ पर वास्तव में संबंधों के भी सादृश्य की ओर संकेत न करके स्थिति-सादृश्य को व्यंजित किया गया है। इस उपनिषद् वाक्य में यौन-सम्मिलन से उत्पन्न विलय को समाधि के आनंद के समतुल्य बताया है। ब्रह्म और जीव के मध्य का स्त्री-पुरुष वाला संबंध दिखाना उद्दिष्ट प्रतीत नहीं होता।

'काम' जीवन की एक प्रधान और महत्त्वपूर्ण वृत्ति है। वैदिक ऋषि ने अनुभव किया था कि जगत्-जीवन के मूल में काम है–'कामस्तदग्रे समवर्तताधि मनसो रेतः

1. वृहदारण्यक उपनिषद 4।3।21

प्रथम यदासीत[1]। भारतीय समाज-चिंतकों ने इस शक्तिशाली वृत्ति को पालतू बनाने के लिए विवाह की जिस संस्था का निर्माण किया उसने काम को उन्नति अवस्था में लाकर उसके माध्यम से पितृ-ऋण जैसे महत्त्वपूर्ण कार्य संपादित कराने चाहे। पतिव्रत एवं पत्नीव्रत के रूप में जो आदर्श सामने आते हैं वे इस अमर्यादित वृत्ति को सीमाबद्ध करते हैं। पति-पत्नी विवाह के पश्चात् लौकिक वासना तृप्ति करते हुए भी एक अभिन्न एवं अपरिवर्तनीय सूत्र में बँध कर जो सुखलाभ करते हैं, उसमें 'काम' महत्त्वहीन हो जाता है अथवा यों कहें कि अधिक उदात्त बन कर मनुष्य को शक्ति और प्रेरणा देता है। धीरे-धीरे स्त्री की सामाजिक हैसियत पुरुष की अपेक्षा गिरती जाती है। पतिव्रत धर्म का महत्त्व बढ़ जाता है एवं एक पत्नीव्रत का आदर्श समाप्त हो जाता है। पत्नी समर्पणशीला बन जाती है, पति की दुर्बलताओं एवं तिरस्कार को सहन करके भी वह अपनी असीम गंभीर प्रेमवृत्ति के साथ पुरुष के प्रति अनुरक्त रहती है। उसके चरित्र में एक कोमल मानवीय गहनता के साथ ही दिव्य एवं अलौकिक गुणों का अपूर्व समन्वय दिखाई देता है। इस निष्ठावान् अधिबल प्रेम की प्रतिमूर्ति ही भारतीय काव्यपुराण की नायिकाएँ हमें मिलती हैं। हमें लगता है कि बहुपत्नीवाद के बीच से फूटकर आए हुए इस निष्ठावान् अखंड प्रेम के नारी-आदर्श ने मधुर भाव को विकसित होने में यथेष्ट सहायता दी है। एक परमपुरुष की जीवात्मा रूपी अनेक स्त्रियाँ हैं एवं ये स्त्री रूपी जीवात्माएँ अपने प्रियतम से ऐसा ही दृढ़ प्रेम करें जैसा कि स्त्री अपने पति से करती है—यह आदर्श महत्त्वपूर्ण बन जाता है।

स्त्री-पुरुष-संबंधों एवं प्रेम-वृत्ति के सामंतीकरण (फ़्यूडलाइजेशन ऑफ़ लव) का एक और प्रभाव भी हमें मधुर साधना में विकसित होता मिलता है। जैसे एक सामंत के ऊपर दूसरा सामंत होता है और उसकी सीढ़ी-दर-सीढ़ी सेवा होती है। प्रेम की लगभग वैसी ही सेवा हमें उत्तर मध्ययुग में प्राप्त होने लगती है। राधा हैं, कृष्ण हैं, उनकी प्रधान-प्रधान सखियाँ हैं, यूथेश्वरियाँ हैं फिर उनकी भी सेविकाएँ, दासियाँ या मंजरियाँ हैं। यह सारा ढाँचा पूरी तौर से सामाजिक व्यवस्था पर आधारित है। मध्ययुग में व्यक्ति का व्यक्ति से प्रेम या घृणा अधिक सशक्त थे। देश भक्ति की भावना की अपेक्षा शरण में आए हुए को रक्षा देने की या मित्र के लिए प्राण देने की या प्रेमिका के लिए सब कुछ बलिदान कर देने की भावनाएँ बड़ी प्रबल थीं। इस वैयक्तिक आवेश के कारण ही प्रेम और विश्वासघात दोनों का ही रूप महान् था। मध्ययुग में प्रेम का आवेग एक नये रूप में शक्तिशाली हो उठा, यह बात दूसरी है कि उसकी वेशभूषा कुछ पुरानी ही रही। नम्रता, शिष्टता एवं एक प्रकार का व्यभिचार भी इस प्रेम के अंग बन गए। सामंत और प्रजाजन का संबंध

---

1. ऋग्वेद 8।7।17, अथर्व 19।52।1

प्रेम के क्षेत्र में नम्रता के रूप में प्रकट हुआ। दरबारी शिष्टता के मानदंड प्रेम के क्षेत्र में प्रेमी-प्रेमिका के पारस्परिक व्यवहार में प्रतिबिंबित होते हैं। तीसरे तत्त्व व्यभिचार के कारण और गहरे हैं। सामंती विधान के भीतर पत्नी संपत्ति के एक टुकड़े की भाँति स्वीकृत थी, अतः उसके साथ प्रेम के अति आदर्शीकरण या रूमानी भावना को जोड़ने का प्रश्न नहीं उठता था। वह तो 'प्राप्त' ही थी। जमींदार के लिए जैसे भूमि वैसे पति के लिए स्त्री—यह सामान्य धारणा थी। इस प्रकार विवाह 'प्रेम' के लिए बहुत उपयोगी नहीं था। यों विवाह की उपयोगिता और पत्नी की आवश्यकता स्वीकृत थी—ऐन्द्रिक प्रसन्नता तथा घरेलू सुख-भावना के लिए। पर इसमें मध्ययुग का वह रोमांस कहाँ उभर पाता है ? परिणाम परकीया-प्रेम हुआ। वही स्त्री अपने पति के लिए महत्त्वहीन, पर वही स्त्री प्रेमी के लिए प्राणाधिक प्रियतमा हो जाती है। सी.एस. लेविस का यह कथन इस प्रसंग में नितांत सार्थक है—एनी आइडियलाइजेशन आफ सेक्सुअल लव, इन ए सोसाइटी ह्वेयर मैरिज इज प्योरलीयूटिलिटेरियन, मस्ट बिगिन बाई बीइंग ऐन आइडियलाइजेशन आफ ऐडल्टरी[1]। (अर्थात् विवाह को मात्र उपयोगी माननेवाले समाज में, यौनप्रेम का आदर्शीकरण निश्चित ही व्यभिचार के आदर्शीकरण से प्रारंभ होगा।) उत्तर मध्ययुग में परकीया प्रेम के इस आदर्शीकरण के उदाहरण भारतीय भाषाओं के वैष्णव-भक्ति साहित्य में विरल नहीं हैं।[2]

इस परकीया प्रेम के पीछे एक और मनोवैज्ञानिक कुंठा भी स्वीकार की जा सकती है। पीछे हम कह चुके हैं कि दांपत्य जीवन में जिन हिंदू आदर्शों की प्रतिष्ठा हुई थी, उनमें 'काम' का स्थान महत्त्वहीन हो गया था। धीरे-धीरे उद्दाम आवेगमय वासनात्मक प्रेम को धर्म के वैराग्यशील पक्ष ने अनुचित ठहराना शुरू किया। स्त्रियों की भाँति-भाँति की निंदा के स्वर हमें गौतम बुद्ध से लेकर उत्तर मध्ययुग के कवियों-साधकों तक में मिलते हैं। परंतु साहित्य में, चित्रों में जब-जब परकीया प्रेम का चित्रण हुआ वह मानो एक प्रकार से धार्मिक वर्जनशीलता के प्रति विद्रोह था। विद्रोह की आत्यंतिक विजय तब होती है जब कि साहित्य की प्रेमदेवी राधा

1. सी.एस. लेविस : एलिगरी आफ लव, पृ. 13 (आक्सफर्ड यूनीवर्सिटी प्रेस, 1948)।
2. परकीया प्रेम के इस सामंती रूप का अनजाने ही एक प्रकाशन भागवत में हो गया है। शुकदेव से महाराज परीक्षित ने कृष्ण के परदाराभिमर्शन के औचित्य के बारे में प्रश्न किया, उसका उत्तर उन्होंने दिया—'तेजस्वियों के लिए कोई भी चीज दोष की नहीं है जैसे कि सर्वभुक्-अग्नि (को मलिनता स्पर्श नहीं करती) ईश्वरगणों का वाक्य ही सत्य है, आचरण सदैव सत्य नहीं होता…।' इस उत्तर में मानो कोई कह रहा है कि सामर्थ्यवान शक्तिशाली सामंत के लिए कुछ भी दोष नहीं है। उसका शब्द ही कानून है, सत्य है और सब कुछ मिथ्या है। यह उत्तर सामंती भावना की आत्मा के एकदम अनुकूल है।

अनन्यशक्तिरूपा बन कर धर्म के सिंहासन पर भी आसीन हो जाती है एवं राधा-कृष्ण का उद्दाम प्रेम, आवेगमयी लीलाएँ शत-शत कंठों से धर्म की पवित्रता के साथ फूट पड़ती हैं। परकीयावाद इन्हीं के साथ एक बौद्धिक-दार्शनिक व्याख्या की मान्यता भी प्राप्त कर लेता है तथा इस विद्रोह का सबसे ऊबड़खाबड़ रूप हमें वज्रयानियों के वेदविरोधी धक्कामार स्वर में मिलता है।

इस प्रकार हम देखते हैं कि पत्नी के समान आत्मसमर्पण, दृढ़निष्ठा एवं परकीया जैसा उद्दाम प्रेम एवं लीला एक ही समाज व्यवस्था की मनःस्थितियों की देन है।[1]

इस सामाजिक प्रेरणा के अतिरिक्त पूर्व वैदिकयुग के मातृसत्ताक कुटुंबों ने भी धर्मसाधनाओं के भीतर से इस माधुर्य-भाव को विकसित होने में सहायता दी है। स्त्री की प्रजनन-सामर्थ्य के कारण धर्मसाधनाओं एवं सृष्टि-संबंधी विश्वासों में मूलतः एक शक्ति की कल्पना मातृसत्ताक कुटुंबों की देन मानी जा सकती है। इस शक्तिवाद के साथ ही एक प्रकार की गुह्य-यौगिक साधना भी इस देश में प्रारंभ से ही पल्लवित होती रही है। इन दोनों ने समस्त भारतीय साधनाओं, धर्ममतों, उपासना-प्रणालियों एवं दार्शनिक मान्यताओं को भीतर-भीतर प्रभावित किया है। इस शक्तिवाद के प्रभाव की विस्तृत विवेचना डॉ. शशिभूषणदास गुप्त ने अपने ग्रंथ 'श्री राधा का क्रम विकास' में की है।[2] शक्तिमत के प्रभाव में ही प्रत्येक देवता के साथ उसकी शक्ति की कल्पना की गई है। दार्शनिक रूप में शक्ति का चाहे जो स्वरूप हो, अपने लोक-बोध के अनुरूप धर्म-बोध को ग्रहण करनेवाला समाज देवता और शक्ति को पति-पत्नी रूप में देखता है। तथा सामाजिक जीवन के पति-पत्नी के आदर्श ही उनके ऊपर आरोपित करता है। यह शक्तिवाद ही वैष्णवों में श्री या लक्ष्मी का रूप धारण करता है। अर्हिन्य संहिता में परमात्म-धर्म-धर्मी लक्ष्मीरूपा शक्ति को जगत् की योनि कहा गया है—या च सा योनिर्लक्ष्मीस्तद्धर्मधर्मिणी [3]। यह शक्तिवाद जब आर्य-दार्शनिक मेधा के संपर्क में आया तो एक निरपेक्ष सत्ता के प्रवृत्त्यात्मक और निवृत्त्यात्मक दो रूप माने गए। निरपेक्ष रूप में अद्वय स्थिति मानी गई पर 'होने' की प्रक्रिया में तथा सृष्टि-निर्माण में यह इन दो रूपों में बँट जाती है। इस द्वित्व की भावना से गुजरना ही बंधन और दुख है और उससे छुटकारा ही मोक्ष है। तमाम गुह्य साधनाएँ इस द्वैत के

---

1. इस विषय का विस्तृत अध्ययन अत्यधिक महत्त्वपूर्ण एवं रोचक हो सकता है। विस्तार एवं प्रसंग से बाहर चले जाने के भय से हमने इस संबंध में केवल संक्षिप्त रूपरेखा ही दी है।
2. देखिए प्रथम से लेकर षष्ठ अभ्यास तक।
3. अहि. सं. 59।7

नाश और अद्वैत की प्राप्ति का ही प्रयास करती हैं। अद्वैत की इस अवस्था को ही अद्वय, मिथुन, युगनद्ध, यामल, समरस, युगल, सहजसमाधि अथवा शून्यसमाधि कहा गया है।

यह सृष्टि क्यों होती है, इसकी व्याख्या के दौरान में लीलावाद की उत्पत्ति हुई। वैष्णव पंचरात्रों में लीलावाद का स्पष्ट स्वर हमें मिलता है। समस्त सृष्टि को ही लीलास्पंदन कहा गया तथा भगवान् को लीलारस समुत्सुक बताया गया है।[1] अहि.सं. में ही शरणागति के छह प्रकारों की गिनती हुई है, शरणागति के इस रूप के साथ पहले विवेचित पत्नी-प्रेम के आदर्श को मिलाकर देखा जाए तो आश्चर्यजनक समानता प्राप्त होती है। इस समानता ने भी माधुर्य भाव के विकास में सहायता पहुँचाई होगी। डॉ. विजयेंद्र स्नातक ने इस समानता पर ध्यान तो नहीं दिया पर शरणागति-तत्त्व को मधुर-उपासना में सहायक अवश्य माना है।[2]

पुराणों आदि के माध्यम से शक्तितत्त्व पत्नी प्रतीक को स्वीकार करता प्रतीत होता है। पुराणों में तत्त्व दर्शन एवं लोक प्रचलित उपाख्यान एक में मिल जाते हैं। (आगे चलकर सूफियों में भी यही प्रतीकवाद किंचित् बदले रूप में प्राप्त होता है) परंतु उनमें युगल तत्त्व की स्वीकृति नहीं है। इस मिलन में लोक प्रचलित किंवदंतियाँ ही नहीं, साधनाएँ, विश्वास और रूढ़ियाँ भी संबंधित हो गई हैं। परिणामस्वरूप तत्त्वदर्शन के क्षेत्र में पुराणकारों ने बड़ी आसानी के साथ सांख्य के पुरुष और प्रकृति को तंत्र के शिव-शक्ति से और वैष्णवों के विष्णु लक्ष्मी से बिलकुल अभिन्न कर डाला है। इसके फलस्वरूप पुराणों में वर्णित लक्ष्मी स्तव में विष्णु और लक्ष्मी, वेदांत के ब्रह्म और माया सांख्य के पुरुष और प्रकृति तंत्र के शिव और शक्ति सभी अपनी-अपनी स्वतंत्रता छोड़ कर मिल-जुल कर एक युगल मूर्ति धारण किए हुए हैं। बाद वाले काल के राधाकृष्ण ने भी बड़ी आसानी से आकर इस युगल के सामने ही आत्मसमर्पण किया है।[3] इस प्रकार से भारतीय हृदय के पुरामान्य आदि युगल को हम प्रतिष्ठित देखते हैं। यह सब इतने लौकिक स्तर पर संपन्न होता है कि तत्त्वदर्शन का प्रतीक न रह कर वास्तविक सामाजिकता का भ्रम (इल्यूजन आफ रियलिटी) पैदा कर देता है।

यह शक्तिवाद वैष्णव मतवाद को ही नहीं, शैव, शाक्त और बौद्ध-साधनाओं को भी प्रभावित कर रहा था। वैष्णव शैव और शाक्त शास्त्रों में प्राप्त शक्तिवाद

---

1. अहि. सं. 41।4।
2. डॉ. विजयेन्द्र स्नातक : माधुर्य भक्ति की पृष्ठभूमि : अनुशीलन धीरेन्द्र वर्मा अंक, पृ. 495—यह षड्विधि शरणागति माधुर्य भक्ति के पूर्व की स्थितियों में प्रपत्ति या पुष्टि का परिचय देने वाली है।
3. डॉ. शशिभूषणदास गुप्त : राधा का क्रम विकास, पृ. 72

भाव भाषा या विचार किसी भी दृष्टि से परस्पर बहुत भिन्न नहीं हैं।

बौद्ध साधना का मार्ग जब महायान के अंतर्गत जनसाधारण के लिए उन्मुक्त हो गया तब सहज ही लोग अपने परंपरागत विचारों 'मान्यताओं', देवी-देवताओं 'भूत प्रेत', जादू-टोने के विश्वासों समेत उसके भीतर आ गए। उनके साथ ही हठयोग, लययोग, राजयोग, मंत्रयोग भी घुसे और इन सब ने एक व्यवस्थित बौद्ध तांत्रिक साधना-विधि खड़ी कर दी। जिसका कि नैतिक-धार्मिक दृष्टिकोण ही मूलरूप से भिन्न हो गया।[1] इसी में मिथुनयोग भी आ मिला। यहीं पर धार्मिक निषेध की पूर्वचर्चित प्रतिक्रिया को हम याद कर लें। इस प्रतिक्रिया के कारण ही इन लोगों ने जिन पंचमकार आदि प्रतीकों का प्रयोग किया वे मनुष्य की उद्याम यौन वृत्तियों से भी संबंधित थे।

अस्तु, शिव-शक्ति, विष्णु-लक्ष्मी, शून्यता और करुणा, प्रज्ञा और उपाय, चन्द्र और सूर्य ही राधा-कृष्ण तथा राम-सीता का रूप उत्तर मध्ययुग में धारण कर लेते हैं। भारतीय धर्म-साधना के क्षेत्र में शक्तिवाद तीन रूपों में दिखाई पड़ता है :

1. एक अद्वय समरस तत्त्व निरपेक्ष सत्ता है। शिव और दोनों शक्ति उसके अंशमात्र हैं।

2. शिव ही परमतत्त्व तथा शक्ति के मूल आश्रय हैं। अतः वे ही उपास्य हैं शक्ति उन्हीं में निहित है।

3. शक्ति ही परमतत्त्व हैं और जिसके भीतर वे आधारीभूता हैं वे ही शिव हैं। अतः उपास्य शक्ति हैं न कि शिव।

बौद्ध साधनाओं एवं सहजिया वैष्णवों में प्रथम स्थिति अधिक मान्य रही है, शैवों तथा प्रारंभिक वैष्णव संप्रदायों (श्री निम्बार्क एवं बल्लभ) में दूसरी स्थिति के निकट पहुँचती हुई मान्यताएँ स्वीकृत हैं। गौड़ीय वैष्णवों में तीसरी विचारधारा (शाक्तमत) की ओर झुकाव होता है जो कि हरिदासी, राधाबल्लभीय और हरिव्यासी (परवर्ती निम्बार्कीय मत) संप्रदायों में अधिक विकसित हुआ है, तथा जिसकी चरण पराकाष्ठा वृंदावन के 'ललित-संप्रदाय' में दिखाई पड़ती है।

साधना के क्षेत्र में बौद्ध सिद्धों, रसेश्वर दर्शनों एवं कौल, कापालिक संप्रदायों में पिंड में ही ब्रह्मांड की कल्पना करके अद्वय या युगनद्ध स्थिति की उपलब्धि का प्रयास किया जाता था। उनके अनुसार स्त्री और पुरुष अंश⋯(शिव और शक्ति) मनुष्य-शरीर के भीतर ही हैं। उनकी अद्वय उपलब्धि के लिए विभिन्न प्रकार की यौगिक प्रणालियों का आश्रय लिया जाता था तथा स्त्री का प्रयोग साधन रूप में भी स्वीकार्य था। सब मिला कर इनमें यौन-यौगिक साधनाएँ प्रचलित थीं। इन्होंने मधुरभाव के प्रसार में पर्याप्त सहायता दी।

---

1. डॉ.एस.बी. दासगुप्ता : औबसक्योर रिलिजस कल्ट्, पृ. 21-22

सहजिया वैष्णवों में आकर इस विश्वास का रूप थोड़ा बदल गया। यहाँ पर प्रत्येक पुरुष में कृष्ण और प्रत्येक स्त्री में राधा का तत्त्व स्वीकार किया गया। इसके लिए 'आरोप' साधना की कल्पना की गई। पुरुष किसी स्त्री में राधा का आरोप कर वैसा ही चिंतन करे, उसके लिए व्याकुल हो एवं स्त्री पुरुष को कृष्ण-रूप में देखे। इस प्रकार स्त्री-पुरुष दोनों के ही शरीर साधन बन गए। इस आरोप-साधना के लिए परकीया भाव स्वीकार किया गया क्योंकि मिलन की चेष्टा वहीं अधिक तीव्र एवं मनोवैज्ञानिक दृष्टि से गहन होती है।

गौड़ीय वैष्णवों को यह सहजिया साधना उत्तराधिकार में मिली। उन्हीं के प्रभाव में उन्होंने परकीया भाव को स्वीकृति भी दी जो कि मध्यदेश में आकर या तो स्वकीया हो जाती है—(पुष्टि मार्ग) या परकीया-स्वकीया-विवर्जित (राधाबल्लभीय)। पर सहजिया वैष्णव-आरोप-साधना वैष्णव मतवादों में आकर कुछ भिन्न रूप धारण कर लेती है। यहाँ पर किसी दूसरे की स्त्री पर राधा या दूसरे पुरुष पर कृष्ण का आरोप करने के स्थान पर अपने मन पर किसी पूर्व रागात्मिका भक्ति के साधक का आरोप करना होता है। इसे ही रागानुगा भक्ति कहा गया है। आरोप की यह साधना मनोवैज्ञानिक शब्दावली में आत्मसुझाव (ऑटो-सजेश्चन) कहलायेगी तथा रहस्यानुभूति के क्षेत्र में इसको सर्वत्र मान्यता मिली है। पर दोनों प्रकार के आरोपों में आरोप का केंद्र बदल जाता है। सहजिया वैष्णवों में किसी दूसरे को राधा या कृष्ण मानकर चलना होता है एवं वैष्णव मतवादों में अपने को ही नन्द-यशोदा, हनुमान, सुबल, उद्धव या गोपी आदि अनुभव करने का अभ्यास करना पड़ता है।

आरोप के इस अभ्यास के सफल हो जाने के बाद ही वैष्णवों ने भाव और प्रेम-भक्ति की अवस्थाएँ मानी हैं। उस समय के आनंद की कोटियों में समानता है। साधना की दृष्टि से बौद्धों, नाथ-तंत्रों और वैष्णवों आदि में एक समानता और भी है। तंत्रों के सात आचारों में सर्वश्रेष्ठ कौलाचार माना गया है जिसमें कि कोई भी नियम नहीं है। वैष्णवों के यहाँ भी प्रेम की श्रेष्ठ स्थितियों में किसी भी प्रकार के विधि-निषेध को स्वीकार नहीं किया गया है।

अस्तु, इस मधुर-साधना की पृष्ठभूमि को सामाजिक प्रेरणा एवं समसामयिक साधनाओं के अतिरिक्त, प्रभावित करनेवाला तीसरा तत्त्व है—साहित्य की परंपरा। साहित्य का अवलंबन करके ही राधा का आविर्भाव और प्रसार हुआ है। इसके अतिरिक्त राधा प्रेम का ढाँचा पूर्ववर्ती प्रेम-कविता से ही लिया गया है[1]। भारतीय साधारण काव्य-प्रणाली तथा प्रचलित कवि-प्रसिद्धियों को ही वैष्णभक्त कवियों ने पूरी तरह ग्रहण कर लिया है। इसमें उन्होंने अपनी-अपनी प्रतिभा और कल्पना से नए प्रसंगों, नई लीलाओं, नए काव्यरूपों एवं कथन-भंगिमाओं का भी समावेश

1. डॉ.श.भू. गुप्त : श्री राधा का क्रम विकास, पृ. 148

किया है।

चौथा अन्यतम तत्त्व है दक्षिण की भक्ति का प्रभाव। सी.एच. वादवील ने कहा है कि भागवतधर्म (महाभारत-गीता काल) लौकिक प्रेम-संबंध तथा लोकोत्तर प्रेम अथवा भक्ति के बीच सादृश्य स्वीकार नहीं करता था।[1] भक्त की आत्मा कृष्ण के प्रति वैसी ही भावना रक्खे जैसी एक निष्ठावती नारी अपने पति के प्रति रखती है, यह बात कहीं भी ध्वनित नहीं होती।[2] लेखिका के अनुसार तमिल शैव संत माणिक वाशकर का 'तिरुक्कोवह', ब्रलजीव के गूढ़ संबंध को व्यक्त करने के लिए लोकप्रिय रोमांस के प्रतीकात्मक प्रयोग का प्रथम प्रयास माना जा सकता है।[3] वादवील ने एक लोक कथा के बहाने इस संबंध की अभिव्यंजना का संबंध सूफी प्रभाव से जोड़ा है।[4] हम इस बात की विस्तृत परीक्षा न करके मात्र इतना संकेत करना चाहते हैं कि पुराणों में लोकाख्यानों और तत्त्ववाद दोनों को समन्वित करके प्रेम प्रतीकवाद के यथेष्ट उदाहरण मुस्लिम-पूर्व युग के मिल जाते हैं। जैनियों में भी प्रेम कथाओं के माध्यम से वैराग्य के उपदेश दिए गए हैं। यह बात दूसरी है कि जैनियों के उपसंहार कुछ भद्दे ढंग से आते हैं, पर यह तो कलात्मक विकास हो सकता है–तथा लक्ष्यों की भिन्नता के कारण भी संभव है।

अस्तु शैवभक्तों के प्रेमप्रतीकवाद को वास्तविकता के स्तर पर आलवार भक्त ले आए। नाम्मालवार तथा आण्डाल ने अपने को गोपी तथा श्री रंगम की पत्नी मानकर परमात्मा से प्रेम किया। यह भी एक प्रकार से सहजिया वैष्णवों की आरोप भावना के अनुकूल था। नारद-भक्ति-सूत्र में इसे ही 'यथा ब्रजगोपिकाना' कहा गया है। शांडिल्य-सूत्र के स्वप्नेश्वर भाष्य में भी तीसरे सूत्र के संस्था शब्द के अर्थ की ओर एक संकेत दिया गया है। महाभारत के एक अवतरण के आधार पर संस्था का आशय पति के प्रति पत्नी की भक्ति से है। उत्तर भारत की वैष्णव मधुरभाव की साधना में इस भाव के उत्तराधिकारी अधिकांशतः निर्गुण साधक और मीराबाई हैं। अन्य साधकों ने अपनी कल्पना सखा या सखियों के रूप में की है, न कि प्रेमिका या पत्नी के रूप में। वास्तव में दक्षिण के भक्तों में प्रेम-प्रतीकवाद विकसित हुआ था जबकि उत्तर भारत में युगल रूप का तत्त्वदर्शन। इसी कारण दक्षिण के उत्तराधिकारी अपने को 'राम की बहुरिया' कहते हैं, पर राधा बल्लभा, हरिदासी, निम्बार्कीय आदि संप्रदायों में नित्य विहार लाला के दर्शन और उस विहार

---

1. सी.एच. वादवील : भागवत धर्म में प्रेम प्रतीकवाद–अनुशीलन डॉ. धीरेन्द्र वर्मा विशेषांक, पृ. 271
2. वही, पृ. 269
3. वही, पृ. 272
4. वही, पृ. 274

में परिचर्या का महत्त्व है। पुष्टिमार्ग, शुक संप्रदाय एवं स्वसुखी शाखा के रामोपासकों में प्रेम प्रतीकवाद दक्षिण की परंपरा में ही विकसित हुआ है।

माधुर्योपासना को बढ़ावा देने वाला अंतिम मुख्य तत्त्व है—सूफी तत्त्व दर्शन। सूफी भी अपने इष्ट को लौकिक प्रेम-प्रतीकों के माध्यम से अभिव्यक्त करते हैं। विरह भाव का इनमें अत्यधिक प्राधान्य है। इन्होंने भी निर्गुणोपासकों को मुख्य रूप से अपने इश्क के रँग में रँगा है।[1] यों सगुणोपासकों में बल्लभ एवं गौड़ीय वैष्णवों में जो विरह का भाव है, उस पर भी सूफी मतवाद की छाप देखी जा सकती है। रसोपासकों में नित्य विहार के अंतर्गत विरह की स्थिति सूफी भाव से भिन्न हो गई है।

ऊपर कही हुई सारी बातों को यदि समेटकर देखा जाए तो प्रतीत होगा कि मधुर भाव के मूल में दो तत्त्व हैं : (1) लीलावाद तथा (2) मधुर रस (कांताभाव)। प्रथम तत्त्व का विकास शक्तिवाद के माध्यम से विभिन्न साधनाओं के बीच से हुआ है तथा द्वितीय तत्त्व का आरंभ प्रेम-प्रतीकवाद के रूप में होता है जो धीरे-धीरे यथार्थता का बाना धारण कर लेता है। संभवतः इन दोनों का प्रथम कलात्मक समन्वय श्रीमद्‌भागवत में होता है एवं चरम परिणति 16वीं-17वीं शती के वैष्णव काव्य में प्राप्त होती है।

मधुर रस का स्वरूप

काव्यशास्त्र में शृंगार को रसराज कहा गया है।

इसी प्रकार रागमूलक शृंगार का भक्ति के क्षेत्र में भी सर्वश्रेष्ठ स्थान है। मनोवैज्ञानिक दृष्टि से लौकिक आलंबन के प्रति जो रति होती है, उसी का जब उन्नयन हो जाता है, और उसका विषय स्वयं भगवान् हो जाता है, तब वह मधुर रस में परिणत होता है। भक्ति रस शास्त्र में जैसा कि पूर्व ही कहा जा चुका है, कृष्ण विषया रति ही मूल स्थायी भाव होता है और उसी के पाँच मुख्य एवं सात गौण प्रकार होते हैं। इस प्रकार सब मिलाकर 12 रसों (9 काव्यशास्त्र के तथा दास्य, सख्य और वात्सल्य) को इस ढाँचे के भीतर स्थापित किया गया है। इनमें पाँच मुख्य (शांत, दास्य, सख्य, वात्सल्य और मधुर) में से चार का संक्षिप्त परिचय हम पिछले अध्याय में दे चुके हैं। श्री रूप गोस्वामी जी ने पंचम मधुर रस को

1. निर्गुणोपासक एवं सूफियों दोनों का ही सम्मिलन राजपूताने एवं पंजाब में मुख्य रूप से प्रारंभ में हुआ होगा। यह प्रभावग्रहण 13-14 वीं शताब्दी में ही पूरी तरह हुआ होगा।

भक्तिरसराट्[1] तथा निवृत्तों के लिये अनुपयोगी, दुरूह तथा विततांग बताया है।[2] निवृत्तों के लिए अनुपयोगी कहकर उन्होंने यह पहले ही संकेत कर दिया है कि लौकिक शृंगार रस के यह सदृश है, पर वास्तव में यह सादृश्य ऊपरी है। वैष्णव रसशास्त्रियों (रूप, जीव, विश्वनाथ चक्रवर्ती, कृष्णदास कविराज) ने बार-बार इस बात के लिए सावधान किया है कि इसे लोक के शृंगार के समान समझने का भ्रम न किया जाए। अस्तु इस भक्ति रसराज के निरूपण के लिए रूप गोस्वामी ने 'उज्ज्वल नीलमणि' नामक महत्त्वपूर्ण ग्रंथ लिखा। इस ग्रंथ का नाम जितना ही प्रतीकात्मक है,[3] उतना ही सूक्ष्म जटिल एवं विद्वत्तापूर्ण विश्लेषण है।

अस्तु इस मधुर-रस की परिभाषा करते हुए उन्होंने कहा है कि वक्ष्यमाण विभावादि के द्वारा पुष्ट मधुरा रति मनीषियों (भक्तों) के हृदय में, आस्वादित होकर मधुर भक्ति रस कहलाती है।[4] मधुरा या प्रियता रति का स्वरूप वे 'हरिभक्ति रसामृत सिंधु' में पहले ही स्पष्ट कर चुके हैं। उसके अनुसार श्रीकृष्ण एवं गोपियों को दोनों को परस्पर संयोग के लिए प्रेरणा देनेवाली मधुरा या प्रियता रति कही जाती है।[5]

मधुर रस की यह सारी योजना पूरी तरह से संस्कृत काव्यशास्त्र (शिंग भूपाल के रसार्णव सुधाकर का आधार सबसे अधिक लिया गया है) पर आधारित है। इसके लिए प्रयुक्त पारिभाषिक शब्दावली और सामान्य धारणाएँ (जनरल कन्सेप्ट्स)

---

1. मुख्यरसेषु पुरा यः संक्षेपेणोदितो रहस्यत्वात्।
   पृथगेव भक्तिरसराट् स विस्तरेणोच्यते मधुरः।।
   —उ.नी.म., पृ. 4
   श्री जीवगोस्वामी ने अपने 'प्रीति संदर्भ' (पृ. 704-715 तक) में भगवान् की दो प्रकार की लीलाएँ, ऐश्वर्य एवं माधुर्य बताई है। तथा इनमें उन्होंने माधुर्य को श्रेष्ठ बताया है। इस प्रकार भी मधुर रस ही श्रेष्ठ सिद्ध होता है। (काव्यमाला संस्करण, निर्णय सागर प्रेस, बम्बई, 1932)
2. निवृत्तानुपयोगित्वाद् दुरूहत्वादय रसः।
   रहस्यत्वाच्च संक्षिप्य वितांगगोऽपि लिख्यते।
   —ह.भ.र. सि., प.वि, 5।2 (अच्युत ग्रंथमाला, काशी, संवत् 1988)
3. शृंगार के लिए उज्ज्वल शब्द का प्रयोग भरत ने भी किया है, शृंगार का वर्ण नील (श्याम) माना गया है तथा मणि समुद्र से निकलती है इस प्रकार हरिभक्ति रसामृतसिंधु से निकला हुआ वह उज्ज्वल नीलम है जो सदैव धारण करने योग्य है।
4. उ.नी.म. 1-3, पृ. 5 अथवा ह.भ.र.सि., प.वि., 5।1
5. मिथो हरेर्मृगाक्ष्याश्च संभोगस्यादिकारणम्।
   मधुरा परपर्याया प्रियताऽऽख्योदिता रतिः।।
   —ह.भ.र.सि.,प.वि., 5।27-28

सीधे-सीधे संस्कृत काव्यशास्त्र से उठा ली गई हैं। परंतु उन सबको 'कृष्ण रति' की ओर किस प्रकार मोड़ा गया है, जिस ढंग से तमाम विस्तृतियों का सूक्ष्म विश्लेषण हुआ है एवं फिर समस्त कथनों को नाना स्रोतों से समर्थित, अनुमोदित एवं उदाहरणों द्वारा पुष्ट किया गया है, वह सब आश्चर्यजनक है।

नायक कृष्ण एवं उनकी नायिकाओं, परिकर आदि की विविध मनःस्थितियों, पहलुओं, परिस्थितियों, क्रिया, चेष्टा, वचन आदि का जैसा मार्मिक विवेचन एवं उद्घाटन श्री रूप गोस्वामी (जीव गोस्वामी, कृष्णदास कविराज, विश्वनाथ चक्रवर्ती, नारायण भट्ट आदि ने भी लगभग उन्हीं का अनुकरण समर्थन किया है।) ने किया है, वह अन्यत्र दुर्लभ है। यही कारण है कि अन्य समस्त समसामयिक वैष्णव संप्रदायों को इस भक्तिरस शास्त्र ने गहरे ढंग से प्रभावित किया है। सारे के सारे अलंकारशास्त्र को उन्होंने भक्ति की ओर जिस प्रकार मोड़ा वह उनके व्यक्तित्व की प्रौढ़ता, पांडित्य एवं प्रतिभा का स्पष्ट परिचायक है। अलंकार शास्त्र एवं भक्ति-भावना का उनमें विचित्र मणि-कांचन-संयोग था।

अस्तु, इस प्रियता या मधुरा रति के सर्वतोभावेन आलंबन हैं—नायक चूड़ामणि कृष्ण एवं उनकी वल्लभाएँ।[1] नायक के रूप में कृष्ण में विविध (25) गुण गिनाए गए हैं।[2] और वे स्वभाव से धीरोदात्तादि चार प्रकार के बताए गए हैं।[3] नायिका की दृष्टि से पति और उपपति के भेद से पुनः कृष्ण के दो रूप हैं। उपपति के रूप में वे कन्याओं एवं परोढ़ाओं के प्रेमी हैं। (यहीं पर यह याद दिला देना आवश्यक है कि सहजिया वैष्णव साधना तथा कामशास्त्र से प्रभावित अलंकारशास्त्र के प्रभाव में उपपति (परकीया भाव) की धारणा का समावेश तो उन्होंने किया है पर रूप और जीव दोनों ही गोस्वामियों ने यह बताने में अत्यधिक परिश्रम किया है कि वास्तव में उपपतित्व ऊपर से प्राकृत लीला में हैं, वस्तुतः वे नायक स्वाकीयाओं के ही हैं। गौड़ीय वैष्णवों में परकीया भाव 18वीं शती में विश्वनाथ चक्रवर्ती की मुहर पाकर ही पूर्णतया प्रामाणिक बन पाता है। इसके पूर्व दार्शनिक स्तर पर जीव गोस्वामी आदि ने इसे स्वीकार नहीं किया था। इस उपपति वाले रूप में ही शृंगार की सर्वश्रेष्ठ सत्ता है।[4]

नायक कृष्ण के अनुकूल, दक्षिण, शठ और धृष्ट—ये चार रूप प्रेमी-चरित्र के अनुसार और भी बताए गए हैं।

परंपरागत अलंकार-शास्त्र के अनुसार ही नायिकाओं का विभाजन किया गया

---

1. अस्मिन्नालम्बनाः प्रोक्ताः कृष्णस्तस्य च बल्लभाः।
   —उ.नी.म., पृ. 5
2. वही, पृ. 8
3. वही, पृ. 9
4. अत्रेव परमोत्कर्षः शृंगारस्य प्रतिष्ठितः। वही, पृ. 14

है।[1] परंतु एक मौलिक विभाजन उन्होंने भक्ति एवं धर्मशास्त्र की दृष्टि से किया है। यह विभाजन महत्त्वपूर्ण है, क्योंकि इसमें कृष्णवल्लभाओं को सीधे-सीधे भक्त की यथार्थता दे दी गई है। इस विभाजन को आगे दिए गए खाके से समझा जा सकता है।[2] इस विभाजन के अनुसार सर्वश्रेष्ठ नित्य प्रिया नायिकाओं में साक्षात् महाभावस्वरूपिणी राधा सर्वश्रेष्ठ है।[3] राधा की प्रामाणिकता तंत्रों इत्यादि के माध्यम से प्रतिष्ठित करते हुए उन्हें हल्लादिनी या महाशक्ति कहा गया है।[4] हरि के समान ही संख्यातीत गुणोंवाली वृंदावनेश्वरी राधा की पाँच प्रकार की सहचरियाँ हैं—सखी, नित्यसखी, प्राणसखी, प्रियसखी, परम श्रेष्ठ सखी।[5] सखियों संबंधी अवधारणा मधुरोपासना में अत्यधिक महत्त्वपूर्ण है। हम आगे इस पर विस्तार से विचार करेंगे।

नायिका की सखियों के समान ही नायक के भी चेट, विट, पीठमर्द, विदूषक तथा प्रिय नर्मसखी आदि सहायक हैं। शृंगार-अभिसार में दूती का महत्त्वपूर्ण कार्य होता है। 'उज्ज्वल नीलमणि' का एक पूरा अध्याय इस विवेचन में लगा है।

नायिका के भागवत प्रयोजन की दृष्टि से मधुरा रति साधारणी, समंजसा और समर्था तीन प्रकार की मानी गई है। साधारण रति में नायिका में स्वसुख की भावना होती है, जैसे कि कुब्जा ने कृष्ण के अंगसंग से स्वयं आनन्द चाहा था। समंजसा में नायक के भी सुख का ध्यान अपने सुख के साथ ही होता है। इसमें पत्नीस्वाभिमान भी रहता है। समर्था रति में अपने सुख की तनिक भी चाह नहीं होती, मात्र कृष्ण-सुख की ही कामना रहती है। गोपियों की रति ऐसी ही थी। यह महाभाव की अवस्था तक संचरण करती है।[6]

कृष्ण एवं नायिकाओं की कायिक, मानसिक एवं वाचिक चेष्टाओं तथा प्रकृति आदि उद्दीपन विभावों की भी लंबी सूची है। इसी प्रकार भाव, हाव, हेला, सात्विक आदि परंपरागत अनुभाव समेटे गए हैं। इसके अतिरिक्त नीवी विश्रंसन, उत्तरीय स्खलन जैसे सात उद्भास्वरस अनुभावों का परिगणन लेखक की मौलिकता है।

---

1. कृपया संलग्न चार्ट देखिए।
2. उ.नी.म., पृ. 63-64, 67 के आधार पर।
3. उ.नी.स., पृ. 73
4. ह्लादिनी या महाशक्तिः सर्वशक्ति वरीयसी।
   तत्सारभावरूपेयमिति तंत्रे प्रतिष्ठिता।
   —उ.नी.म., पृ. 75-77
5. तास्तु वृन्दावनैश्चर्याः सख्यः पच्चविधा मताः।
   सख्यश्च नित्यसख्यश्च प्राणसख्यश्च काश्चन।।
   प्रियसख्यश्च परमश्रेष्ठ सख्यश्च विश्रुताः।—वही, पृ. 97
6. वही, पृ. 407 से 415 तक।

वाचिक अनुभावों को भी निपुणतापूर्वक उपस्थित किया गया है।[1] व्यभिचारी भावों के प्रकरण में भी प्रचलित काव्यशास्त्र के ही संचारियों को गिनाया गया है। उग्रता एवं आलस्य को अवश्य छोड़ दिया गया है। भावोत्पत्ति (भावादेय), भावसंधि, भावशलता एवं भावशांति का भी संक्षिप्त निरूपण इसी प्रकरण में प्राप्त हो जाता है।[2]

स्थायिभाव प्रियतारति को प्रबुद्ध करनेवाले कारण अभियोग, विषय, संबंध, अभिमान, उपमा तथा स्वभाव होते हैं। उत्तरोत्तर एक-दूसरे से इनमें श्रेष्ठ होता है। अभियोग में प्रत्यक्ष या परोक्ष रूप से अपनी भावनाओं का आरोप होता है। शब्द, स्पर्श, गंध आदि इंद्रियों के विषय दूसरी कोटि के अंतर्गत आते हैं। इनके कारण भी रति उत्पन्न होती है। सौंदर्य, कुल आदि के गौरव की भावना संबंध है तथा एक विशेष वस्तु को ही अपने पास रखने की इच्छा अभिमान के अंतर्गत है–जो कि रति-प्रादुर्भाव का हेतु बन सकती है। किसी सुंदर वस्तु को कृष्ण सदृश्य देखना उपमा के अंतर्गत है तथा बहिर्हेतुओं का अनपेक्षी निसर्ग या स्वरूप दो प्रकार वाला स्वभाव होता है। यह कृष्ण-निष्ठ भी हो सकता है और ललना-निष्ठ भी।[3]

धीरे-धीरे मधुरा रति सांद्र होती हुई विभिन्न स्थितियों को पार करके महाभाव की सर्वश्रेष्ठ अवस्था में पहुँचती है। जैसे कि ईख का बीज ही इक्षु दंड, रस, गुड़, खंड, शर्करा, मिश्री, सितोपल (ओला) आदि अवस्था भेद से अनेक रूप धारण करता है, वैसे ही रति भी प्रेम, स्नेह, मान, प्रणय, राग, अनुराग, भाव (महाभाव) की अवस्था तक पहुँचती है।[4]

(1) **प्रेम :** नाश का कारण होते हुए भी जो कभी नाश नहीं होता है तथा जो दोनों (नायक-नायिका) को भावबंधन में बाँधता है, वह प्रेम है। प्रौढ़ मध्य और मंद भेद से यह तीन प्रकार का होता है। प्रौढ़ प्रेम में वियोग एकदम असह्य होता है। मध्य प्रेम में कष्टपूर्वक वियोग सह्य बन जाता है तथा मंद प्रेम में भगवान् संबंधी स्मृति कभी-कभी मलिन भी पड़ जाती है।[5]

(2) **स्नेह :** प्रेम के परम उत्कर्ष की दशा में द्रवीभूत चित्त की वृत्ति ही स्नेह कहलाती है। यह भी श्रेष्ठ, मध्यम और कनिष्ठ, उत्कृष्टता भेद से तीन प्रकार का होता है।[6] स्नेह भी घृत स्नेह और मधु स्नेह दो प्रकार का होता है। प्रथम में

---

1. उ.नी.म., पृ. 256 से 340 उद्दीपन और अनुभाव प्रकरण।
2. वही, व्यभिचारी प्रकरण, पृ. 342 से 388
3. उ.नी.म., पृ. 390-406
4. वही, पृ. 416-417
5. वही, पृ. 418-424
6. वही, पृ. 424-426

धारावाहिकता होती है तथा दूसरे में अत्यंत ममतामय मधुरता।[1]

(3) **मान :** जो स्नेह उत्कर्ष को प्राप्त होकर एकदम अनुभूत आस्वाद का अनुभव कराते हुए वामता (बाह्य उपेक्षा) भाव को धारण करता है, वह मान कहलाता है।[2] स्नेह ऊपर दो प्रकार के कहे जा चुके हैं, ये ही क्रमशः उत्कृष्टता को प्राप्त कर उदात्त (धृत स्नेह द्वारा) एवं ललित (मधु स्नेह द्वारा) मान में परिवर्तित हो जाते हैं। चंद्रावली प्रथम प्रकार के आदराश्रित मान की आशय हैं एवं श्री राधा अतिवाच कुटिलता धारण करनेवाले 'ललितमान' की आश्रय हैं। यहीं यह कह देना भी अनुचित न होगा कि भारतीय कामशास्त्र का 'मान' शब्द अपने आप में अप्रतिम है। इसमें प्रेम, मिलनोत्कंठा, उपेक्षा, रूठना इत्यादि इतने मनोवेग मिले हैं कि इसे सहज ही दूसरी भाषा बोलनेवाले के लिए समझना कठिन हो जाता है।

(4) **प्रणय :** जब प्रिय के गौरव का भाव एकदम मिट जाता है तथा विश्रंभ और विश्वास का उदय होता है तब गाढ़ हुआ मान ही 'प्रणय' कहलाता है।[3] इस अवस्था में कांत और कांता के प्राण, मन, बुद्धि, देह आदि के मध्य भेद की भावना नहीं रहती। इसे यों भी समझना चाहिए कि मान में तो वामगंधता होती है, पर मान खुलने पर प्रिया अपने प्रियतम से एकमेक होकर मिलती है, जैसे बाँध तोड़कर नदी समुद्र से मिलती है। यह उत्कृष्ट भावावेग की अवस्था होती है। प्रणय भी दो प्रकार का होता है—सुमैत्र प्रणय एवं सुसख्य प्रणय।[4] प्रथम में गौरव की भावना किंचित् अवशिष्ट रहती है, पर दूसरे में बिल्कुल नहीं। वास्तव में ये उदात्त और ललित मान के क्रमशः विकसित रूप हैं। यों विकासक्रम में यह भी स्वीकार किया गया है कि कभी मान से प्रणय उदित होता है और कभी-कभी प्रणय से मान भी उद्भूत होता है।[5]

(5) **राग :** प्रणय और अधिक उत्कृष्ट हो जाने पर 'राग' कहलाता है। इस अवस्था में दुःख भी सुख में परिणत हो जाता है।[6] यह राग भी रूप गोस्वामी के अनुसार नीलिमा और रक्तिमा दो भाँति का हो सकता है। नीलिमा राग के पुनः दो भेद हैं : (1) नीलीराग, जो कि व्यय-संभावनाहीन, बाहर अधिक न प्रकाशित होनेवाला तथा बहुत कुछ अव्यक्त रहता है। (2) श्यामा राग, नीलीराग की अपेक्षा

---

1. (क), उ.नी.म., पृ. 428-431
   (ख) मधुसूदन सरस्वती ने भी अपने भक्ति रसायन में चित्त की द्रुति तथा धारावाहिकता को अत्यधिक महत्त्व दिया है।
2. वही, पृ. 432
3. वही, पृ. 437
4. वही, पृ. 438
5. वही, पृ. 440
6. वही, पृ. 443

किंचित् प्रकाशमान, भीरुता-मिश्रित तथा विलंब से सिद्ध होनेवाला श्यामाराग होता है। रक्तिमा राग के भी दो भेद हैं–कुसुंभ राग एवं मंजिष्ठा राग। (1) कुसुंभ राग में चित्त शीघ्र ही रंजित हो जाता है तथा यह अन्य राग कवि को भी व्यंजित करता है। (2) मंजिष्ठा राग कभी नष्ट नहीं होता, उसे अन्य रागों की अपेक्षा नहीं होती तथा उसकी कांति कभी नष्ट नहीं होती। राधा-माधव के मध्य यही राग प्रतिष्ठित रहता है।[1]

(6) **अनुराग :** सदा अनुभूत होनेवाले प्रियतम को भी जो राग नित्य नव-नव रूप में दिखलाता रहता है, उसे अनुराग कहते हैं।[2] इसके अनेक पहलू होते हैं तथा परस्पर वशीभाव, प्रेमवैचित्य (मिलन में भी विरह की आशंका), अप्राणिजन्य जड़ वस्तुओं में जन्म धारण करने की लालसा तथा विप्रलंभ में विशेष स्फूर्ति आदि इस अवस्था में विरह में भी प्रिय की झलक प्राप्त होती रहती है।

(7) **भाव :** अनुराग 'स्वसंवेद्य' दशा को प्राप्त होकर, यानी कि जब उसका अनुभव अनुराग को छोड़कर अन्य किसी भाव से न किया जा सके, प्रकाशित हो तब यह वृत्ति भाव कहलाती है।[3] स्वयं कृष्ण की पट्टमहिषियाँ (समंजसारति) भी इस दशा को नहीं पहुँच पाती, ब्रजदेवियों द्वारा संवेद्य यह भाव ही महाभाव भी कहलाता है।[4] इसके पुनः दो भेद हैं :

(1) **रूढ़ :** इस अवस्था में सात्विक अपने चरम उद्दीप्त रूप में पहुँच जाते हैं। रूढ़ भाव की अवस्था में एक क्षण का भी वियोग असह्य हो उठता है, इसमें समीपवर्ती जनों को भी आलोड़ित कर सकने की क्षमता होती है, कल्प को क्षण (सुख में) एवं क्षण को कल्पवत् (वियोग में) समझने की सामर्थ्य आ जाती है। प्रिय के सौख्य में भी आर्ति की आशंका रहती है, अमूर्च्छित अवस्था में भी अपने आप तथा अन्य अपने से संबंधी वस्तुओं का विस्मरण प्रेमी कर देता है।

(2) **अधिरूढ़ :** जिस अवस्था में रूढ़ के ऊपर कहे गए अनुभाव एक विशिष्ट अवस्था को प्राप्त होते हैं उसे अधिरूढ़ कहते हैं।[5] इसके भी मोदन और मादन दो प्रकार माने गए हैं।[6] (1) सात्विकों का अत्यंत उद्दीप्त सौष्ठव मोदन के अंतर्गत होता है। यह राधा यूथ में ही प्राप्त होता है। तथा विश्लेष की अवस्था में इसे ही मोहन कहते हैं।[7] इस अवस्था के भी अत्यंत प्रभावशाली सात्विकों का उल्लेख

---

1. उ.नी.म., पृ. 446-451
2. वही, पृ. 454
3. वही, पृ. 459-460
4. वही, पृ. 462
5. वही, पृ. 472
6. वही, पृ. 473
7. वही, पृ. 477, एवं चै.चै., म.ली., परि. 23,पृ. 290

इसकी सांद्रता को सूचित करता है। यह जब राधा में उदित होता है तो दूर अन्य कांताओं से आलिंगित होते हुए भी कृष्ण मूर्च्छित हो जाते हैं।[1] सारे ब्रह्मांड में क्षोभ उत्पन्न हो जाता है। राधा दिव्य उन्माद की अवस्था में आ जाती है। दिव्य उन्माद भी उद्‌धूर्ण एवं चित्र जल्पादि आदि अनेक भेदोंवाला कहा गया है। कोई एक विलक्षण विवशतामयी चेष्टा का नाम उद्‌धूर्ण है। प्रियतम के मित्र के साथ भेंट होने पर रोष से अनेक भावमय जल्पों का उदित होना एवं उसके अंत में तीव्र उत्कंठा का उदय 'चित्रजल्प' कहलाता है। इस चित्रजल्प की भी दस अवस्थाएँ होती हैं।

(8) **मादन :** जब ह्लादिनी शक्ति का सार स्वरूप प्रेम 'रति' से लेकर 'महाभाव' पर्यंत सब भावों के उद्‌गम से उल्लसित होता है, मोदन, मोहन आदि से जो परात्पर हैं एवं श्री राधा में ही जिसकी प्रतिष्ठा है, ऐसे भाव को 'मादनाख्य' महाभाव कहते हैं।[2] इस अवस्था में विरह का अभाव होता है। हजारों नित्य लीलाएँ इस भाव की विलास हैं।[3] उ.नी.म. के स्थायी भावप्रकरण के श्लोक सं. 208 की टीका में विश्वनाथ चक्रवर्ती ने इसकी विचित्रता की ओर संकेत करते हुए कहा है, 'प्रकाश भेद से मिलन और विच्छेद पृथक् विद्यमान रहते हैं और, प्रकाश भेद से इन दोनों में अभिमान का भी भेद रहता है।' अर्थात् जिस प्रकाश में संभोग विद्यमान रहता है वहाँ प्रिया जी को यह अभिमान रहता है कि मैं संयोगिनी हूँ और जिस प्रकाश में विच्छेद होता है, उस जगह श्री राधारानी को यह अभिमान होता है कि मैं विरहिणी हूँ। जिस समय मादनाख्य 'महाभाव' का स्वयं उदय होता है उस समय चुंबन, आलिंगन आदि सुखों के अनुभवों के मध्य भी वे विविध प्रकार के वियोगों का अनुभव करती हैं। इस प्रकार एक ही प्रकाश के रहते हुए दो प्रकाश-धर्मों का अनुभव होना ही विलक्षणता है।[4] इस अवस्था में ईर्ष्या का कारण न होने पर भी ईर्ष्या होती है तथा संभोग काल में भी नायक से संबंधित विविध बातों का चिंतन, स्मरण आदि होता है।

हम रति के साधारणी, समंजसा और समर्था तीन भेद ऊपर कह आए हैं। इनमें साधारणी रति केवल प्रेम की अवस्था तक पहुँचती है, अनुराग तक समंजसा रति का संचरण होता है पर भावदशा तक एक मात्र समर्था रति ही पहुँच पाती है। भावदशा का ही श्रेष्ठ स्तर महाभाव है। राधा स्वयं महाभाव स्वरूपा हैं उनके पूर्व की जो रति से लेकर भाव तक की आठ अवस्थाएँ हैं वे मधुरभाव की साधना की दृष्टि से अत्यधिक महत्त्वपूर्ण हैं।

---

1. उ.नी.म., पृ. 477
2. वही, पृ. 499
3. वही, पृ. 502
4. वही, (आनंद चन्द्रिका टीका), पृ. 503

अस्तु इस भाव दशा में पहुँचकर मधुरा या प्रियता रति उज्ज्वल शृंगार रस को प्राप्त होती है।

परंपरागत काव्यशास्त्र के अनुसार रूप गोस्वामी ने इस शृंगार के भी विप्रलंभ और संयोग दो भेद किए हैं। विप्रलंभ के बिना संयोग पुष्ट नहीं होता है तथा इसके पूर्वराग मान, प्रेम-वैचित्य एवं प्रवास पुनःचार भेद हैं।[1] इनमें से 1, 2 और 4 तो काव्यशास्त्र कामशास्त्र के ही हैं पर प्रेम-वैचित्य एक नया प्रकार है जिसमें कि प्रिय की उपस्थिति में भी विरह की आशंका बनी रहती है।[2] इन विविध विप्रलंभ-प्रकारों के भी अनेक उप प्रकार इस ग्रंथ में गिनाए गए हैं।

संभोग शृंगार भी मुख्य और गौण दो प्रकार का होता है–जाग्रत अवस्था में होनेवाले प्रत्यक्ष संभोग के भी चार भेद (विप्रलंभ की चारों दशाओं के समरूप) होते हैं–संक्षिप्त (पूर्वराग के पश्चात्), संकीर्ण (मान के पश्चात्), संपन्न (थोड़ी दूर के प्रवास के बाद), समृद्धिमंत (सुदूर प्रवास के अनंतर)।[3] स्वप्न आदि की अवस्था में होनेवाला संभोग गौणसंभोग शृंगार होता है। इसके भी संक्षिप्त, संकीर्ण, संपन्न एवं समृद्धिमान चारों भेद रूप गोस्वामी ने गिनाए हैं।[4] दर्शन स्पर्श, वर्त्मरोधन (राह रोकना), रास, वृंदावन क्रीड़ा, यमुना जल केलि, नौकाविहार, बंशी चोरी, वस्त्रहरण, चुंबन तथा साक्षात् यौन-संप्रयोग आदि शृंगार के विभिन्न तत्त्व या चेष्टाएँ हैं। श्री रूप गोस्वामी के अनुसार–

अयमुज्ज्वल नीलमणिर्गहनमहाघोष-सागर-प्रभवः।
भजतु तव मकर-कुण्डल-परिसर-सेवौचितीं देव।[5]

काम और भगवत प्रेम में अंतर

पीछे हम कह चुके हैं कि भक्ति-रस विवेचकों ने अपने सामाजिक उत्तरदायित्व को ध्यान में रखते हुए बार-बार भगवद्-रति को लौकिक काम से भिन्न कहा है। भक्ति-रस के आकर ग्रंथ श्रीमद्भागवत ने स्वयं इस शंका को ध्यान में रखते हुए स्पष्ट कहा था :

न मय्यावेशितधियां कामः कामाय कल्पते।
भर्जिता क्वथिता धानाः प्रायो बीजाय नेष्यते।

10 । 22 । 26

---

1. उ.नी.म., पृ. 506-508
2. वही, पृ. 548
3. वही., पृ. 571-576
4. वही, पृ. 591-592
5. वही, अंतिम छंद, पृ. 607

जिनकी बुद्धि मुझमें लीन रहती है, उनकी कामनाएँ संसार के भोगों के हेतु नहीं होतीं। (उनसे सांसारिक विषय सुख नहीं उत्पन्न होते क्योंकि उनका विषय साक्षात् परमात्मा होता।) जैसे कि भुने या उबले हुए धान अंकुर नहीं उत्पन्न कर सकते।

श्री रूप गोस्वामी ने जब उसे निवृत्तों के लिए अनुपयोगी बताया था, तब भी वे यह संकेत कर रहे थे कि यह लौकिक काम से मिलता-जुलता है। गौतमीय तंत्र में कहा भी है, 'प्रेमेव गोप रामाणां काम इत्यगमत् प्रथाम्', गोपराभाओं का प्रेम ही लोक में काम कहा गया था। परंतु यह वास्तव में लौकिक काम से भिन्न है। इस तथ्य की ओर जीव गोस्वामी एवं कृष्णदास कविराज ने स्पष्ट ध्यान दिलाया है। जीव गोस्वामी ने 'भक्ति-संदर्भ और प्रीति-संदर्भ' में कहा है कि गोपियों की कृष्ण के प्रति रति लौकिक काम नहीं है। यदि यह काम है भी तो गोपियों में यह प्रेम के रूप में परिवर्तित हो जाता है—तादृशीनां कामो हि प्रेमैक रूपः। क्योंकि समस्त 'कामसंभोग सी' लगनेवाली लीलाओं में गोपियों ने कभी भी अपने सुख की चाह नहीं की, उनकी सारी प्रकृत-सी लगनेवाली चेष्टाएँ कृष्ण के आनंद के लिए थीं। कृष्णदास कविराज ने भी इसी बात को कहा है :

आत्म सुख दुःख गोपी ना करे विचार।
कृष्ण सुख हेतु करे तब व्यवहार।
कृष्ण बिना आर सब करि परित्याग।
कृष्ण सुख हेतु करे शुद्ध अनुराग।[1]

इसी कारण उनका स्पष्ट मत है कि गोपीगणों का प्रेम शुद्ध और निर्मल है वह काम कभी नहीं है।[2] कामक्रीड़ा से कुछ साम्य होने के कारण लोग उसे काम कह देते हैं अन्यथा वह तो सहज प्रेम है।[3] काम और प्रेम के अंतर को स्पष्ट करते हुए कविराज ने अत्यंत सही परिभाषा दी है कि :

आत्मेन्द्रिय प्रीति इच्छा तार नाम काम।
कृष्णेन्द्रिय प्रीति इच्छा धरे प्रेम नाम।[4]

इस कसौटी पर गोपियों के प्रेम को कसने पर उनका निर्णय है कि 'गोपी-भाव का तात्पर्य कृष्ण-सुख है, गोपियों को निजेन्द्रिय सुख-वांछा नहीं थी, वे कृष्ण को

---

1. चै.चै., आ.ली., परि. 4, पृ. 28 (पूर्णचन्द्र शील, कलकत्ता)।
2. वही, पृ. 28
3. वही, म.ली., परि. 8, पृ. 152
4. वही, आ.ली., परि. 4, पृ. 28

ही सुख देने के लिए संगम और विहार करती थीं।' [1]

इस कसौटी पर कुब्जा की प्रीति व्याघात उपस्थित करती है, इसे विचक्षण पंडित एवं दार्शनिक जीव गोस्वामी ने अनुभव कर लिया था। अतः वे एक तर्क प्रयोजन नहीं बल्कि आलंबन के स्तर पर देते हैं। उनके अनुसार कुब्जा ने यद्यपि स्वसुख के लिए कृष्ण-संभोग की चाह की, पर महत्त्वपूर्ण बात यह है कि उसने कृष्ण से तुच्छ सांसारिक विषय-भोग न चाह कर साक्षात् भगवान् की कामना की एवं उसकी चाह में मन का आवेग पूरी तीव्रता से उपस्थित था।[2] ऐसी स्थिति में उस प्रेम को गोपियों के प्रेम से तो हीन माना जा सकता है, पर लौकिक काम से वह नितांत भिन्न ही है। [3]

जीव गोस्वामी ने दार्शनिक स्तर पर भी इस शंका का समाधान किया है। वेदान्त-सूत्रों के 'लोकवत् तु लीला केवल्यम्' (2।1।33) के अनुसार उन्होंने बताया है कि परम तत्त्व अपने ही अनंत रस में स्वतः स्फूर्त लीला किया करते हैं। [4] यह लीला यद्यपि अप्राकृत होती है पर लौकिक जीवों के सदृश्य ही उसका भी रूप होता है। इसके अतिरिक्त गोपियाँ ब्रह्म की ह्लादिनी शक्ति की ही अंशरूपा हैं और उनके साथ क्रीड़ा ब्रह्म की एक स्वाभाविक वृत्ति है।

जीव गोस्वामी ने व्यावहारिक जीवन के आधार पर एक चौथा तर्क भी दिया है। उनके अनुसार पदम्पुराणादि में वर्णन आता है कि ज्ञानियों, मुनियों एवं श्रुतियों तक ने इस लीला में भाग लेने की इच्छा प्रकट की थी और उन्होंने ही गोपियों के रूप में अवतार लिया था। पीछे हम दिखा चुके हैं कि रूप गोस्वामी ने अपने नायिका-भेद में इनको परिगणित किया है। उद्धव जैसे विरक्त ने भी गोपियों के समान ही प्रेम की आकांक्षा प्रकट की थी। स्त्रियाँ ही नहीं पुरुष भी चूँकि इस प्रेम-चेष्टा को प्राप्त करने की कामना करते हैं अतः जीव गोस्वामी का निष्कर्ष है कि यह ऐन्द्रिकता से सर्वथा रहित प्रेमभाव है—न प्राकृत काम देवोदभावितः प्राकृतः कामोऽसौ। [5]

यदि हम मनोवैज्ञानिक दृष्टि से इन तर्कों पर विचार करें तो ज्ञात होगा कि वास्तव में यह प्रेम काम ही है पर उसका उदात्त-उन्नयित रूप है और इसीलिए

---

1. चै.चै., म.ली., परि. 8, पृ. 152
2. सा तु भगवन्तमेव कामयते इति परम सुमनीींशप्येवेति भावः।
   —भक्ति संदर्भ, पृ. 657
3. सेरन्ध्रयास्तु भावो रिरंसा-प्रायत्वेन श्री गोपीनामिव केवल-तत्-तात्पर्याभावात्तदपेक्षयेव निन्द्यते, न तु स्वरूपतः—वही, पृ. 656 (षट् संदर्भ)
4. लीला स्वत्र स्वभावतैव सिद्धा—भक्ति संदर्भ, पृ. 657
5. वही, पृ. 658

श्रेष्ठ और वरेण्य है। प्रथम तर्क स्वसुख और परसुख संबंधी दिया गया है। आधुनिक मनोविज्ञान मानता है कि परसुख में भी एक प्रकार का सुख मिलता है। द्वितीय तर्क में आलंबन का देवत्व है तथा तीसरा दर्शन को आधार बनाता है। आलंबन बदल जाने से मूल मनोवृत्ति का बदलना मनोविज्ञान को स्वीकार्य नहीं है, तथा दर्शन का क्षेत्र उसके परीक्षण के क्षेत्र से बाहर का है। जहाँ तक चतुर्थ तर्क है फ्रायड इन सारे संबंधों (समलिंगी, पूज्य के प्रति) रति, या दूसरे की रत में आनंद प्राप्त करना आदि को कामभावना के अंदर ही रखता है। बल्कि इन्हें तो वह काम की विकृति (परवर्जन) कहना पसंद करेगा।[1]

यों प्रेम को काम का पर्याय मनोवैज्ञानिक भी नहीं मानते। प्रेम एक भाव (इमोशन) है तथा काम मनोवृत्ति (इन्सटिन्क्ट) है। शैंड के अनुसार प्रेम विचित्र परिस्थितियों में विभिन्न मनःस्थितियों को समुचित व्यवहार के भीतर संयोजित करता है।[2] अर्थात् प्रेम एक पद्धति है जिसमें अनेक प्रकार के संवेग सन्निहित होते हैं। शैंड की इस परिभाषा के आधार पर हम भक्ति के प्रेम को भी इसी भाँति समझ सकते हैं। भक्ति के क्षेत्र का प्रेम भी विभिन्न स्थितियों में उन अनेक संवेगों एवं व्यवहारों को जन्म दे सकता है, जो भक्ति-रस विवेचकों द्वारा उपस्थित किए गए हैं। सरलीकृत रूप में हम कह सकते हैं कि भक्ति लौकिक प्रेम का ही उन्नयन है और यही इसकी सार्थकता भी है।

---

1. फ्रायड : ए जनरल इंट्रोडक्शन टु साइको-एनैलिसिस का बीसवाँ व्याख्यान।
2. ए.एफ. शैंड : फाउंडेशंस ऑफ कैरेक्टर, पृ. 50, द्वितीय संस्करण, 1920

7

भक्ति काव्य की रसात्मकता

भारतीय काव्यशास्त्र के चिंतन में रसों की संख्या को लेकर एक विवाद चलता रहा है। परंतु यह एक विचित्र बात है कि इस सारे विवाद के बावजूद प्रामाणिक रूप से रसों की संख्या बढ़ाई नहीं जा सकी। रस की संख्या संबंधी परंपरागत धारणा ही कार्य करती रही है। भरत मुनि ने अपने नाट्यशास्त्र में आठ ही रस स्वीकार किए थे। शांत को उन्होंने स्पष्ट मान्यता नहीं दी।[1] उनके द्वारा स्वीकृत रस हैं—शृंगार, हास्य, करुणा, रौद्र, वीर, भयानक, वीभत्स तथा अद्भुत इन्हीं के क्रमशः स्थायीभाव हैं—रति, हास, शोक, क्रोध, उत्साह, भय, जुगुप्सा तथा विस्मय।[2] संभवतः वैराग्य प्रधान धर्मों (जैन, बौद्ध) के प्रसार के साथ-साथ शांत की भी रसरूप में मान्यता देने की बात जोर पकड़ती गई तथा अंततः अभिनव गुप्त द्वारा यह मान्यता पूर्णतया प्रतिष्ठित हो गई। अभिनव गुप्त का समय वि. 11 वीं शताब्दी का पूर्वार्द्ध स्वीकार किया जाता है। हम जानते हैं कि इस समय तक भक्तिमार्ग का यथेष्ट प्रचार हो चुका था। अधिकांश पुराण एवं उपपुराण बन चुके थे। नायनारों, आलवारों के भाव विह्वल गान जनमानस को आंदोलित कर रहे थे। भक्तिपरक स्तुतियाँ एवं स्तोत्र उस काल तक प्रभूत मात्रा में लिखे जा चुके थे। संभवतः 'नारद-भक्ति सूत्र' एवं 'शांडिल्य-भक्ति-सूत्र' भी, इसी युग के आसपास निर्मित हुए होंगे। भागवत पुराण, नारद एवं शांडिल्य के भक्ति-सूत्र भक्ति के आनंद को ब्रह्मानंद एवं मोक्ष-सुख से भी ऊपर बता चुके थे। ऐसी स्थिति में यह स्वाभाविक ही है कि भक्ति को भी रसरूप में परिगणित कराने की बात और जोर पकड़े।

---

1. डॉ.वी. राघवन के अनुसार नाट्यशास्त्र के वे अंश प्रक्षिप्त हैं जिनमें शांत सहित नौ रसों का उल्लेख हुआ है।—नम्बर आफ रसाज, पृ. 15-16
2. नाट्य शास्त्र (काव्यमाला संस्करण) 6।15-17

छठी और सातवीं शताब्दी में भामह और दण्डी ने कथन के एक प्रकार विशेष 'प्रियतराख्यानम्' को प्रेयम् कहा था।[1] रुद्रट ने नवम् शती उत्तरार्ध में 'प्रेयस्' को दसवाँ रस मानने की बात उठाई। अलैंगिक प्रेम के लिए उन्होंने 'प्रेयम्' नाम प्रस्तुत किया था; क्योंकि शृंगार केवल स्त्री-पुरुष के प्रेम के लिए ही प्रयुक्त होता था और यह रति कामगंध-मुक्त होती है। इस तरह 'प्रेयस्' के साथ भक्ति जैसे प्रेम संबंधों को भी काव्यशास्त्र में प्रविष्ट होने का रास्ता खुलता है। यद्यपि रुद्रट के काव्यालंकार में 'प्रेयान्' को मैत्रीभाव के रूप में ही लिया गया है, पर धीरे-धीरे चार प्रकार के अलैंगिक प्रेम अलंकारिकों के समक्ष आते हैं :

(1) मैत्री भाव (2) वात्सल्य (3) प्रीति–(नेता एवं अनुगतों, राजा एवं दरबारियों का पारस्परिक प्रेम) तथा (4) भक्ति–पूज्य व्यक्तियों या परमेश्वर के प्रति अनुराग। इन सभी का अंतर्भाव 'प्रेयस्' के भीतर होता रहा। परंतु धीरे-धीरे भक्ति-काव्य के निर्माण के साथ-साथ भक्ति (वात्सल्य का भी) का अधिकार बढ़ता गया। अभिनव गुप्त ने स्पष्ट कहा कि लोग ईश्वर प्रणिधान विषयक भक्ति, श्रद्धा, आदि को भी रसरूप में स्वीकार करने को कहते हैं।[2] पर अभिनव गुप्त उन्हें शांत रस का ही अंग मानने का निर्णय देते हैं। अभिनव गुप्त के समकालीन धनंजय ने दशरूपक में प्रीति और भक्ति का अलग-अलग उल्लेख करते हुए उन्हें हर्ष, उत्साह आदि ऐसे ही भावों के अंतर्गत परिगणित करना चाहा है।[3] संभवतः ईश्वर विषयक एकता (आलंबनगत एकता) के कारण अभिनव ने भक्ति को शांत के अंतर्गत करना चाहा था। इसके अतिरिक्त उस समय तक भक्ति को मुक्ति से नितांत अलग भी नहीं किया गया था। बल्कि अधिकांशतः उसे भी मुक्तिदात्री ही समझा जाता था। उधर शांतरस में भी वैराग्य एवं मोक्ष कामना स्वीकार थी, अतः अभिनव अपने समय तक बहुत अनुचित नहीं थे; पर धनंजय का हर्ष, उत्साहादि में अंतर्भावीकरण समझ में नहीं आता। संभवतः प्रयास के उत्साह तथा हर्ष के परिणाम (अनुभावादि) को सोचकर उन्होंने यह सम्मिलित किया होगा। मम्मट (12वीं शती) ने देवादि विषयक रति को भावदशा के अंतर्गत रखकर उसे रस मानने से इन्कार कर दिया।[4] हेमचन्द्र ने काव्यानुशासन (पृ. 68) में स्नेह, भक्ति और वात्सल्य रति के ही विशेष रूप माने। शांर्गदेव ने 'संगीत रत्नाकार' में कहा कि कुछ लोग भक्ति, स्नेह एवं लौल्य को तीन रस मानते हैं तथा श्रद्धा, आर्द्रता और अभिलाषा इनके स्वामी

---

1. दंडी ने भक्ति के महत्त्व को स्वीकार किया था तथा भक्ति और प्रीति को पर्यायवाची रूप में प्रयुक्त किया है।–काव्यादर्श, 2।277
2. अभिनव भारती, 1।6।340 (गायकवाड़ सीरीज)।
3. दश रूपक, 4।83 (साहित्य निकेतन, कानपुर, संस्करण)।
4. काव्य प्रकाश, 4।35 (चौखम्भा प्रकाशन)।

स्थायिभाव बताते हैं, पर यह असत् है। ये रति के ही भेद हैं तथा स्थायी न होकर व्यभिचारी मात्र है।[1] चौदहवीं शती उत्तरार्द्ध के प्रसिद्ध काव्यशास्त्री विश्वनाथ कविराज ने अपने 'साहित्य-दर्पण' में वात्सल्य की तो प्रतिष्ठा कर दी पर भक्ति को रस उन्होंने भी नहीं माना। अंतिम प्रसिद्ध संस्कृत काव्यशास्त्री पंडितराज जगन्नाथ (विक्रमीय 18 वीं शती) के समय तक गौड़ीय वैष्णवों का 'भक्तिरस' संबंधी पांडित्यपूर्ण एवं गहन विश्लेषणयुक्त विवेचन सामने आ चुका था, अतः वे उसकी उपेक्षा नहीं कर सके। उन्होंने भक्ति के विभाव, अनुभाव, संचारी भावों आदि का सम्यक् उल्लेख तो किया पर इससे 'मुनि वचन खंडित होता है', यह कहकर परंपरा के संकीर्ण नाम पर उसे रस मानने से अस्वीकार कर भाव ही माना।[2] हिंदी में देव ने भक्ति रस पर विचार किया है और उसके प्रेम, शुद्ध एवं प्रेम शुद्ध तीन भेद किए हैं। पर उसे निर्भ्रान्त एवं प्रामाणिक रूप से स्वतंत्र रस की सत्ता दे सकने में वे भी असमर्थ रहे।

इस प्रकार हम देखते हैं कि आधुनिक युग के पूर्व तक काव्यशास्त्र में भक्तिरस को प्रामाणिक मान्यता नहीं मिल सकी। जिस देश में इतने अधिक परिमाण में भक्तिकाव्य की रचना हुई हो, उसमें यह स्थिति वदतो व्याघात सी प्रतीत होती है। इस सारी परंपरा में केवल कवि कर्णपूर का 'अलंकार कौस्तुभ' एक अपवाद है जो परंपरागत अलंकारशास्त्र का ग्रंथ होकर भी 'प्रेमन् और भक्ति' को रस के रूप में स्वीकार करता है।[3] पर 'अलंकार कौस्तुभ' भारतीय काव्यशास्त्र का बहुत मान्य ग्रंथ नहीं है। इसके अतिरिक्त कर्णपूर स्वयं चैतन्य के जीवनीकार एवं मतानुयायी थे।

ऐसी स्थिति में भक्ति की रसात्मकता की स्थापना का भार स्वयं भक्ति-शास्त्रियों पर पड़ा। भागवत, नारद एवं शांडिल्य के 'भक्ति-सूत्र' 'हरिभक्ति रसामृत सिंधु', 'उज्ज्वल नीलमणि', 'भक्ति संदर्भ', 'प्रीति संदर्भ', कृष्णदास कविराज का 'चैतन्य चरितामृत' नारायण भट्ट की 'भक्ति रस-तरंगिणी', मधुसूदन सरस्वती का 'भक्तिरसायन' आदि ग्रंथों के माध्यम से इस रस को प्रतिष्ठित करने का प्रयास

1. संगीत रत्नाकर, पृ. 839
2. रस गंगाधर, पृ. 45-46
3. कवि कर्णपूर की अलंकार कौस्तुभ में, प्रेमन् की धारणा कुछ विचित्र सी है। वैष्णव आलंकारिकों के मधुर रस को उन्होंने यह संज्ञा दी है। ऐसा प्रतीत होता है कि राधा-कृष्ण की प्रेम-लीला जब सखी-भाव से सेव्य हो गई तब इस रस की कल्पना की आवश्यकता पड़ी। इसी कारण इसे अंगीरस भी उन्होंने स्वीकार किया है। कर्णपूर के अनुसार प्रेमन् अंगी है और श्रृंगार अंग। बल्कि अन्य सारे रस इस रस समुद्र में उठने वाली तरंगों के समान हैं–(अलंकार कौस्तुभ, पृ. 148)

हुआ है।

भागवत के प्रारंभ में ही भगवान्-संबंधी अलौकिक रस तथा उसका अहरह पान करनेवाले भावुक रसिकों का उल्लेख किया गया है।[1] नारद भक्ति सूत्र में उसे परम प्रेम रूपा और अमृत स्वरूपा[2] बताकर रसता की ओर भी संकेत किया गया है। कर्मज्ञान योग से अधिक बताकर[3] नारद ने मानो उसे शांत रस से सन्निविष्ट करने के अभिनव गुप्त के प्रयास का प्रत्याख्यान किया है। शांडिल्य ने उसे रस शब्द से प्रतिपाद्य रागस्वरूपा बताया है।[4]

इन्हीं बातों को अधिक व्यवस्थित काव्यशास्त्रीय ढंग पर मधुसूदन सरस्वती ने अपने भक्ति रसायन में उपस्थित किया है। उन्होंने भक्ति को परम पुरुषार्थ[5] माना (धर्म, अर्थ, काम, मोक्ष के अतिरिक्त) तथा ज्ञान को उसका संचारी बना दिया। इस प्रकार मोक्ष और ज्ञान दोनों से अलग करके उन्होंने अभिनव गुप्त के आधार पर ही प्रहार किया। उन्होंने यह भी कहा कि ज्ञान और भक्ति पृथक्-पृथक् अधिकारियों के लिए हैं। इस प्रकार आश्रय-भिन्नता के द्वारा भी भक्ति को शांत के अंतर्गत मानने का निरसन कर दिया।

अपने विवेचन में उन्होंने भक्ति को एक नया मनोविज्ञान ही दिया। इसके अनुसार अंतःकरण की भगवदाकारता ही भक्ति है। भक्ति की पीछे दी गई परिभाषा में भी इसी तथ्य की ओर संकेत है। चित्त तरल होकर भगवान् की ओर प्रवाहित होता है एवं उस साँचे में वही आकार धारण कर लेता है। इस बात को उन्होंने टीका में और अधिक स्पष्ट कर दिया है।

उनके मतानुसार भगवान् आलंबन हैं, तुलसी चंदनादि उद्दीपन विभाव हैं, नेत्र विक्रियादि अनुभाव हैं, निर्वेदादि व्यभिचारी हैं तथा भगवदाकार चित्तवृत्ति ही स्थायीभाव है।[6] स्थायी भाव के नाम से कुछ नवीनता अवश्य है पर आगे पृ. 16 पर उन्होंने इस चित्तद्रुति को प्रणय, अनुराग, स्नेह आदि रति के विभिन्न पर्यायों से भी अभिहित किया है। इस संयोग से परमानंदरूप जिस रस की निष्पत्ति होती है, वह स्वयं भगवान् है। (भगवान् को रस के साथ पर्याय रूप में देखने की यह प्रवृत्ति आगे रसोपासकों को बल देती है।) भक्ति के अतिरिक्त उन्होंने काम, क्रोध, भय, स्नेह, हर्ष, ह्रास, विस्मय, उत्साह, शोक, जुगुप्सा और काम उन 11 स्थायी भावों को रस रूप में परिणत होनेवाला माना है। इनमें से उत्साह के धर्मवीर, दयावीर,

---

1. श्रीमद्भागवत, 1।1।3
2. ना.भ.सू., संख्या 2, 3
3. वही, 25
4. शा.भ.सू., 6
5. भक्ति रसायन 1।1
6. भ.र., पृ. 13 (टिप्पणी भाग)

वीभत्स, शम, ईर्ष्या से उत्पन्न द्वेष, भय, रौद्र और भयानक ये भक्ति रस के अंग नहीं बन सकते। शेष में भक्तिरस के अंग बनने की क्षमता है। इस विभाजन में सबसे महत्त्वपूर्ण बात यह है कि मधुसूदन सरस्वती शांत को भक्ति से पृथक् कर देते हैं। शांत को वे अद्रुत चित्त के लिए मानते हैं पर भक्ति के लिए चित्त-द्रुति अनिवार्य है। मम्मट आदि के देविदाविषयारति का उत्तर देते हुए वे कहते हैं कि यह बात अन्य देवताओं (इंद्रादि) के लिए लागू होती है, परमानंद रूप परमात्मा के लिए नहीं। उनके अनुसार भक्ति ही वास्तविक रस है, वह सूर्य के समान है तथा श्रृंगारादि अन्य रस खद्योतों के तुल्य हैं।[1]

अद्वैतवादी मधुसूदन सरस्वती के पश्चात् सर्वाधिक महत्त्वपूर्ण एवं पूर्णतम कार्य भक्तिरस-शास्त्र के क्षेत्र में गौड़ीय वैष्णव रूप गोस्वामी का है। रूप गोस्वामी का रचनाकाल विक्रम की सोलहवीं शती का अंत एवं 17 वीं शती का प्रारंभ है। 'भक्ति-रसामृत-सिंधु' का रचनाकाल सं. 1598 है। उज्ज्वल नीलमणि इससे कुछ बाद का होगा इस समय तक उत्तर भारत भक्ति के मेघजल से आप्लावित हो चुका था। वैष्णव प्रेमकाव्य की प्रभूत रचना हो चुकी थी। काव्य गुणों की दृष्टि से ये रचनाएँ सर्वश्रेष्ठ काव्य में परिगणन योग्य हैं, पर परंपरागत काव्यशास्त्र या तो इन्हें भाव मात्र मानता है या फिर लौकिक श्रृंगार रस के अंतर्गत इनका विवेचन करता है—जो कि इन भक्त-कवियों का किसी भी प्रकार अभिप्रेत नहीं है। रीतिकाल की श्रृंगारी कविता भक्ति-काव्य को सही परिप्रेक्ष्य में न लेकर उसे सामान्य श्रृंगार की प्रेरणाभूमि के रूप में ही स्वीकार करती रही, इसका मुख्य दोष समीक्षकों (काव्यशास्त्रियों) पर है।

अस्तु, रूप गोस्वामी ने अपने दो ग्रंथों 'हरिभक्तिरसामृतसिंधु' एवं 'उज्ज्वल नीलमणि' में इस वैष्णव प्रेम-भक्ति-काव्य का पूरा व्याकरण और शास्त्र उपस्थित कर दिया। भक्ति को रस कहकर उसकी भावात्मकता को प्रतिष्ठा देने के बाद उन्होंने उसके मनोविज्ञान को पूरी तौर पर विवेचित किया। इस विवेचना की सारी शब्दावली और धारणाएँ परंपरागत काव्यशास्त्र या कामशास्त्र की ही हैं। सहृदय का स्थान भक्त ले लेता है। इस भक्त के हृदय में कृष्ण रति-रूप स्थायी भाव समुचित विभाव, अनुभाव और संचारी भावों से पुष्ट होकर भक्ति रस का रूप ग्रहण करता है। इस संबंध में 'हरिभक्ति रसामृत सिंधु' का यह अंश द्रष्टव्य है। 'विभाव' अनुभावादि की परिपुष्टि से भक्ति परम रस रूपा हो जाती है। विभाव, अनुभाव, सात्विक भाव तथा व्यभिचारी भावों से भक्तों के हृदय में आस्वाद्यत्व को प्राप्त कराया गया जो कृष्ण-रति रूप स्थायी भाव है, वह भक्ति में परिणत होता है। जिनके हृदय में प्राक्तन अथवा आधुनिक जन्म की सद्भक्ति की वासना या संस्कार हैं, भक्ति रस का आस्वाद उन्हीं के हृदय में होता है।[2] इसे सहृदय भक्तों के

1. भ.र., प्रथम उल्लास, पृ. 74-78
2. ह.भ.र.सि., द.वि. 1।5-7

और भी गुण गिनाये गए हैं। इस प्रकार काव्यशास्त्र को अन्यत्र चतुरतापूर्वक भावनात्मक भक्ति के क्षेत्र में व्यवहृत किया गया है। एवं इन समस्त स्थापनाओं को लगभग 600 उद्धरणों (स्वयं रूप द्वारा रचित तथा प्रचलित भावनात्मक एवं धार्मिक साहित्य से गृहीत) द्वारा समर्थित किया गया है। सारा का सारा दृष्टिकोण साहित्यिक, शृंगारिक एवं धार्मिक वृत्तियों का विचित्र समन्वय है, एवं समस्त योजना अत्यधिक जटिल है।[1]

रूप गोस्वामी ने 'कृष्ण-रति' को ही मुख्य स्थायी भाव माना और फिर उसी के पाँच प्रमुख तथा सात गौण भेद किए। उसी के अनुसार 5 मुख्य भक्ति रस शांत, क्षम्य, सख्य, वात्सल्य एवं मधुर माने तथा 7 गौण रस हैं—हास्य, अद्‌भुत वीर, करुण, रौद्र, भयानक और वीभत्स। इस सारी योजना को ध्यान से देखने पर ज्ञात होता है कि उन्होंने काव्यशास्त्र के नवों रसों को भी इसी कृष्ण भक्ति रस के अंतर्गत ले लिया है। उनके शांत एवं शृंगार मुख्य रसों में परिगणित हैं तथा शेष गौण रस हैं। इसके अतिरिक्त भामह और दण्डी के युग से ही जो सख्य और वात्सल्य (और प्रीति, दास्य भी) के संबंध में मत चले आ रहे थे उनको भी मुख्य भक्तिरसों में परिगणित कर लिया। इस तरह दोनों परंपराओं का समन्वय उन्होंने अपने ग्रंथ में किया। लौकिक काव्यशास्त्र का रसराज शृंगार यहाँ भक्ति के क्षेत्र में मधुर नाम से 'भक्तिरसराज' कहा गया है। इस सारी योजना के लिए श्री सुशील कुमार के द्वारा दिए गए चार्ट हम आगे उपस्थित कर रहे हैं यहाँ अलग से इनका विवेचन हम विस्तार-भय से नहीं कर रहे हैं।

कृष्णदास कविराज, जीव गोस्वामी एवं नारायण भट्टादि ने रूप गोस्वामी का ही मुख्यतः अनुकरण किया है। जीव ने कुछ काव्यशास्त्रीय प्रश्नों को उठा कर अवश्य अपनी मौलिकता का परिचय देते हुए इस विवेचन को और अधिक पूर्ण बनाया।

रूप गोस्वामी ने भक्ति को रसरूप में स्थापित तो कर दिया था पर उन्होंने काव्यशास्त्रियों के भक्ति को रस न मानने के आक्षेपों का उत्तर नहीं दिया था। भक्ति को रस कहा जाना चाहिए, इसके पक्ष में जीव ने शक्तिशाली ढंग से तर्क उपस्थित किए। वास्तव में जीव गोस्वामी की प्रवृत्ति कुछ तार्किक थी। यह सारा विवेचन अत्यधिक शास्त्रीय शैली पर है। उनके अनुसार भगवत्-प्रीति ठीक ही स्थायी भाव मानी जाती है। प्रीति के नाते इसमें भावत्व तो है ही तथा साथ ही लौकिक काव्यशास्त्रों द्वारा निरूपित स्थायी भाव के लक्षण भी इसमें विद्यमान हैं। भक्ति रसावस्था को नहीं पहुँच सकती, मम्मट आदि के इस तर्क का उत्तर उन्होंने भी

---

1. एस.के.दे : वै.फे.मू.,पृ. 125।—(जनरल प्रिन्टर्स एण्ड पब्लिशर्स, कलकत्ता, संस्करण 1942)

मधुसूदन सरस्वती की ही भाँति देते हुए कहा है कि यह सामान्य देवताओं से संबंधित रति (प्राकृत देवादि विषया) के बारे में तो कहा जा सकता है, परमतत्त्व कृष्ण के बारे में नहीं। कृष्ण रति में सारे तत्त्व विद्यमान हैं। उनके अनुसार वास्तव में कृष्ण रति से संबंधित विभाव, अनुभावादि ही अलौकिक होते हैं। काव्यशास्त्र के विभावादि लौकिक एवं इसीलिए दोषपूर्ण एवं हीनतर होते हैं। उनका अलौकिकत्व कवि की प्रस्तुतीकरण की चतुराई के कारण दिखता है। लौकिक प्रीति मायाशक्ति द्वारा उत्पन्न प्राकृत सत्वगुण का ही संशोधित रूप है और इसलिए स्वरूपशक्ति द्वारा उत्पन्न भगवत्-प्रीति के सुख और रसत्व की वह समता नहीं कर सकती। लौकिक रति क्षणिक एवं अंततः दुःख लाने वाली होती है। पर अलौकिक रति स्थायी एवं विशुद्ध आनंद है। इसलिए यह कहना गलत है कि लौकिक विभावादि से ही रस उद्बुद्ध हो सकता है। वास्तविक रस तो अलौकिक कृष्ण आदि ही जगा सकते हैं, एवं रस के तथाकथित सारे तत्त्व कृष्णरति के साथ विद्यमान हैं।

रस की निष्पत्ति किसके हृदय में होती है—इस प्रश्न को भी जीव गोस्वामी ने उठाया है। उन्होंने काव्यशास्त्र के चार मत उद्धृत किए हैं, (1) अनुकार्यों में, (2) अनुकर्त्ता में, (3) सहृदय सामाजिक में, (4) अनुकर्त्ता एवं सामाजिक में। जीव के अनुसार भगवत-प्रीति रस के रूप में अनुकार्य, अनुकर्त्ता (भक्तादि) एवं सामाजिक (भक्ति-काव्य आदि को पढ़ने वाला) तीनों में निष्पन्न होती हैं। पर अनुकार्यों (भगवान् का परिकर) में रस की उत्पत्ति मुख्य है। वही रागात्मिका है और उसी का अनुकरण अनुकर्त्ता रागानुगा भक्ति के नाम से करते हैं। इस रस के लिए भक्ति होना आवश्यक है और इस प्रकार अनुकर्त्ता और सामाजिका दोनों भक्त ही होते हैं। इसके अतिरिक्त उन्होंने आलंबन, उद्दीपन, अनुभाव, सात्त्विक भाव, व्यभिचारी भाव, रसाभाव आदि का भी लगभग रूप गोस्वामी से मिलता-जुलता विस्तृत निरूपण किया है। विस्तार-भय से हम उसे यहाँ पर नहीं दे रहे हैं। इसी अंश में उन्होंने लीला के प्राकृत-अप्राकृत तत्त्वों को समझाते हुए उसकी 'काम' से अलौकिकता तथा 'परकीया' भाव का वास्तविक अर्थ भी विवेचित किया है।[1] आगे 18 वीं शती में विश्वनाथ चक्रवर्ती ने इस परकीया भाव को पूर्ण शास्त्रीय सिद्धता प्रदान की, तथा उसे श्रेष्ठतम रति बताया। परंपरागत काव्यशास्त्र परकीया प्रेम को शृंगार रस के अंतर्गत नहीं रखता, पर विश्वनाथ चक्रवर्ती की वैष्णव रसशास्त्र को यह प्रमुख देन थी। यद्यपि परकीया की धारणा भागवत, वल्लभ, चैतन्य, रूप, सनातन, जीव आदि में भी प्राप्त होती है, पर उन लोगों ने उसके दार्शनिक एवं प्रतीकात्मक अर्थ करके नैतिक दृष्टि से सम्मान्य बनाने का प्रयास किया है, जबकि विश्वनाथ चक्रवर्ती ने उसे प्रत्यक्ष रूप से स्वीकार करके प्रामाणिकता दी।

1. एस.के.दे : वै.फे.मू., पृ. 304-309 के आधार पर।

आचार्य हजारी प्रसाद द्विवेदी का अनुमान है कि वल्लभ, हितहरि वंश एवं रसिकोपासक राम संप्रदाय में भी कोई न कोई 'आध्यात्मिक रस सिद्धांत' अवश्य होगा।[1] अब तक की हुई खोजों के अनुसार फुटकर सिद्धांत ग्रंथ एवं संकेत तो प्राप्त होते हैं, किंतु पूर्व-चर्चित ग्रंथों की भाँति सांगोपांग विवेचन करनेवाले ग्रंथ प्राप्त नहीं हुए। राम भक्तों के रसिक संप्रदाय में 18 वीं शती में गलता गद्दी पर मधुराचार्य थे। उनका जीव गोस्वामी की टक्कर का लिखा गया छः संदर्भों का ग्रंथ पूरा प्राप्त हो जाने पर शायद अभीष्ट की पूर्ति कर सके। अभी तक उसका केवल 'सुंदरमणि' संदर्भ ही प्राप्त है। (वैदिक मणि संदर्भ का केवल एक भाग मिला है।) प्राप्त भाग में सीताजी का चरित्र ही मुख्यतः वर्णित है, रसशास्त्रीय संकेत यत्र-तत्र अवश्य मिल जाते हैं। हम आशा करते हैं कि शायद भविष्य में यह पूरा ग्रंथ प्रकाश में आ सके। यों अब तक उपलब्ध सामग्री के आधार पर हम अन्यत्र विभिन्न संप्रदायों की रसोपासनाओं का तुलनात्मक अध्ययन प्रस्तुत करेंगे।

अस्तु, ऊपर किए गए विवेचन से इतना स्पष्ट प्रकट होता है कि भक्तिरस और काव्यरस की दो शास्त्रीय परंपराएँ मध्यकाल में अस्तित्व में आ गई थीं। भक्तिशास्त्री भक्ति को ही एकमात्र रस मानता था तथा काव्यशास्त्री भक्ति को भाव से आगे स्वीकार करने को प्रस्तुत न थे। शायद दोनों ही अनुभव करते थे कि सचमुच ही इनकी सत्ता अलग है। वस्तुतः विभावन व्यापार का बहुत बड़ा उत्तर इन दोनों के मध्य में है एवं दोनों के सामाजिकों के लिए जिस संस्कार या साधना की आवश्यकता होती है वह परस्पर बहुत भिन्न जाति की होती है। काव्य का सामाजिक एक सामान्य सांस्कृतिक वातावरण एवं अभिरुचि से संबंधित होता है जबकि भक्त वैयक्तिक साधना के द्वारा भक्तिरस के रसास्वाद के लिए अपने को तैयार करता है। हमारा विचार है कि दोनों को अलग-अलग मानने का मध्यकालीन विवेचकों का आग्रह अनुचित नहीं था।

भक्ति-विवेचन के प्रसंग में हम देख चुके हैं कि प्रेम उसका एक अनिवार्य एवं सर्वप्रधान तत्त्व है। प्रेम ही वह मुख्य साधन है जो भगवान् को खींच लाता है। श्रीमद्भागवत में भी भगवान् की प्रेमवश्यता स्वीकार की जा चुकी थी। यह प्रेम मानव-संबंधों के पाँच आकारों में मुख्य रूप से ढलता है जिनमें कि सर्वश्रेष्ठ माधुर्य-भाव है। इन सबका विस्तृत विवेचन करते हुए हम यह भी देख चुके हैं कि रूप गोस्वामी एवं मधुसूदन प्रभृति विद्वानों ने इन्हें 'रस रूप' में प्रतिष्ठित कर दिया था। यह सब होने के बावजूद प्रेम की भावना थी साधन ही—साध्यवस्तु थी भगवान् की कृपा या स्वयं भगवान्। रस की प्रतिष्ठा प्राप्त करने के पूर्व लौकिक या मानवीय प्रेम सादृश्य-व्यंजक था पर चूँकि भक्ति में संबंधमूलकता का आग्रह

1. आलोचना अंक 9, पृ. 86-87

अनिवार्य है, इसलिए जो प्रेम-प्रतीकवाद था वह भक्ति-रस तक आते-आते भाव-जगत् का सत्य बन गया। संवेदना एवं गहरी भावनामूलकता से यह क्षेत्र आप्यायित हो उठा। परंतु यह अंतिम परिणति न थी, धीरे-धीरे प्रेम साध्य हो गया, रस लक्ष्य बन गया काव्यशास्त्रीय चिंतन में ही न रुककर वह स्वयं शास्त्र अथवा दर्शन बन गया। इस क्षेत्र में भक्ति की वे समस्त विस्तृतियाँ, जिनका अत्यंत परिश्रमपूर्वक उद्घाटन रूप गोस्वामी ने किया था, बहुत अर्थवान नहीं रहीं। आगे के पृष्ठों में हम उज्ज्वल रस एवं रसोपासकों के विभिन्न संप्रदायों के साम्य, वैषम्य विकास या संकोच तथा पारस्परिक प्रभाव की रेखाओं का अध्ययन प्रस्तुत करेंगे।

गौड़ीय वैष्णव-रस-शास्त्रियों के सामने एक समस्या और भी थी, जिसको कि उन्हें शास्त्रीय तर्कसिद्ध रूप देना था। भागवत, विष्णु ब्रह्मवैवर्त आदि पुराणों एवं वैष्णव तंत्रों आदि में श्रीकृष्ण की नानाप्रकार की लीलाएँ थीं। रूप, सनातन, जीव प्रभृति गोस्वामियों ने इन लीलाओं को भक्ति-काव्य-शास्त्र के रस-विवेचन के अंतर्गत स्वीकार करने का उत्तरदायित्व भी निभाया एवं इन्हें दार्शनिक पीठिका पर प्रतिष्ठित भी रहने दिया। इसी कारण उसके रस-विवेचन में कतिपय असंगतियाँ भी प्राप्त होती हैं। सबसे विचित्र असंगति यह है कि वे काव्यशास्त्र की परिपाटी तो स्वीकार करते हैं पर काव्य-सृजन-प्रक्रिया को स्वीकार नहीं करना चाहते।[1] काव्य प्रक्रिया में कवि-प्रतिभाजन्य विभावन-व्यापार को महत्त्वपूर्ण स्थान प्राप्त है। यह व्यापार ही काव्य के क्षेत्र में लोक की प्रत्यक्ष ऐन्द्रिक अनुभूतियों का अलौकिक रसास्वादन बदल देता है—इसी कारण अनुकार्यों में रस की स्थिति माननेवाले लोल्लट एवं शंकुक के मत को रसनिष्पत्ति के क्षेत्र में अमान्य करार दिया गया। परंतु जैसा कि हम पीछे मधुर रस के विवेचन के प्रसंग में कह चुके हैं, जीव गोस्वामी ने भक्ति-रस की अलौकिकता, विभावादि (अनुकार्य आदि) निष्ठ कर दी न कि विभावन-व्यापार-निष्ठ। काव्य-रस की सत्ता क्षणिक है, पर विषय (आलंबन) की गरिमा एवं भक्त की समस्त रहनी-करनी आदि को दृष्टिपथ पर रखने के कारण उन्होंने रस की सत्ता को भक्ति के क्षेत्र में नित्य स्वीकार किया। यों आधुनिक मनोविज्ञान प्रथम तर्क का उत्तर देते हुए कह सकता है कि अनुकार्य एवं सामाजिक के रस में कोई मौलिक अंतर नहीं है, एक का ही परिष्कृत एवं परिवर्तित रूप दूसरा है। तथा गौड़ीय वैष्णव रस-शास्त्रियों ने रागात्मिका एवं रागानुगा का जो अंतर पहले ही विवेचित कर दिया है वह रस की मनोविज्ञान-सम्मत प्रत्यक्ष एवं परोक्ष अनुभूतियों के औचित्य की कसौटी पर खरा उतरता है। जहाँ तक रस की नित्यता का प्रश्न है यह तो भक्ति-रस-शास्त्री भी नहीं कहते कि सदैव भक्त रसावेश में ही रहता है। परंतु इस विवेचन के बाद भी यह तर्क अनुत्तरित ही रहता है कि काव्य-सृजन की प्रक्रिया वे स्वीकार नहीं करते। यह बात काव्य शास्त्र का एक सामान्य विद्यार्थी भी जानता है कि कवि-प्रतिभाजन्य

1. श्री ललिताचरण गोस्वामी : गोस्वामी हित हरिवंश : संप्रदाय और साहित्य

विभावन-व्यापार रस-सिद्धांत में मूलतः अनिवार्य है। उसके स्थान पर जब आलंबन की अलौकिकता, महत्ता, गुरुदया प्रभु-अनुग्रह अथवा भक्त (सामाजिक) की अपनी साधना पर बल दिया जाने लगता है तो ऐसा प्रतीत होता है कि यह रस काव्यरस से कुछ भिन्न प्रकार का है। वास्तव में ऐसी विसंगतियाँ धर्मदर्शन एवं काव्य दर्शन को एक में ही मिला देने से उत्पन्न होती हैं। इस विसंगति के होते हुए भी गौड़ीय वैष्णवों का यह विवेचन काव्यशास्त्र की विस्तृतियों में इतना सूक्ष्म और प्रामाणिक है तथा कृष्ण की समस्त काव्य-पुराणादि में वर्णित लीलाओं को इतनी निपुणता के साथ अपने भीतर समेट लेता है कि साधारण बुद्धि को तर्क की आवश्यकता ही नहीं पड़ती। इसलिए इस रस-शास्त्र का बड़ा गहरा प्रभाव हमें अन्य समकालीन एवं परवर्ती विचारों पर प्राप्त होता है। निम्बार्कीय हरिव्यास देव[1] की 'सिद्धांत रत्नांजलि' में रसों के प्रकार आदि में उनका अनुगमन किया गया है :

शान्तं दास्यं च वात्सल्यम् सख्यमुज्जवलमेव च।
अमी पंच रसा मुख्या ये प्रोक्ता रसवेदिभिः।।

(सि.र., रस प्रकरण, पृ. 125)

रामोपासक संप्रदाय की रसिक-भाव की साधना का रस-शास्त्र गौड़ीय वैष्णवों का ही है जिसे कि राम के प्रचलित स्वरूप के अनुसार ढाल लिया गया है। शुक संप्रदाय के भी ऊपर इस रसशास्त्र का प्रभाव है। पुष्टि-मार्ग का अलग से कोई रसशास्त्र प्राप्त नहीं होता। पुष्टिमार्गीय भक्तों ने संभवतः इसी शास्त्र को स्वीकार किया था, हाँ प्रभु-अनुग्रह सेवाशैली आदि के क्षेत्र में उनकी अपनी देन है। रसोपासकों (सखी एवं राधा वल्लभ प्रभृति संप्रदाय) ने यद्यपि रस-विवेचन के क्षेत्र में एकदम नया रास्ता अपनाया पर जाने-अनजाने गौड़ीय वैष्णव रस-विचारों से वे प्रभावित होते रहे (संभवतः प्रभावित करते भी रहे हैं)। इन संप्रदायों ने काव्यशास्त्र का पल्ला पकड़ा ही नहीं—प्रारंभ से ही इन्होंने भक्ति रस की अपेक्षा रस-भक्ति की बात कही और अंत में वृंदावन-रस को प्रतिष्ठित किया। अपने इस रस को उन्होंने काव्य के रस या लोक के रस से भिन्न ही रखा—उन्हें समान स्तर पर रखने की आवश्यकता ही नहीं थी। यहाँ पर न आलंबन है न आश्रय।[2] भगवान् स्वयं रस-स्वरूप हैं,

---

1. हरिव्यास देव को लोग 16वीं शती के पूर्वार्द्ध तक खींचते हैं, पर श्री गोपालदास शर्मा के मत (हरिदासी संप्रदाय और उसका वाणी साहित्य; अ.प्र.) से हम सहमत हैं कि उनका समय 17वीं शती का पूर्वार्द्ध है। सिद्धांत रत्नांजलि का रस-विवेचन भी उन्हें परवर्ती ही सिद्ध करता है। यदि वे पूर्ववर्ती होते तो रूप गोस्वामी निश्चित रूप से उनको प्रमाणरूप में उद्धृत करते। सिद्धांत रत्नांजलि के श्लोक के रस वेदिभिः भी हमें गौड़ीय वैष्णवगण मालूम पड़ते हैं।
2. तहाँ न नायक नायका रस करवावत केलि—ध्रुवदास : रति मंजरी लीला, (बयालीस लीला, पृ. 194)।

आनन्द-स्वरूप हैं, प्रेम-स्वरूप हैं, यह प्रेम क्रीड़ा-परायण होता है और इसलिए युगल के रूप में अवतरित होता है। यह युगल सहज ही प्रकट होता है, अजन्मा है, नित्य किशोर है, सम वयस् है। वे पहले भी थे, अब भी हैं, आगे भी रहेंगे।[1]

यह स्थापना उन तमाम भागवत एवं काव्यादि में वर्णित कथाओं को व्यर्थ कर देती है जिनको ऐतिहासिक रूप से सत्य मानने के कारण रूप गोस्वामी प्रभृति विद्वानों को नाना प्रकार के संबंधों की कल्पना करनी पड़ी थीं। कोई कृष्ण का दास है, कोई सखा है, कोई माता-पिता है तो कोई वल्लभा के रूप में हृदय दे बैठा है। इन्हें भक्त मानते हुए नाना प्रकार के संबंधों के आधार पर भक्ति रसों की कल्पना करनी पड़ती है। स्वयं मधुर भाववाले उज्ज्वल शृंगार रस के क्षेत्र में नाना प्रकार की हरिवल्लभाएँ, सखियाँ, सखा, दूती, विरह, मिलन आदि को स्थापित करके गौड़ीय वैष्णवों ने समस्त कृष्ण लीलाओं को औचित्य प्रदान कर दिया है। चूँकि इन लौकिक-सामाजिक संबंधों का उदात्तीकरण विवेचना में हुआ था, इसलिए लौकिक काव्यशास्त्र की परिपाटी को भी ग्रहण करना आवश्यक हो गया था। बिना उसकी राह को स्वीकार किए वे सफल हो नहीं सकते थे। वास्तव में गौड़ीय वैष्णवों ने इस अर्थ में भी अत्यंत गुरुतम दायित्व को वहन किया कि समस्त लिखित या मौखिक परंपरा को क्रमशः स्वीकार कर लेने के बाद उसे अध्यात्म की राह मोड़ दिया। साधारण शक्ति का कार्य यह नहीं था। इस सारी परंपरा को उन्होंने एक अनोखी व्याख्या दे दी।

रसोपासक (हरिदासी, राधावल्लभीय, परवर्ती निम्बार्कीय आदि) चूँकि इस सारी परंपरा को अस्वीकार कर सके थे, इसीलिए उनका रस-संबंधी चिंतन भी परंपरागत काव्यचिंतन से पृथक् रह सका। प्रेम या रस या हित ही वह परतत्त्व है जो सृष्टि में प्रवाहित हो रहा है। युगल किशोर उसी के साक्षात् विग्रह हैं। वे दिन-रात प्रेमकेलि में पड़े रहते हैं। अप्राकृत प्रेम और काम के दो सिंधु उनके प्रहृदयों में प्रवाहित हैं।[2]

---

1. माई री सहज जोरी प्रकट भई रंभ की गौर श्याम घन दामिनि जैसे,
   प्रथमहुँ हुती अबहूँ आगेहूँ रहिहें न टरिहें तैसे।
   अंग अंग की उजराई सुघराई चतुराई सुंदरता ऐसे।
   श्री हरिदास के स्वामो स्यामी, कुंजविहारी समवैसे जैसे।
   —स्वा. हरिदास : केलिमाल, पद 1। तथा
   मेरे नित्य किशोर अजन्मा, विहरत एक प्रान द्वै तन मां
   (बिहारिणिदास : चौबोला 142)।
2. प्रेम मदन के सिन्धु द्वै बहत रहत दिन हीय।
   कगहुँ बिबस चेतत कबहुँ छिन-छिन प्यारी पीय।
   छिन-छिन प्यारी पीय मधुर रस विलसत ऐसे।
   सूक्ष्म प्रेम की बात कहो कोउ वरने कैसे।—ध्रुवदास : सिद्धांत विचारलीला, बयालीस लीला, पृ. 49

प्रेम के रूप का बड़ा मार्मिक चित्रण ध्रुवदास ने किया है 'प्रेम को निज रूप चाह, चटपटी, अधीनता, उज्ज्वलता, कोमलता, स्निग्धता, सरसता, नूतनता, सदा एक रस रुचि तरंग बढ़त रहे। सहज सुछंद मधुरता, मादिकता, जाको आदि अंत नहीं, छिन-छिन नूतनता स्वाद।'[1] नेम, मदन, काम आदि को लगभग समानार्थक रूप में इस साहित्य में प्रयुक्त किया गया है। पर यह काम भी सामान्य नहीं है। इसे प्रेम का प्रकाशन अथवा प्रेम की अभिव्यंजना भी कह सकते हैं। लेकिन इसकी अलौकिकता इस बात में है कि यह सब प्रेम द्वारा यंत्रित होता है। लोक में काम स्वतंत्र होता है, पर यहाँ प्रेम द्वारा यंत्रित होने में ही उसकी सार्थकता होती है।[2] निज प्रेम ही नेम है जिसे शृंगार रस के पोषण के लिए अलग से कहा गया है।[3] प्रेम तो अनादि, अनंत है पर काम या मदन या नेम सादि और सांत है। काम क्रीड़ा है, प्रेम मूल वृत्ति है। क्रीड़ा में चैतन्यता आवश्यक है, भाव-वृत्ति अपने में विवश कर लेती है—इस मनोवैज्ञानिक तथ्य को ध्रुवदास प्रतिष्ठापित कर सके थे।[4] इस प्रकार प्रेम और काम दोनों ही नित्य विहार में बने रहते हैं।[5] ललित किशोरी देव के मत से प्रतीत होता है कि प्रेम का निवास नेत्रों में है और काम का अंगों में। प्रेम में प्रेमी एक-दूसरे को देखते रहना चाहते हैं, काम में एकमेक हो जाना चाहते हैं। जब एक-दूसरे को देख नहीं पाते तब भी छटपटा उठते हैं, जब एक दूसरे से केलि नहीं कर पाते तब भी अधीर हो उठते हैं…

जब दरसें तब परसनचाह, जब परसें तब दरसन दाह।
तनु मन मिले मिलन की आस, अंग अंग सिथिल मंदघन वास।।—678
दरस जु कहिये प्रेम रस, परस केलि सुख काम।
गौर स्याम आसक्ति अति रोम रोम अभिराम।।—757
—स्वा. ललित किशोरी देव, साखी

इस प्रेम और काम की लोक से एक स्पष्ट भिन्नता और है। लोक में काम दो भिन्न व्यक्तियों को परस्पर निकट लाता है। उनकी पारस्परिक दूरी को वह

1. ध्रुवदास : सिद्धांत विचार लीला (ब.ली., पृ. 43-44)
2. वही, पृ. 45
3. वही, पृ. 47
4. जब प्रेम रूपी सिन्धु के तरंग छावै तब विजस होइ
   जब मदन रूपी सिन्धु के तरंग छावै तब चैतन्य होहि।
   कबहूँ खिलारी खेल वस, कबहू खिलारी बस खेल। वही, पृ. 49
5. जहाँ काम तहँ प्रेम है, जहाँ प्रेम तहँ काम।
   इन दोउन की संधि में विलसत श्यामाश्याम।
   —वही, पृ. 49 ललित किशोरी देव, साखी सं. 869

कम करता है। परंतु इस प्रेम में एक ही तत्त्व दो रूपों में विभक्त होकर भोक्ता और भोग्य के रूप में रस का आस्वादन करता है। फिर लौकिक प्रेम और काम निज स्वार्थ के लिए होने पर यह प्रिय-सुख के लिए है। एक-दूसरे के सुख की चिन्ता ही इन्हें रहती है।[1] जो जो प्यारे कहते हैं वही प्यारी को अच्छा लगता है एवं जो जो प्यार करे वही तो प्रिया को पसंद आता है। प्यारी प्रियतम के नेत्रों में ठौर बनाना चाहता है, प्रियतम भी प्यारी के नैनों की पुतलियाँ बनने में ही अपनी सार्थकता समझते हैं। राधा के लिए वल्लभ अपने तन, मन और प्राण से भी अधिक प्यारे हैं एवं वल्लभ वल्लभा के लिए अपने कोटिक प्राण हारने के लिए प्रस्तुत रहते हैं। यहाँ न और वल्लभाएँ हैं न गोपियाँ जो लोक कानि, आरज पथ छोड़ कर गंगा के समान सागर की ओर उमड़ती चली आवें। यह तो अनन्यता का क्षेत्र है। प्रेम का यही एक स्वरूप है। रूप गोस्वामी ने भी समर्था रति का रूप यही दिया है पर अन्य लोक प्रचलित चरित्रों के कारण साधारणी एवं समंजसा रतियों की भी कल्पना उन्हें करनी पड़ी है। पर यहाँ इन चरित्रों की अवधारणा न होने से ऐसी कोई रति-श्रेणी-भेद मानने की आवश्यकता ही नहीं पड़ी। फिर जब वे अनादि हैं, अजन्मा हैं। केवल नित्य विहार ही जिनके ध्येय है, जिन्हें ठकुरई सुहाती नहीं,[2] सारे अवतारों के स्वामी जो हैं[3] वह केवल ब्रजलीलाओं में बँधा नहीं है। भक्ति के विविध प्रकारों (संभवतः गौड़ीय पद्धतियों को ध्यान में रखकर) के प्रसार के लिए[4] अथवा रस के विस्तार के लिए ही यह युगल स्वरूप ब्रजलीला करता है।[5] ऐसे युगल तत्त्व के बीच स्वकीया, परकीया, विरह, मान, प्रवास आदि का

---

1. जोई जोई प्यारो करै सोई सोई भावै।
   भावै मोहि जोई सोई सोई करैं प्यारे।
   मोकों तो भांवती ठौर प्यारे के नैनिन में।
   प्यारो भयो चाहै मेरे नैननि के तारे।
   मेरे तन मन प्राण हूँ ते प्रीतम प्रिय,
   अपने कोटिक प्राण प्रीतम मोसों हारे।
   —श्रीहित हरिवंश : हित चौरासी, पद 1
2. ताहि सुहाइ न ठकुरई बड़ो प्रताप बिस्तार
   —बिहारिणिदास : रस के दोहे, 142
3. अंसकला सब अवतारिन अवतारी भरतार
   —बिहारिणिदास सिद्धांत के पद, 141।
4. श्री कृष्ण चरित्र घात्र भूवन बहुभक्ति भेद विस्तार वही
5. एक समैं विहरत बन माँही, कियो मतो विवि दुन की छाँही।
   यह निज रस कीजै विस्तारा, रसिक जनिन को अति प्यारा।
   रस निधि लीला ब्रज प्रगटाई, रसिक जननि कौ अति सुखदाई।
   —ध्रुवदास : ब्रजलीला ब.ली., पृ. 256

प्रश्न ही नहीं उठता। न तो उन्हें गुरुजन का भय या संकोच है, न सोते का डर और न प्रवास आदि का ही प्रश्न उनके सामने है। परिणामस्वरूप वहाँ विरह और मान भी प्रेम की नित नवता के लिए उठनेवाली तरंगें मात्र हैं—स्थूल विरह या स्थूल मान का प्रश्न ही नहीं उठता। देह का न्यारा हो जाना या अंचल की ओट हो जाना ही विरह है।[1] बल्कि कभी-कभी तो मिलन ही में विरह की अनुभूति होने लगती है,[2] इसी कारण मिलन में भी मिलन की चाह बनी ही रहती है।[3] गौड़ीय वैष्णवों ने इसे प्रेम-वैचित्य की अवस्था कहा है, पर जैसा कि पूर्व विवेचन में कहा जा चुका है यह विरह के चार प्रकारों में से एक है, एवं महाभाव की अवस्था में भी इस प्रकार की अनुभूति मानी गई है। पर इन युगलविहार के रसोपासकों में अन्य दशाओं की चर्चा ही नहीं है। इसी प्रकार मान के भी यहाँ स्थूल कारण नहीं हैं, पर मान में रस की जो प्रतिक्षण वर्द्धमान स्थिति होती है उसके लिए प्रिया-प्रियतम इस छद्म मान को भी धारण करते हैं। इसे लाड़ भाव भी कहा गया है :

अति प्रवीन है लाड़िली रतिपति चाह बढ़ाय।
लाड़ मान रूखी भई, कपट प्रगट मुसकाय।।[4]

मान में मनाने का जो सुख है और रूठने में प्रिय के लगाव का जो अनुभव है उससे यह नित्य जोड़ी वंचित कैसे रह सकती है ? इसीलिए उन्हें तूठने से रूठना अधिक पसंद है :

रूठनौ तूठनौ रस बूठनौ तूठनैं तै अति रूठनौ भावै।
प्रेम प्रवीण प्रिया पिया आतुर चातुर केलिकला गरु गावै।
नाहिं करै तब पाईं परै, हंस आसल यों मन मोद बढ़ावै।
श्री बिहारीदास के प्रेम अभंग सुरंग मैं रंगअनंग लड़ावै।

(बिहारिणिदेव : सवैया, 145)

ऐसे ये युगल केलि में रत रहते हैं। वास्तव में वे दोनों प्रेम के ही खिलौने हैं। प्रेम के खेल ही खेलते हैं, प्रेम के पुष्पों से ही उनकी प्रेमशैया रचित है। उनकी चितवनि, मुसुकानि प्रेम की ही है। प्रेम से रंजित बातें करते हैं एवं दोनों के मध्य

---

1. ध्रुवदास, सिद्धांत विचारलीला, ब.ली., पृ. 50
2. मिलैं तो जिय व्याकुल रहें, बिघुरे रह्यो न जाइ,
   जहाँ अपुनपा भूलई, ता सुख सुखै समाइ।—स्वा. बिहारिणिदास की साखी
3. परम नेह की बात यह मो पै कही न जाय।
   तनु मन सों प्यारी मिती तऊ लाल अकुलाय।—ललित किशोरी देव : साखी 140
4. ललित किशोरी देव : साखी 914

प्रेम केलि मची है।[1] यों सूरदास ने भी कहा है कि प्रेम प्रेम से ही उत्पन्न होता है, प्रेम से व्यक्ति पार होता है, प्रेम से ही संसार बँधा है एवं प्रेम से ही परमार्थ की प्राप्ति होती है। और प्रेम का जो निश्चय है उससे गोपाल मिलते हैं। जबकि इन रसोपासकों को युगल नहीं युगल-केलि रस की वांछा रहती है और इसी में उन्हें रस मिलता है। उनके प्राणों का आधार यह निकुंज-माधुरी ही है।[2] नारद, शांडिल्य, भागवतकार आदि ब्रज देवियों के प्रेम को श्रेष्ठ बताते हैं। 'हरिभक्ति रसामृत सिन्धु' में गौतमीय तंत्र का उल्लेख हुआ है कि 'प्रमैव ब्रजगोपरामाणांकामं इत्यगमत् प्रथाम्।'[3] पर कहा यह जाता है कि उनके काम में कृष्ण-सुख की चाह ही अधिक थी। कृष्णदास कविराज ने भी गोपी-प्रेम को 'कृष्ण सुखैक तात्पर्यप्राप्त' ही कहा है। पर वास्तव में अंग-संग द्वारा सुख तो वहाँ प्राप्त होता है और इस प्रकार से शारीरिकता की गंध बनी ही रहती है। पर इन रसोपासकों ने सहचरियों को केवल इस निकुंज माधुरी-रस से ही आप्यायित होना माना है और इसलिए इसे गोपियों के प्रेम से भी ऊपर कहा है :

गोपिनु के सम भक्त आहीं, उद्धव विधि तिनकी रज चाहीं,
तिन मन कछू सकामताँ आई, तातें बिच अंतर परयौ माई।
दुख कौ मूल सकामताँ, सुख को मूल निंहकाम।
विरह वियोग न तहाँ कछु रस में ध्रुव सुखधाम।[4]

इन गोपियों के मन में तनिक भी विकार नहीं है। इस बात को स्वयं राधा भी जानती हैं कि जो उनको अच्छा लगता है वही सखियों को भी रुचता है :

मो मन मोहे साँवरो मेरे नहीं विकार।
हौं तोहिं पूछों लाड़िली ताकौ कहा विचार।

---

1. प्रेम के खिलौना दोऊ, खेलत हैं प्रेम खेल।
   प्रेम फूल फूलनि सों प्रेम सेज रची है।
   प्रेम ही की चितवनि, मुसुकनि प्रेम ही की।
   प्रेम रंगी बातें करें, प्रेम केलि मची है।
   —ध्रुवदास (ललिता चरण गोस्वामी द्वारा गो. हित हरिवंश : सिद्धांत और साहित्य में पृ. 182
2. ध्रुवदास : सिद्धांत विचार लीला, ब.ली., पृ. 45
3. प्रस्तुत लेखक को गौतमीय तंत्र की उपलब्ध प्रति में यह कथन प्राप्त नहीं हो सका है।
4. ध्रुवदास : अनुरागलता लीला, बयालीस लीला, पृ. 240-241

तब हँसि बोली राधिका सखि कत पूँछत मोहिं।
जो मेरे मन में बसै सो मोहत है तोहिं।।

—स्वामी रसिक देव : सि. के दोहा 5, 6

सहचारियाँ इस रस क्रीड़ा की अनिवार्य अंग हैं। 'सखी' संप्रदाय में तो हरिदास स्वामी को खिलाड़ी तथा लाड़िली लाल को खेल कह दिया गया है। इस प्रकार खेल खिलाड़ी के वश में रहता है।[1] प्रेम की उत्तुंग तरंगों वाली नदी में विहार के आवर्त में पड़े युगल को सखी ही अपने साहस से किनारे लाती हैं।[2] यह लीलारस सखियों के लिए ही है।[3] इन सखियों का प्रेम सर्वोपरि है, इसके ऊपर न और सुख है न और रस।[4] लाल लाड़िली के प्रेम से ही इन सखियों का प्रेम भी सरस है :

लाल लाड़िली प्रेम ते सरस सखिनु को प्रेम।
अटकी हैं निजु प्रेम रस, परसत तिनहिं न नेम।[5]

सखियाँ ही इस रस की इस प्रकार प्रेरक भी हैं और वे इस प्रेम-रस का आस्वादन भी करती हैं। युगल-रूप भी रस-रूप है—'रसोवैसः' तथा भोक्ता और भोग्य (लाल और लाड़िली) रूप में प्रकट होकर आस्वादक भी हैं। इस प्रकार हम कह सकते हैं कि रस ही कार्य है, रस ही कारण है और रस ही प्रयोजन है।[6] प्रिया प्रियतम एक हैं, वे रस के लिए ही दो हैं और जीव स्थानीया सहचरियों का भी परम प्रयोजन इस रसकेलि का आनंद लेना है। गौड़ीय वैष्णव 'प्रेमा पुमर्थो' महान् तक पहुँचे थे, पर इन्होंने एक कोटि और आगे स्थापित की कि युगल प्रेम का रस ही परम पुरुषार्थ है। केवल प्रेम कह देने से तो स्वयं भगवान् के प्रति किसी भी भाव से (प्रिया भाव से भी) भजन हो सकता है, पर इस रसचिंतन में

1. ललितकिशोरी देव : सिद्धांत की साखी 773 एवं 841
2. तरुन तरंगिनि में परे उरझे वार सिवार।
   पैरहिं साहस सषी के अति आवर्त विहार।। 129
   श्रमहि निवारत कर धरत, कबहूँ लावत तीर।
   श्रीबिहारिनिदास हुलास मन देत अधीरन पीर। 130
   —बिहारिणिदास : सिद्धांत दोहा।
3. दिव्य केलि कल जगल विराजैं।
   लीलारस सखियन हित काजैं।
   —गो. हितरूपलाल : रस रत्नाकार, हस्तलिखित प्रति।
4. ध्रुवदास : सिद्धांत विचार लीला, ब.ली., पृ. 45
5. वही, प्रेमलता लीला, 245
6. जब रसिकन पै रस सुनि पायो, रसै समुझि रसिकन में आयो।
   रस स्वादी रस स्वाद बतायो, स्वाद पाइ रस गाइ बताओ।
   —स्वा बिहारिणिदास : रस के चौबोला, सं. 15

इसके लिए अवकाश नहीं छोड़ा गया। रसिक उपासक का प्रेम युगल-स्वरूप लाल-लाड़िली की प्रेम-मदन मयी केलि से रस रूप बना रहता है। जो प्रेम श्यामा-श्याम के हृदयों में प्रवाहित है, उसी का प्रकाश उपासक के चित्त में भी है। इस प्रकार यह रस अनुकार्य-निष्ठ होते हुए भी सामाजिकनिष्ठ भी हो जाता है। इसे विवेचकों ने 'वृंदावन-रस' [1] कहना चाहा है। वृंदावन-रस इसलिए कि इसमें ब्रजलीला की मर्यादाएँ नहीं हैं। यों इसे उज्ज्वल रस, मधुररस आदि नामों से प्राचीन वाणीकारों ने अभिहित किया है। इस रस की प्रकृति को ठीक ही पहचान कर हरिराम व्यास ने कहा था :

यहि रस नवधा भक्ति उबीटी,
रति भागौति कथा की।
रहनि कहनि सब ही तें न्यारी,
'व्यास' अनन्य सभा की।

—व्यास वाणी, पद 76 (भ.कवि. व्यास जी, पृ. 211)

रस संबंधी इन अंतरों के होते हुए भी यह भक्ति अपने चरित्र और स्वभाव में रागानुगा ही है। ब्रज के जनों की भक्ति रागात्मिका कही गई है तथा उनका अनुकरण करनेवाली भक्ति रागानुगा है जिसमें कि विधि-निषेध की मर्यादा नहीं होती। कूलों को उचारती नदी सी इसकी गति होती है। ठीक वही स्थिति नित्यविहारोपासकों की भी है। अंतर इतना ही है कि वहाँ ब्रज के परिकर में अनेक भावनाओं वाले व्यक्ति हैं पर यहाँ पाँच सखियाँ हैं अतः उन सखियों के ही गुणों का गान करते हुए उनकी सेवा को ही हृदय में विचारते रहना चाहिए। ध्रुवदास ने 'सिद्धांत-विचार लीला' में स्पष्ट कहा है या रस की अधिकारनी सखी हैं कै जिन भक्तनि के सखियन को भाव है। [2] उनका निर्देश है कि "इनको भाव धरि याही रस की उपासना में कपट छाँड़ि भ्रम छाँड़ि निशिदिन मन दें यह विचार में रहै।" [3] अन्यत्र उन्होंने सखियों के नाम, रूप एवं क्रिया आदि की चर्चा करते हुए कहा है कि 'गौतमी तंत्र' में इन सबके नाम दिए हुए हैं, सबसे प्रथम इनके चरणों की वन्दना करके स्यामास्याम का सेवन करो। सखियों की इस सेवा को जो नित्त विचारता रहता है उसे यह प्रेम-रस निश्चित ही मिलता है तथा उसी सुख से उसका चित्त रंगीन रहता है।[4] इस स्थिति पर पहुँचने के लिए आवश्यक है कि मन से

1. रसिक अनन्यनि कृपा मनाऊँ, वृंदावन रस कछु इक गाऊँ,
—ध्रुवदास : रस मुक्तावली, ब.ली., पृ. 147
2. ध्रुवदास : ब.ली., पृ. 49
3. वही, पृ. 45
4. वही, रस मुक्तावली लीला, पृ. 152

पुरुष-भाव एकदम समाप्त हो जाए। रागानुगा की श्रेष्ठतम अवस्था यही तो है, जब भक्त अपनी भौतिक देह के स्थान पर भावदेह ग्रहण कर लेता है।[1] नित्य विहार की इस साधना का परिणाम और फल यही है कि जब तक यह हाड़-मांस का शरीर है तब तक प्रिया का भजन एवं तन छूट जाने पर प्रिया के संग के नित्य परिकर में प्रवेश।[2] रागानुगा के समान ही विधिनिषेष के जंजाल को दूर करके ही स्वा. हरिदास की पद्धति प्रारंभ हुई है।[3]

श्री बाँके बिहारी जी की सेवा पद्धति में स्वा. हरिदास जी ने विधिनिषेध को निकालकर रसोपासकों की माधुर्य की भावना के अनुकूल पूजा-पद्धति बताई।[4] राधावल्लभ संप्रदाय के मुख्य भक्त एवं सिद्धांत प्रतिपादक सेवक जी का भी मत है 'या रस में विधि नहीं निषेध, तहाँ न लगन ग्रहन के वेध, तहाँ कुदिन दिन में कछु नहीं। नहीं शुभ अशुभ मान अपमान, स्नान क्रिया जप तप नहीं।''[5] भक्ति में न जनेऊ का प्रश्न है न जाति का।[6] वास्तव में विधि-निषेध के बंधन तो अन्य धर्म रूपी मृगों के लिए हैं, भागवत धर्म तो केहरि के समान निर्बन्ध है, उसके लिए इन नियमों की क्या आवश्यकता।[7] यहीं पर इतना ध्यान दिला देना हम आवश्यक समझते हैं कि विधि-निषेध की मर्यादा के उल्लंघन का तात्पर्य सामाजिक आचार एवं नैतिक मर्यादाओं का अस्वीकरण नहीं है। समस्त भक्ति संप्रदायों में नैतिकता, वैराग्य, परोपकार, निरभिमानता, अक्रोध, करुणा और सहानुभूति आदि नैतिक मानवीय मूल्यों को महत्त्वपूर्ण माना गया है। इन भक्तों का नैतिक प्रदेय

---

1. सखी भाव तब जानिए, पुरस भाव मिट जाई
   —स्वा रसिकदेव : सिद्धांत के दोहा, 13
2. जौं तन रहे तो प्रिया भजै, तन छूटे प्रिया संग,
   दोउ विधि आनंद अति निरषैं केलि अमंग।
   —ललित किशोरी देव : साखी 323
3. रसिक अनन्य हरिदास जू, गायो नित्य विहार.
   सेवा हू में दूरि किय विधि निषेध जंजार।
   —ध्रुवदास : भक्तनामावलि लीला, पृ. 28
4. गोपालदत्त शर्मा : स्वामी हरिदासजी का संप्रदाय और उनका वाणी साहित्य, पृ. 441 (अप्र. प्र.)।
5. सेवक वाणी, पृ. 82
6. 'भक्ति में कहा जनेऊ जाति',
   —हरिराम व्यास : पद 104 (भक्त कविव्यासजी, पृ. 217)
7. विधि निषेध के बन्ध हैं और धर्म मृग मानि।
   केहरि पुनि निर्बन्ध है, भगवत धर्महि जान।
   —ध्रुवदास : भजन संत लीला, ब.ली., पृ. 72

वास्तव में अपने आप में एक स्वतंत्र अध्ययन का विषय है, इसीलिए हम उसे यहाँ विस्तार से विवेचित नहीं कर रहे हैं। विस्तार में जाना हमारे लिए प्रसंगांतर भी होगा। वस्तुतः विधि-निषेध के अस्वीकरण का तात्पर्य मात्र इतना है कि बाह्य साधनों पर अधिक अवलम्बित रहने की अपेक्षा अपने वैयक्तिक परिष्कार, चिंतन (कंटेम्प्लेशन) एवं प्रभुकृपा पर अधिक विश्वास रखना चाहिए। इन संप्रदायों में साधन भक्ति (वैधी भक्ति, मर्यादा भक्ति, गौणी भक्ति, विहिता भक्ति, अपरा भक्ति, शास्त्र-भक्ति आदि) का कोई स्थान न होकर मात्र फल-भक्ति (रागानुगा, प्रेमा, परा, अविहिता, साध्य, पुष्टि आदि) का ही विवेचन हुआ है।

रामोपासक संप्रदायों में भी रागानुगा भक्ति ही विकसित हुई है। जो छोटे-मोटे अंतर प्राप्त होते हैं, वे राम की ऐतिहासिक-पौराणिक लीला के आग्रह के कारण हैं। जब कि कृष्ण के प्रसंग में द्वारका-मथुरा की लीलाओं को उपेक्षित करके माधुर्य-भाव को ही सर्वोत्तम बताया जा सका था, वहीं पर राम का राजा रूप इतना अधिक प्रतिष्ठित था कि उसकी उपेक्षा संभवतः साधारणीकृत भावन के विपरीत बैठती। इसी कारण माधुर्य के साथ ऐश्वर्य-भाव भी उस साधना में प्रतिष्ठित बना रहा।[1] ऐश्वर्य भाव की इस स्वीकृति के कारण परिकर, धाम, सेवाविधि एवं भाव संबंधों में भी कुछ छूट देनी पड़ती है। जिस समय नित्यविहारोपासना में लोग स्वीकार करते हैं, उस समय भी ऐसे जनों की कल्पना अनिवार्य हो जाती है। जो राज्य की व्यवस्था करते हैं, परामर्श देते हैं या अन्य ऐसी व्यवस्थाएँ करते हैं जिससे कि युगल के विहार में व्याघात न उपस्थित होने पाए। परिकर का यह विस्तार हो जाने से शांत, दास्य, सत्य या वात्सल्य के वे संबंध जीवित रूप से स्वीकृत हो जाते हैं जिनका कृष्ण-भक्ति-माधुर्य के वेग में कृष्णोपासक संप्रदायों में अभाव हो गया था। राजा को राजभवन में अनिवार्य रूप से रहना ही चाहिए, बन-विपिन उनके लिए कुछ काल के लिए ही हो सकते हैं। इसी कारण वृंदावन धाम जैसी कल्पना इस संप्रदाय में नहीं हुई। कनकभवन अवश्य कल्पित हुआ पर वृंदावन का जैसा माहात्म्य प्रतिष्ठित नहीं हुआ। वास्तव में रामोपासकों में सखी-भावना एवं गोपी-भावना जैसा स्पष्ट अंतर बहुत विकसित नहीं हुआ। सीता की भी श्रेष्ठतम परिणति इस संप्रदाय में वैसी नहीं हुई जैसी कि कृष्णोपासक, राधावल्लभीय या ललित-संप्रदाय में हुई है। इसे हम यों भी समझ सकते हैं कि रामोपासकों में विविध संप्रदायों का स्पष्ट विभाजन एवं धारणाओं का स्पष्ट अंतर नहीं हुआ। गद्दियाँ एवं

1. गहि केवल ऐश्वर्य करि, माधुरि रीति में अंक।
तेहिं न उपासक मानिये, महारुक्ष मति रंक।।
गहि केवल माधुर्य पुनि, धरै न चित्त ऐश्वर्य।
रसिक ताहि नहि मानिये, राम उपासक वर्य।।
—जनकराज किशोरी शरण : रसिक अली। अनन्य तरंगिणी, पृ. 3

अखाड़े अलग हुए पर जैसे संप्रदाय वृंदावन में अलग-अलग विकसित हुए हैं उसका रामोपासकों में अभाव रहा है। इसी कारण रामोपासना अधिक समन्वय-प्रधान रह सकी है। संभवतः इसी कारण डॉ. भगवती प्रसाद सिंह ने उसे 'मध्यम मार्ग' की साधना कहा है।[1] परंतु इन कतिपय लीला-संबंधी अंतरों के होते हुए भी रस-दृष्टिकोण रामोपासकों का गौणीय वैष्णवों से अभिन्न है। जो कुछ वहाँ कृष्ण एवं राधा को ध्यान में रखकर कहा गया है, उसी को राम एवं सीता तथा परिकर के लिए अपने पक्ष में मोड़ लिया गया है। मूल रस-दृष्टि की इस एकता के कारण ही हम उसका अलग से विवेचन नहीं कर रहे हैं।

जहाँ तक निर्गुणवादियों के रस-दर्शन का प्रश्न है, उसे पंच भक्तिरसों के विभाजन के अंतर्गत लाया तो जा सकता है, परंतु एक विशिष्टता को ध्यान में रखना होगा कि वे लोग किसी प्रकार की ऐतिहासिक-पौराणिक सगुण-लीला एवं अवतारतत्त्व का स्वीकार नहीं करते। इस कारण रागानुगा विधि उन पर लागू नहीं होती। अपने भीतर पूर्ववर्ती किसी व्यक्ति के भावों को जगाने के स्थान पर प्रत्यक्ष रूप से (बिना किसी माध्यम के) प्रभु से संबंध जोड़ते हैं। पर प्रभु की कोई सगुण-साकार कल्पना भी उन्हें स्वीकार नहीं है, दूसरी ओर भक्ति में प्रभु के साथ एक निजी संबंध की कल्पना अनिवार्य है। इस द्वैध स्थिति में एक ही रास्ता शेष रहता है कि भगवान् के लिए प्रतीक-पद्धति में ही वे जनक, जननी, स्वामी, व राजा, प्रियतम या भरतार हो जाते हैं। एवं भक्ति के आवेश में जब ये प्रतीक वास्तविकता ग्रहण करने लगते हैं तो उसे हम रागात्मिका भक्ति कह सकते हैं न कि रागानुगा।

सूफियों में भी प्रेम-प्रतीक वाली भाव-पद्धति ही स्वीकार्य है, पर काव्य के क्षेत्र में उसका प्रकाशन कहानी के माध्यम से होता है। स्पष्ट है कि कहानी में पात्र, घटनाएँ, परिस्थितियाँ एवं स्थल विशेष होंगे। इस रूप में एक प्रकार की लीला-कल्पना अपने आप हो जाती है सूफी साधक इस प्रकार सगुण-लीला गायकों के कुछ निकट आते प्रतीत होते हैं। पर एक दूसरा अंतर यहाँ ध्यान में रखना होगा : सगुणोपासकों की लीला ऐतिहासिक एवं पौराणिक संदर्भों द्वारा अनुकूलित होकर जन-मानस में प्रतिष्ठित रहती है एवं गौड़ीय वैष्णवों आदि को उस सीमा के भीतर ही सिद्धांत-कथन तथा कलात्मक अभिव्यंजनाएँ करनी पड़ी हैं। पर सूफियों के सम्मुख ऐसा कोई बंधन नहीं रहता। वे कथा का संघटन, प्रतीकों एवं अभिप्रायों का प्रयोग अपने मनोनुकूल करने के लिए स्वतंत्र होते हैं। इतना ही नहीं, कथा के ये पात्र, घटनाएँ आदि भी प्रतीक ही होते हैं। अतः यदि कहानी का तत्त्व अलग कर दिया तो अपनी प्रतीक-पद्धति एवं भक्ति-योजना में ये निर्गुणोपासकों के निकट आ जाएँगे। इतना अवश्य है कि कहानी तत्त्व एवं सुंदर वस्तु में परमात्मा का स्वरूप देखने की प्रवृत्ति के कारण सूफियों की अभिव्यक्तियाँ अधिक भाव-प्रवण एवं रसात्मक प्रतीत होने लगती हैं।

---

1. रामभक्ति में रसिक संप्रदाय, पृ. 148

8

कबीर के निर्गुण राम और उनकी भक्ति

आचार्य हजारी प्रसाद द्विवेदी ने अपने प्रसिद्ध ग्रंथ 'कबीर' में लिखा है—'हिंदी-साहित्य के हजार वर्षों के इतिहास में कबीर जैसा व्यक्तित्व लेकर कोई लेखक उत्पन्न नहीं हुआ। महिमा में यह व्यक्तित्व केवल एक प्रतिद्वंद्वी जानता है—तुलसीदास।' ऐसा महिमाशाली व्यक्तित्व यदि तमाम आलोचना-प्रत्यालोचना का विषय बना हो तो कोई आश्चर्य की बात नहीं। नाना पंडितों ने नाना भाव और नाना दृष्टियों से कबीर को समझने की चेष्टा की है। अनेक कारणों से कबीर में कुछ ऐसी परस्पर-विरोधिनी प्रवृत्तियाँ एवं असंगतियाँ सस्वर विद्यमान हैं कि कबीर पर नाना भाँति की शंकाओं का होना स्वाभाविक है। इस संत के उपास्यदेव राम एवं उनकी साधना-पद्धति अत्यधिक विवादास्पद विषय हैं। विद्वानों ने विभिन्न भाव-भूमियों एवं दार्शनिक सिद्धांतों की भूमिका में उन्हें परखा है।

कबीर कुछ ऐसे संक्रांति-काल में उत्पन्न हुए थे कि विभिन्न साधनाओं के संपर्क से उन्हें गुजरना पड़ा था। योग, ज्ञान, भक्ति, तंत्र, मंत्र, इस्लाम एवं अन्य अनेक लोक-साधनाओं एवं प्रचलित विश्वासों ने उन्हें प्रभावित किया था। आचार्य क्षितिमोहन सेन ने एक स्थल पर कहा है, 'कबीर की आध्यात्मिक क्षुधा एवं आकांक्षा विश्वग्रासी है। वह कुछ भी छोड़ना नहीं चाहती; इसलिए उन्होंने हिंदू, मुसलमान, सूफी, वैष्णव, योगी, प्रभृति सभी साधनाओं को जोर से पकड़ रखा है।' परंतु जिस प्रकार अनेक साधनाओं की समन्विति उनकी साधना-पद्धति में हुई, उसी प्रकार ग्रहणशीलता और वर्जनशीलता दोनों ही उनमें इकट्ठी आकर मिलीं। आचार्य सेन ने उनकी ग्रहणशीलता की ओर संकेत किया है, परंतु वर्जनशीलता भी उनमें कम नहीं है। ग्रहणशीलता भावक्षेत्र (आध्यात्मिक क्षुधा) की बात है, आचार के क्षेत्र एवं प्रक्रिया के स्वरूप में वे सर्वथा वर्जनशील हैं। यह आतंरिक विरोध ही कबीर के संबंध में होनेवाले विवाद का मूल कारण है। उनके साहित्य की सबसे बड़ी

असंगति यही है। परंतु इसके साथ ही एक बड़ा प्रमुख तथ्य और है, कि निरक्षर होने के कारण उन्हें विविध शास्त्रों के जटिल विधानों और नाना मतमतांतरों की दार्शनिक भूल-भुलैयों में न उलझना पड़ा था। वे सच्चे अर्थ में साधक, जिज्ञासु और भक्त थे। उस युग के दो कोटि के संतों—लोकवेद-पंथी एवं अनभौ साँच पंथी—में वे दूसरी कोटि के थे। इसी कारण नाना विरोधी स्वरों के भीतर से निकल कर भी प्रत्यक्ष अनुभव, आत्मविचार और गहन चिंतन के फलस्वरूप उनकी साधना-पद्धति का एक स्पष्ट और सुव्यवस्थित स्वरूप हमें उपलब्ध होता है।

इस निबंध में हमें कबीर के राम को भारतीय उपासना की पृष्ठभूमि में रख कर देखना है। भारतीय विचारधारा के पंडितों का मत है कि कर्मफलवाद अनार्य चिंतन की देन है। कर्मफलवाद के स्वीकार कर लिए जाने पर चिंतन-प्रवण मनीषा ने दुःख से आत्यंतिक निवृत्ति के लिए जगत् का अध्ययन न करके आत्मा का ध्यान प्रारंभ किया। आत्मा के स्वरूप, उसकी अवस्था एवं लक्ष्य पर विचार होने लगा। हम यह जाँचने लगे कि यह कंचन है अथवा काँचमात्र ही। बौद्धों के अनात्मवाद ने आगे चल कर इस प्रकार की परीक्षा एवं तर्कों को बड़ा बल दिया। अस्तु हमने यह स्वीकार किया कि यह वास्तव में कंचन ही है काँच नहीं, अज्ञान अथवा अविद्या के कारण यह काँच प्रतीत होता है। इस अज्ञानता का भी कारण गुण माना गया। अतः गुणातीत अवस्था लाने की आवश्यकता प्रतीत हुई। इस अवस्था की प्राप्ति के लिए विद्वानों ने अपरोक्ष ज्ञान की आवश्यकता बतलाई। ज्ञानी ने कहा कि प्रत्यय की आवृत्ति होनी चाहिए। विद्यारण्य स्वामी ने माण्डू, केन, प्रश्न आदि उपनिषदों के आधार पर यह हठपूर्वक सिद्ध करने की चेष्टा की कि अद्वैत अथवा निर्गुण उपासना का विषय हो सकता है :

निर्गुण ब्रह्म तत्वस्य न ह्युपास्तेर संभवः।
सगुण ब्रह्मणीवात्र प्रत्ययावृत्ति संभवात्।।
अवाङ्मनसगम्यं तन्नोपास्यीमितिचेत्तदा।
अवाङ्मनसगम्यस्य वेदनं न च संभवेत।।

(पंचदशी, 9-55, 56)

परंतु मध्ययुग के एक अन्य उद्‌भट विद्वान् पं. मधुसूदन सरस्वती ने पंचदशी की इस अद्वैत साधना का खंडन किया। उन्होंने भगवान् के अनुग्रहकारी रूप की उपासना को स्वीकार किया। मधुसूदन सरस्वती ने कहा है :

एवं च एतस्य चतुर्मुख
चतुर्भुजस्य भक्तानां अनुग्रहार्थं।

विद्वानों ने कबीर को निर्गुणोपासक बताते हुए उसका औचित्य पंचदशीकार विद्यारण्यस्वामी के कथन द्वारा सिद्ध करने की चेष्टा की है। परंतु जैसा कि पूर्व

ही श्री मधुसूदन सरस्वती इसका खंडन कर चुके हैं, निर्गुण की उपासना और भक्ति संभव नहीं है। कबीर भी निर्गुण की उपासना केवल कहते भर हैं, पर करते उपासना सगुण की ही हैं। सिद्धांत में कबीर निर्गुणोपासक हैं, व्यवहार में नहीं। कहते हैं, ऐसा ही आंतरिक विरोध टाल्स्टाय में भी पाया जाता है। उनके उपदेश, नीति आदि आदर्शों और कलात्मक कृतियों के मध्य सामंजस्य की रेखा बैठाना किंचित् कठिन है।

बहुधा लोग अवतारवाद को सगुण का पर्याय मान लेते हैं पर वास्तव में अवतार को न मान कर भी त्रिगुणों से युक्त कर देने पर ब्रह्म सगुण हो जाता है। कबीर ने क्षमा, दया, भक्तवत्सलता आदि अनेक गुणों का उस पर आरोप कर दिया है। उनका राम भक्त के दुःखों को भली-भाँति जानता है :

भगति का दुख राम जानैं कहै दास कबीर।

कबीर अवतारवाद को नहीं मानते, मूर्तिपूजा उसके प्रत्यक्ष स्वरूप में नहीं करते, परंतु मूर्ति के स्थान पर गुरु को उन्होंने अवश्य लिया है।

मनोविज्ञान भी कहता है कि जब तक हमारे निकट कोई स्पष्ट स्वरूप न हो रति पुष्ट नहीं हो सकती। अंधा स्वरूप की स्पष्ट कल्पना नहीं कर पाता इसी कारण उसकी रति पुष्ट नहीं होती। अतः निर्गुण साधक जिस किसी भी समय राम के शुष्क क्षेत्र से भक्ति की रागात्मिका भूमि पर आते हैं, उसी समय वे सगुणवादियों की सारी विधियों को ले लेते हैं एवं ब्रह्म को गुणयुक्त बना डालते हैं। प्रत्येक ज्ञानी अथवा योगी ने भक्ति की उल्लास और आवेशमयी स्थिति में ऐसा ही किया है। पंचेन्द्रियों के लिए रूप-कल्पना आवश्यक है। कबीर ने कहा है :

जिहि घट प्रीति न प्रेम रस, फुनि रसना नहिं राम।
ते नर इस संसार में, उपजि बए बेकाम।।

इस प्रीति-प्रेमरस के स्थायित्व के लिए राम में रूप और गुण की प्रतिष्ठा अनिवार्य होती है। इसके अतिरिक्त भक्ति के आश्रय और आलंबन की आवश्यकता होती है; ब्रह्म भी 'एकाकी न रमते'। कबीर ने भी उसकी गुरु, पिता, माता, पति आदि रूपों में कल्पना की है।

यहीं पर एक बात मैं और कह देना चाहता हूँ कि पति-रूप में उपासना कबीर पर सूफी प्रभाव नहीं है, बल्कि वह विशुद्ध रूप से भारतीय है। जो बात शाक्तागमों एवं शैवागमों में प्रतीक रूप से थी, वही सहजिया संप्रदाय में वस्तु-रूप से आ गई। वैष्णव काव्य पर शृंगाररस का प्रभाव सहजिया संप्रदाय की देन है, जिसे बाद में चैतन्य महाप्रभु ने शास्त्रीय स्वरूप दे दिया। कबीर पर उसी परंपरा का प्रभाव है; उसका रहस्यवाद भारतीय नारी का आदर्श है, ईरान का इश्क नहीं।

डॉ. हजारी प्रसाद द्विवेदी एवं श्री पुरुषोत्तम श्रीवास्तव, प्रभृति विद्वानों ने

निर्गुण उपासना का समर्थन करते हुए पंचदशी का ही तर्क दिया है कि यदि निर्गुण भक्ति और उपासना का विषय नहीं तो फिर वह ज्ञान का भी विषय नहीं हो सकता। पर हमें यहाँ पर एक सूक्ष्म अंतर को दृष्टि में रखना है, अद्वैत साधना में मन को मारना होता है परंतु भक्ति में एक केंद्र पर लगाना होता है। ज्ञान बुद्धि का विषय है, मस्तिष्क से संबंधित है तभी तो महावाक्य चिंतन के साथ विचार का संबंध आचार्य द्विवेदी ने भी स्वीकार किया है, और यह तो सभी स्वीकार करेंगे कि विचार और चिंतन का संबंध मस्तिष्क और बुद्धि से ही है। पर भक्ति का संबंध अनुरक्ति से है; 'भक्तिः परानुरक्तिरीश्वरे' अनुरक्ति का संबंध राग से है एवं रागात्मिका वृत्ति हृदय की अपनी विशिष्ट प्रवृत्ति है। बुद्धि विश्लेषण-प्रवण होती है और राग संश्लेषण-प्रवण एवं समन्वयवादी। बुद्धि के द्वारा किन्ही तत्त्वों की छानबीन करते हुए ज्ञान की कोटि तक पहुँचा जा सकता है परंतु भक्ति में मन को एक केंद्र पर स्थिर करना होता है। गीता में भगवान् कृष्ण ने कहा है :

ब्रह्मभूतः प्रसन्नात्मा न शोचति न कांक्षति
समः सर्वेषु भूतेषु मद्भक्तिम् लभते पराम्।

इसका भी यही तात्पर्य है कि जब व्यक्ति चारों ओर से मन हटा कर समस्त आकांक्षाओं को त्याग कर सब भूतों को समान भाव से देखता है तभी वह पराभक्ति को प्राप्त करता है। अतः एक केन्द्र की ओर संकेत इस ब्रह्म भूत के लक्षण में भी है। नारद-भक्ति-सूत्र में भी कहा है, 'यत्प्राप्य न किश्चिद्वाञ्धति न शोचति न द्वेष्टि न रमते नोत्साही भवति।'

कबीर ने स्थल-स्थल पर रामनाम की महिमा बड़े जोर से गाई है। सुमिरण कौ अंग तो पूरा इसी महिमा के गान के लिए है। कबीर कहते हैं कि ब्रह्मा और महेश्वर कह गए, और मैं भी कहे जाता हूँ, कि एक रामनाम ही सार-वस्तु है। 'सुमिरन ही सार है बाकी सब तो जंजाल है।' और कहाँ तक कहा जाए रामनाम से विमुख व्यक्ति तो वेश्या के पुत्र की भाँति है। अतः कबीर साहब का स्पष्ट मत है कि राम (निर्गुण ?) के अमृत गुण गाकर उसे रिझा लें।

कबीर राम रिझाइ ले मुखि अमृत गुण गाइ।
फूटा नग ज्यूँ जोड़ि मन संधे संधि मिलाइ।।

कबीर द्वारा बहुसमर्थित यह नामजप भी सर्वथा सगुणोपासना का ही द्योतक है। ऊपर वाली साखी में तो स्पष्ट रूप से राम के अमृत गुण गाने की सिफारिश है। नामजप में भी स्वरूप की प्रतिष्ठा मनोविज्ञान के भी अनुसार अनिवार्य है। मन को राम की ओर उन्मुख करने में किसी-न-किसी प्रकार की आकृति और गुण की कल्पना करनी ही होगी, अन्य कौन किसके सम्मुख जप करेगा ! कबीर ने एक स्थल पर बड़े ही मार्मिक ढंग से कहा है :

पंच संगी पिव-पिव करैं, घटाजु सुमिरै मन्न।
आयी सूति कबीर की, पाया राम रतन्न।।

'राम रतन' को एक निश्चित आकार अथवा गुण देने पर ही पंचेंद्रियाँ पिव-पिव की रट लगाएँगी।

निर्गुणपंथी और भक्त में एक भेद और भी है—निर्गुनिया कहता है, कि विराट् तू इसी शरीर में समा जा; परंतु भक्त कहेगा—प्रभु, मैं भी तेरे विराट् राज्य में हूँ। कबीर तो उसके विराट् राज्य की सबसे हीन प्रजा बन जाते हैं :

कबीर कूता राम का मुतिया मेरा नाउँ।
गलै राम की जवड़ी, जित खैंचै तित जाउँ।।

एवं उसे स्पष्ट रूप से विराट् में परिव्याप्त बताते हैं :

प्यंड ब्रह्मंड कथै सब कोई,
वाकै आदि अरु अंत न होई।
प्यंड ब्रह्मंड छोड़ि जे कहिए,
कहै कबीर हरि सोई।।

निर्गुण राम के समर्थन के सिलसिले में आचार्य द्विवेदी ने गुरुदेव रवीन्द्रनाथ ठाकुर का कथन उद्धृत किया है; पर उसी कथन के द्वारा हमारे विचार से निर्गुण का प्रत्याख्यान हो जाता है। कथन यों है—'कुछ लोग कहते हैं कि उपासना में प्रार्थना का कोई स्थान नहीं; उपासना मात्र ध्यान है—ईश्वर के स्वरूप को मन-ही-मन उपलब्ध करना है। यह बात मैं स्वीकार कर लेता, यदि जगत् में मैं अपनी इच्छा का कोई प्रकाश न देख पाता। हम लोहे से प्रार्थना नहीं करते, पत्थर से प्रार्थना नहीं करते—उसी के निकट अपनी प्रार्थना प्रकट करते हैं, जिसमें इच्छा-वृत्ति हो।' निर्विकार ईश्वर पर इच्छा-गुण का आरोप स्पष्ट रूप से इस कथन से हो जाता है। मैं नहीं समझता, सगुणवाद का इससे अधिक समर्थन क्या हो सकता है ! यह तो हुई व्यवहार-पक्ष की बात; अब उनके सिद्धांत-पक्ष के निर्गुण के बारे में विचार कर लेना चाहिए। कबीर का निर्गुण वास्तव में नकारात्मक नहीं है, वह नागार्जुन के शून्य की भाँति किन्हीं अंशों तक सकारात्मक है। 'भाव-अभाव बिहूना' भावाभावीवनिर्मुक्त। वह परात्पर और सर्वव्यापी भी है। 'खालिक खलक और खलक खालिक' है। यह सर्वव्यापकता यह भी पता नहीं लगने देती 'सुनु सखि पिउ महि जिउ बसै, जिउ महि बसै कि पीउ'। एक जगह उन्होंने कहा है :

बाहर कहौं तो सतगुरु लाजै,
भीतर कहौं तो झूठा लो।
बाहर भीतर सकल निरंतर
गुरु परतापै दीठा लो।।

यदि यहीं पर हम कबीर के इस निर्गुण (?) की भक्ति के संबंध में भी विचार कर लें तो संभवतः अधिक अप्रासंगिक न होगा। यह तो निर्विवाद ही है कि वे भक्त थे। प्राचीन समय में नाभादास ने उन्हें भक्त मान कर ही भक्तमाल में पिरोया था। आचार्य हजारी प्रसाद द्विवेदी ने लिखा है, 'कबीर दास का यह भक्त-रूप ही उनका वास्तविक रूप है। इसी केंद्र के इर्द-गिर्द उनके अन्य रूप स्वयमेव प्रकाशित हो उठे हैं।'

ज्ञानी की ही भाँति एकाग्रता के मार्ग के सबसे बड़े बाधक अहंकार से वे सावधान थे। तभी तो उन्होंने कहा था :

माया तजी तौ का भया, मानि तजी नहिं जाइ।
मानि बड़े मुनिपर गिले, मानि सबनि कौं खाइ।।

तथा इसी कारण—'मुआ मन हम जीवत देखा'। यह एक मनोवैज्ञानिक सत्य है कि व्यक्ति सारे ऐश्वर्यों, सुखोपभोग की सम्पूर्ण सज्जाओं एवं विलास के समस्त उपकरणों का त्याग कर सकता है; प्रिय एवं परिजनों को छोड़ सकता है, परंतु अहं का परित्याग उसके लिए नितांत दुष्कर है। मान, प्रशंसा और अहंकार उसे सदा अभिभूत कर लेते हैं।

भक्ति की व्याख्या करते हुए 'भक्ति रसामृत सिंधु' में कहा गया है :

अन्याभिलषिता शून्यं ज्ञान कर्माधनावृत्तम।
आनुकूल्येन कृष्णानुशीलनं भक्ति सत्तमा।।

'अनुकूल भाव से भगवान् के विषय में अनुशीलन करना ही भक्ति है। यह अनुशीलन ज्ञान और कर्म से ढका हुआ नहीं होना चाहिए और न अनुशीलन करने वाले के हृदय में भगवान् की भक्ति के सिवा और कोई अभिलाषा होनी चाहिए।' नारद भक्ति-सूत्र में 'फल रूपत्वात्' होने के कारण भक्ति को कर्म ज्ञानयोगेभ्योऽप्य धिकतरा कहा गया है; क्योंकि भक्ति तो स्वयं फल है, जब कि ज्ञान, योग आदि का फल ब्रह्म है। कबीर ने भी इस निष्कामता की ओर संकेत करते हुए कहा है :

जब लगि भगति सकामता तब लगि निर्फल सेव
कहैं कबीर वै क्यूँ मिलै, निहकामी निज देव।

तथा अनाश्रयाणांत्यागोऽनन्यता के अनुसार वे कहते हैं :

मैं गुलाम मोहिं बेंचि गुसाईं,
तनमनधन मेरा रामजी के ताईं।

अनन्यता और समर्पण की इस पराकाष्ठा में एक दशा ऐसी आती है, जब भक्त भगवान् पर अपना पूर्ण अधिकार समझने लगता है; कबीर भी इस स्थिति में आ कर कहते हैं :

नैना अंतर आवतें ज्यूँ ही नैन झँपेउँ।

नाँ हौं देखौं और कूँ; ना तोहि देखन देउँ।।

चरम स्थिति है, जब वे कहते हैं :

कबीर रेख सिंदूर की काजर दिया न जाइ।
नैनु रमइया रमिरहा, दूजा कहाँ समाइ।।

कबीर ने उस 'सात्वस्मिन् परम प्रेम रूपा' भक्ति का गुण-गान भाँति-भाँति से किया है :

भाग बिना नहिं पाइये प्रेम प्रीति की भक्ति।
बिना प्रेम नहिं भक्ति कुछ, भक्ति परयो सब जक्त।।

तथा

राता माता नाम का पीया प्रेम अघाय।
मतवाला दीदार का माँगै मुक्तिबलाय।।

निष्काम भक्त के लिए आत्म-विचार अत्यधिक बहुमूल्य वस्तु है। मध्य-युग के उस अप्रतिम दार्शनिक शंकराचार्य का कहना है :

यथापकृष्टं शैवालं क्षणमात्रं न तिष्ठति।
आवृणोति तथा माया प्राज्ञं वाचि पराङ्मुखम्।।

जिस प्रकार शैवाल को जल पर से एक बार हटा देने पर वह क्षण भर भी अलग नहीं रहता (तुरंत ही फिर उसको ढँक लेता है), उसी प्रकार आत्म-विचार-विहीन विद्वान् को भी माया फिर घेर लेती है। कबीरदास का भी मत है :

कहै कबीर जे आप बिचारै
मिटि गया आवन जाना।

अथवा

जब थै आतम तत विचारा
तब निरबैर भया सबहिन थै,
काम क्रोध गहि डारा

आत्मविचार-विहीन व्यक्ति तो सूखे काठ के समान जड़ और अज्ञानी होता है, वह भगवान् के प्रेम-रस का अनुभव ही नहीं कर सकता।

हरिया जाणैं रूखड़ा, उस पाणीं का नेह।
सूका काठन जाँणई, अम्बर बरस्या मेह।।

स्पष्ट है कि कबीर निष्काम भक्त थे। उनकी साधना-प्रक्रिया सगुण मार्ग का अवलंबन करती है, परंतु दूरदर्शी ज्ञानी होने के कारण मार्ग की बाधाओं को वे भली भाँति जानते हैं और उनसे सावधान रहने के लिए आगाह भी कर देते हैं।

9

सूफी संप्रदाय

सूफी शब्द के व्युत्पत्तिमूलक अर्थों की चर्चा में न पड़, हम उसके उस सामान्य अर्थ को ही इस विवेचन में अपने मन में रखेंगे जिसके अनुसार यह शब्द इस्लामी रहस्यवाद के लिए प्रयुक्त होता है। सन् 800 के लगभग यह शब्द प्रयोग में आया था।[1] तथा शीघ्र ही 50 वर्षों के भीतर ही यह इराक तक फैल गया एवं 11 वीं शताब्दी तक पहुँचते-पहुँचते यह शब्द संपूर्ण मुस्लिम रहस्यवादियों के लिए प्रचलित हो गया था।[2]

सूफीमत के मूल में तरह-तरह के सामाजिक-आर्थिक कारण विद्वानों ने खोजने चाहे हैं। जिनकी चर्चा यहाँ पर अप्रासंगिक होगी, परंतु इतना संकेत कर देना अनुचित न होगा कि सूफीमत के मूल में परम शक्ति के प्रति जो भक्ति भाव, एकतत्त्व की भावना आदि बातें हैं वे संपूर्ण मानव जाति के अंतरतम के निकट की धारणाएँ हैं। निकलसन ने अबुल हसन अलनूरी का एक कथन उद्धृत किया है कि सूफीमत संसार के प्रति घृणा एवं प्रभु के प्रति प्रेम का प्रकाशन है।[3] जुनेद के अनुसार तसव्वुफ ईश्वर द्वारा पुरुष में व्यक्तित्व की समाप्ति और ईश्वरत्व की उद्बुद्धि का नाम है।[4] अलगजाली ने जगत् में शांतिपूर्वक रहते हुए सदा ईश्वर में लीन रहना ही सूफी का लक्षण माना है।[5] स्पष्ट है कि ये समस्त विशिष्टताएँ समस्त उन्नत धर्मों में स्वीकृत हैं।

---

1. आर.ए. निकल्सन : लिटरेरी हिस्ट्री ऑफ दि अरब्स, पृ. 229
2. एनसाइक्लोपीडिया ऑफ इस्लाम, पृ. 681-682
3. ए लिटरेरी हिस्ट्री ऑफ दि अरब्स, पृ. 392
4. वही, पृ. 392
5. मार्गरेट स्मिथ : अलगजाली : दि मिस्टिक, पृ. 104

विद्वानों ने सूफी मतवाद पर अनेक प्रभाव देखे हैं।[1] इनमें से एक वर्ग सूफीमतवाद को भारतीय साधना से बहुत अधिक प्रभावित देखता है।[2] इन लोगों का कहना है कि ईरान की आर्य विचारधारा ने विजेता इस्लाम धर्म के प्रति जो विद्रोह किया वही सूफीमत के रूप में प्रकट हुआ। परंतु निकल्सन ने अत्यंत जोरदार शब्दों में इस मत का खंडन करते हुए कहा है कि यह सत्य है कि सूफी सिद्धांतों पर इस्लामेतर साधनाओं का भी प्रभाव पड़ा है, पर इस्लाम से ही उसका उद्भव हुआ है। उसके अनुसार इस बात का क्या उत्तर है कि कुछ प्रारंभिक प्रमुख सूफी प्रयोक्ता ईरान के आर्य न होकर सीरिया और मिस्र के थे, तथा जाति से अरब थे।[3] उसने अत्यंत निर्भ्रांत शब्दों में कहा है, सत्य यह है कि सूफीमत एक संकुल वस्तु है और इसलिए इस प्रश्न का कोई सरल उत्तर नहीं दिया जा सकता कि वह कैसे उत्पन्न हुआ है।[4] यों निकल्सन ने ईसाई, नव अफलातूनी, ज्ञानवाद, बौद्धधर्म एवं वेदांत के प्रभाव स्वीकार किए हैं। उसने सूफियों के 'फना' और 'बका' संबंधी विचारों पर बौद्ध विचारधारा का स्पष्ट ऋण स्वीकार किया है।[5] इन प्रभावों के होते हुए भी यह सहज ही कहा जा सकता है कि सूफियों को अपने रहस्य-दर्शन में स्वयं कुरान से भी प्रेरणा मिली है। ईश्वर एक है, तथा कल्याण और दया करने वाला है।[6] वह सर्वव्यापक और सर्वज्ञ है।[7] इस पृथ्वी और स्वर्ग में जो कुछ है उसी का है और अंत में सभी पदार्थ उसी में विलय हो जाते हैं।[8] ईश्वर असीम सौंदर्यमय है,[9] ईश्वर उन्हें प्यार करता है जो सज्जन हैं। कुरान के ऐसे कथनों में रहस्यवाद के बीज विद्यमान हैं। मोहम्मद साहब को कुरान जिस प्रकार उद्भासित हुआ था वह सूफी के लिए अत्यन्त रुचिकर है क्योंकि यह इस बात का प्रमाण है कि मनुष्य से ईश्वर बोलता है।[10] इसी कारण मुस्लिम रहस्यवादी यह आशा

---

1. इसमें संदेह नहीं कि सूफियों को अद्वैतवाद पर लानेवाले प्रभाव अधिकतर बाहरवाले थे। पं. रामचन्द्र शुक्ल : जायसी ग्रंथावली की भूमिका, पृ. 131-132
2. (क) वही, पृ. 132
   (ख) डॉ. मुंशीराम शर्मा : भक्ति का विकास, पृ. 151
3. दि मिस्टिक्स ऑफ इस्लाम, भूमिका पृ. 9
4. वही, पृ. 9
5. वही, पृ. 18
6. योर गाड इज वन गाड, देयर इज नो गाड सेव हिम, द बेनीफिशन्ट दि मर्सीफुल—ग्लोरियस कुरान, 2।163
7. अल्लाह इज आल एम्ब्रेसिंग, आल नोंइग, वही, 50।4
8. वही, 514
9. वही, 3।148
10. ए.जे. आरबेरी : सूफिज्म, पृ. 13

कर सकता है कि वह अपने इस नश्वर जीवन में ही उस अविनश्वर अमृत तत्त्व की झाँकी उपलब्ध कर ले। इस प्रकार सूफी साधना का बीज-वपन मोहम्मद साहब के समय ही हो गया था।

प्रारंभिक 200 वर्षों तक सूफी मतवाद वैराग्य प्रधान रहा है। परंतु इस समय के अंत होते-होते प्रेम की भावना घर करने लगी थी। इसी समय राबिया (800 ई. के लगभग) अपनी भक्ति-भावना में प्रिया की प्रेम-अनन्यता भरकर उपासना करती है। वह ईश्वर के प्रति एक अत्यंत नैकट्य का अनुभव करती थी। सूफीमत में दिव्य प्रेम का सिद्धांत सबसे पहले उसी की रचनाओं में प्रकट हुआ था।[1] एक स्थल पर वह कहती है : ओ मेरे प्रिय, तारे चमक रहे हैं मनुष्यों की आँखें बंद हैं, सम्राटों ने अपने द्वार बंद कर लिए हैं। प्रत्येक प्रेमी अपनी प्रियतमा के पास है और यहाँ मैं एक मात्र तुम्हारे पास हूँ।[2] एक अन्य स्थान पर उसने अत्यन्त भाव-विभोर कंठ से कहा है : ओ ईश्वर ! यदि मैं नरक के भय से तुम्हारी पूजा करती हूँ तो मुझे नरकाग्नि में जला दो, और यदि मैं स्वर्ग की आशा में तुम्हारी उपासना करती हूँ तो तुम मुझे स्वर्ग से निकाल दो, परंतु यदि मैं तुम्हारी उपासना केवल तुम्हारे लिए करती हूँ तो अपने शाश्वत सौंदर्य को मुझसे न छिपाओ।[3]

इस प्रकार ईसवी सन् की नवीं शताब्दी में सूफीमत प्रेम एवं अद्वैत-चिंतन के नए क्षेत्र में प्रवेश करता है। बगदाद में यह साधना अपनी पूर्णता को पहुँचती है। इस साधना में दार्शनिक एवं सैद्धांतिक दृष्टि से 'वायजीद विस्तामी' का नाम बहुत अधिक महत्त्वपूर्ण है। उसने तसव्वुफ में ईश्वर की सर्वव्यापकता, अद्वैतवाद एवं आवेश का तत्त्व समन्वित किया। उसने सबसे पहले फना शब्द का प्रयोग किया था जिसके अनुसार साधक अपनी अहंता को मारकर ईश्वर के प्रति विशेष भाव से समर्पित हो जाता है। जुनून, अल हल्लाज, आदि ने अद्वैतवादी तत्त्व को और अधिक विकसित किया। 11 वीं शताब्दी के उत्तरार्ध में अलगजाली ने शरीयत और तरीकत (शास्त्र एवं व्यवहार) का समन्वय किया।[4] यह इसलिए आवश्यक हो गया था कि धीरे-धीरे सूफी सिद्धांत इस्लाम की मूल विचारधारा से दूर हटते जा रहे थे। गजाली ने उसे पुनः इस्लामी केंद्र के निकट लाने का उद्योग किया।[5] यहीं पर यह भी स्पष्ट कर देना आवश्यक है कि सूफी विचारधारा नवीं शताब्दी से केवल प्रेममार्ग पर ही नहीं चली, ज्ञानमार्गी धारा भी बराबर प्रवाहित रही है,

---

1. आरबेरी : सूफिज्म, पृ. 43
2. मार्गरेट स्मिथ : राबिया दि मिस्टिक, पृ. 27
3. आरबेरी द्वारा पृ. 42 पर उद्धृत
4. युसूफ हुसैन : ग्लिम्सेज ऑफ मेडीवल इंडियन कल्चर, पृ. 35
5. रामपूजन तिवारी : सूफीमत : साधना और साहित्य, पृ. 205

पर प्रमुखता उसकी नहीं थी। सूफी साधना प्रारंभ से ही अपने स्वरूप में वैयक्तिक रही है परंतु धीरे-धीरे यह सामान्य जन को अपनी ओर आकर्षित करने लगी थी। इस कारण यह आवश्यक हो गया था कि सूफी सिद्धांतों को एक व्यवस्थित रूपरेखा दी जाय एवं साधन-प्रणाली का स्पष्ट निरूपण किया जाए। गजाली जैसे लोगों ने सूफीमत की इस दार्शनिकता को इस्लाम की धार्मिकता के साथ समन्वित करके सांप्रदायिक ढाँचे के भीतर व्यवस्थित करना चाहा। सनाई, अत्तार एवं जलालुद्दीन रूमी इसी परंपरा पर आगे चले हैं। 13 वीं शताब्दी तक सूफियों के अनेक छोटे-मोटे संप्रदाय बन गए थे। ग्यारहवीं से तेरहवीं शताब्दी तक सूफियों का स्वर्ण-युग कहा जाता है। जलालुद्दीन रूमी इस युग का अंतिम श्रेष्ठतम कवि था। रूमी में ज्ञानमार्गी एवं प्रेममार्गी दोनों धाराओं का समन्वय भी था एवं इस्लाम की धार्मिकता भी सुरक्षित रही। ज्ञान और प्रेम को इस युग में अलग-अलग करके नहीं देखा गया। यहीं पर सूफियों की एक अन्य विशेषता की ओर इंगित कर देना उचित रहेगा। लगभग प्रत्येक सूफी विचारक ने काव्य रचना की है। यह बात वैष्णव चिंतकों में भी सुरक्षित है। शायद ही कोई वैष्णव चिंतक आचार्य या महंत ऐसा मिले जिसने काव्य रचना नहीं की है। प्रेम प्रधान ईश्वर को जब शास्त्र के विरुद्ध एवं उसके साथ प्रत्यक्ष संबंध अनुचित समझा जाने लगा, तब इन कवियों ने लौकिक प्रेम पात्रों (सुंदर रमणी, किशोर) एवं वस्तुओं के प्रतीकों के माध्यम से अपनी सौंदर्य एवं प्रेम की अनुभूति को व्यक्त करना शुरू किया। यह बात दूसरी है कि प्रेम के इन प्रतीकों का अवमूल्यन और ह्रास होकर ऐंद्रियता भी बढ़ी—ठीक वैसे ही जैसे कि राधा और कृष्ण का ह्रास रीतिकाल की शृंगारिकता में हुआ है।

भारतवर्ष में प्रवेश

उत्तर-पश्चिमी भारत पर तुर्कों के आक्रमण के साथ ही सूफियों का भारत में प्रवेश होता है। संभवतः पश्चिमोत्तर भारत में सबसे पहले सुहरावर्दी संप्रदाय का आगमन होता है, परंतु उनका प्रभाव क्षेत्र बहुत नहीं बढ़ा वे सिंध एवं पश्चिमोत्तर प्रांत तक ही सीमित रहे। प्रभावशाली रूप में चिश्तिया संप्रदाय सबसे पहले भारतवर्ष में प्रतिष्ठापित हुआ था। भारत में इस संप्रदाय को अत्यधिक सफलता मिलने का कारण यह था कि ये लोग नई परिस्थितियों के अनुकूल अपने को बना सकने में समर्थ हुए थे।[1] ख्वाजा मुईनुद्दीन चिश्ती (जन्म 1143 ई.) ने शहाबुद्दीन गौरी के आक्रमण के कुछ पूर्व सन् 1191 में इस संप्रदाय का प्रवेश भारतवर्ष में कराया था।[2] प्रसिद्ध सूफी विचारक अली हुज्विरी (दाता शकरगंज) उसके पूर्व से ही लाहौर में रह रहे

1. यूसुफ हुसैन : ग्लिम्पसेज ऑफ मेडीवल इंडियन कल्चर, पृ. 36
2. सियारुल औलिया (यूसुफ हुसैन द्वारा पृ. 43 पर उद्धृत)

थे। चिश्ती उन्हीं के पास कुछ दिन रहे। तदुपरांत वे दिल्ली और वहाँ से अजमेर चले गए। मुईनुद्दीन के व्यक्तित्व का तत्कालीन भारतीय जनता पर बहुत प्रभाव पड़ा था—विशेषकर छोटे वर्गों के लोग उनकी ओर आकर्षित हुए थे। इस तथ्य के कारण अजमेर-राजा के द्वारा उनको निकलवाने की चेष्टा भी हुई थी जो उनके व्यक्तित्व के प्रभाव के कारण सफल नहीं हो सकी थी।

चिश्ती-संतों को संगीत के आध्यात्मिक मूल्य पर बहुत अधिक विश्वास था एवं वे संगीतज्ञों का अत्यधिक आदर करते थे। संगीत की इन मजलिसों में वे आवेश में आकर मूर्छित तक हो जाते थे। मुईनुद्दीन के शिष्य ख्वाजा कुतुबुद्दीन बख्तियार काकी की ऐसे ही किसी आवेश की अवस्था में मृत्यु हो गई थी। कुतुब साहब के बाद इस संप्रदाय के प्रधान बाबा फरीद गंजशकर हुए और उनके बाद निजामुद्दीन औलिया गद्दी के अधिकारी बने। दिल्ली के तुर्क सुल्तानों से लेकर साधारण जनता तक इनका सर्वत्र आदर था। ये सभी विरागी एवं ऊँची कोटि के साधक थे। कभी भी बादशाहों एवं सामंतों के सम्पर्क को इन्होंने प्रोत्साहन नहीं दिया।

गयासुद्दीन तुगलक जैसे बादशाह तथा धर्मांध मुल्लागण उनके बढ़ते हुए प्रभाव तथा संगीत गोष्ठियों को पसंद नहीं करते थे, परंतु कोई कठोर पग उठाने का उनका साहस नहीं हुआ। निजामुद्दीन औलिया का नाम वास्तव में भारतीय सूफी इतिहास में प्रभाव की दृष्टि से अत्यधिक महत्त्वपूर्ण है। उनके मधुर व्यक्तित्व तथा उदार दृष्टिकोण ने उन्हें अत्यधिक जनप्रिय बना दिया था। उनका जन्म संवत् 1393 वि. में बदायूँ में हुआ था। वे कहा करते थे, ओ मुस्लिमो, मैं शपथ खाकर कहता हूँ कि वह (प्रभु) उसी को प्यार करता है जो उसके लिए मानवों को एवं मानवों के लिए उसको प्यार करते हैं। आगे चलकर अकबर के समय के प्रसिद्ध शेख सलीम भी इसी संप्रदाय के भक्त थे।

सुहरावर्दी संप्रदाय के शेख वहाउद्दीन जकरिया भी महत्त्वपूर्ण व्यक्ति थे जो मुलतान को अपना केंद्र बनाए हुए थे। उनके गुरुभाई हमीदुद्दीन नागोरी भी संगीत के बड़े प्रेमी थे। नागोरी ने 'तवलिउशमल' तथा 'लवाइह' दो पुस्तकें भी फारसी में लिखी हैं। जकरिया के एक शिष्य हुसैन अमीर हुसैनी ने भी तसव्वुफ पर अनेक पुस्तकें लिखीं। इसी संप्रदाय के संत जहाँगश्त को मुहम्मद तुगलक ने 'शेख उल-इस्लाम' नियुक्त किया था, पर उनकी प्रकृति उसमें रमी नहीं और वे छोड़कर चले गए। इस संप्रदाय के अंतर्गत मूसा सुहाग और उनका सदा सुहागिन संप्रदाय आता है।

फिर दौसिया संप्रदाय के सूफी संत शेख शरफुद्दीन याहिया मनेरी (मृ. 1437 वि.) का सम्मान फीरोज तुगलक बहुत अधिक करता था। इस संप्रदाय ने अपना मुख्य कार्यक्षेत्र वर्तमान बिहार प्रदेश को बनाया था। मनैरी स्वयं एक बड़े दार्शनिक

और विचारक थे। मक्तूबात उनके विचारों की दिग्दर्शक श्रेष्ठ रचना है। यह वह काल था जब इब्नुल अरबी (1222 ई., सं. 1297 वि.) के 'वहदतुल वुजूद' के सिद्धांत का प्रभाव भारतवर्ष पर पड़ रहा था। परंतु मनैरी ने अपनी स्वतंत्र चिंतना के बल पर उसे अस्वीकार किया था। वे इस्लाम की कट्टर विचारधारा के अधिक निकट थे।

कादिरी संप्रदाय की स्थापना बगदाद में संवत् 1222 में हुई थी तथा मध्य एशिया एवं पश्चिमी अफ्रीका में इस्लाम को फैलाने में इसने बड़ा योग दिया था। परंतु भारतवर्ष में यह मत शाह नियामतउल्लाह तथा मखदूम मुहम्मद जीलानी द्वारा 15 वीं शती के अंतिम हिस्से (सन् 1482) में लाया गया था। उन्होंने भी गुजरात में सुहरावर्दी संप्रदाय केंद्र उच्छ को ही अपना केंद्र बनाया। इस संप्रदाय में और भी अनेक संत हुए हैं। इनमें से दाराशिकोह के गुरु मियां मीर प्रसिद्ध हैं।

नक्शबंदी संप्रदाय हमारे लिए अत्यंत महत्त्वपूर्ण है। यह संप्रदाय विक्रम की 17 वीं शती के मध्य भाग के आस-पास भारतवर्ष में ख्वाजा बाकी बिल्लाह (1620-1660 वि.) द्वारा लाया गया था। यह संप्रदाय 'शरीअत' की पुनःप्रतिष्ठा पर बल देता है। ऊपर कहे गए समस्त संप्रदाय मनैरी को छोड़कर प्रेममार्गी थे। मुगलकाल की नीति के अंतर्गत वे खूब फले-फूले थे। परंतु 17 वीं शती का अंत होते-होते धर्मांधता, शास्त्रीयता, शुद्धता (और रीति) की प्रवृत्तियाँ जीवन के सभी क्षेत्रों में बल पकड़ती हैं। नक्शबंदी संप्रदाय इस प्रवृत्ति की देन है। बाकी बिल्लाह के शिष्य शेख अहमद सिरहिंदी 'मुजाहिद' ने भी इब्नुल अरबी के सिद्धांतों का जोरदार खंडन करते हुए इस्लामी शास्त्रीयता को पुनःप्रतिष्ठापित करने का प्रयास किया। इस प्रयास में ही औरंगजेब और नक्शबंदी संप्रदाय एक-दूसरे का सहयोग और ममत्व प्राप्त कर सके। ईश्वर और जीव के भेद पर बल देते हुए उसने वैदांतिक अद्वैतवाद के प्रभाव से अपने को अलग कर लेना चाहा।

इन प्रमुख संप्रदायों के अतिरिक्त अन्य कई सूफी संप्रदाय भी भारतवर्ष में प्रचार-कार्य कर रहे थे। आईने-अकबरी में अबुल फजल ने चौदह सूफी संप्रदायों के नाम इस प्रकार गिनाए हैं—चिश्ती, सुहरावर्दी, जैदी, इयादी, अधमी, दुबेरी, हवीजी, तफ़ूजाकरर्वी, सकती, जुनैदी, काजरूनी, तूसी और फिरदौसी।[1]

निष्कर्ष : इस प्रकार 16वीं शती में हमें प्रेमाभक्ति का अप्रतिहत प्रवाह दिखाई देता है। निम्बार्क की राधा इस युग में रसोपासना की इष्ट बन गई। चैतन्य का राधा-भाव ही गोस्वामियों द्वारा श्रेष्ठतम रस प्रतिपादित होता है। हितहरिवंश और हरिदास की माधुर्य-उपासना छोटे-बड़े सभी के आकर्षण का केंद्र बनी। पुष्टि-मार्ग में बालकृष्ण के साथ किशोर कृष्ण की लीलाएँ भी शत-शत, सहस्र-सहस्र पदों की

1. डॉ. विमलकुमार जैन : सूफीमत और हिंदी साहित्य, पृ. 83 पर उद्धृत।

रचना करवाती हैं। इनमें से प्रत्येक की अपनी विशेषता है, परंतु मूल में मधुर-उपासना है और उनके सम्मिलित रूप में परिणाम भी माधुर्यभाव का प्रचार-प्रसार ही है। इन विविध साधनाओं के साधकों में आज का जैसा विद्वेष भी न था। वे लोग साधक थे—महंत नहीं। आपस में अत्यंत सौहार्द था, इसलिए वे एक-दूसरे से प्रभावित भी होते थे। ऊपर हम चर्चा कर चुके हैं कि बल्लभाचार्य जी ने श्री नाथ जी की सेवा-पूजा का भार बंगाली वैष्णवों के पास ही रहने दिया था। वे प्रयाग में चैतन्य देव से मिले भी थे।[1] प्रबोधानंद (प्रकाशानंद सरस्वती जिन्हें काशी में चैतन्य ने शिक्षा दी थी) हित हरिवंश के अन्यतम प्रशंसकों में थे तथा हरिराम व्यास ने राधाबल्लभीय होते हुए भी अपने पुत्र किशोरदास को स्वामी हरिदास से दीक्षा दिलवाई थी। गौड़ीय षट्गोस्वामियों को वृंदावन में अत्यंत आदर के साथ देखा जाता था। एवं उनके भक्तिरस-संबंधी विवेचनों का प्रभाव निश्चित रूप से अन्य आचार्यों पर भी पड़ा। स्वयं चैतन्य दक्षिण से जो दो ग्रंथ लाए थे, उनमें लीला शुक बिल्वमंगल का 'कृष्ण-कर्णामृत' ग्रंथ किसी अन्य मतावलंबी का था। गौड़ीय वैष्णव मधुर-रस के उपासक थे ही, निम्बार्क की दशश्लोकी में भी राधा की स्तुति है। निम्बार्कियों में मधुर-उपासना का प्रवाह श्री भट्ट से प्राप्त होने लगता है। यह बात दूसरी है कि बंगाल में राधा परकीया बनी रहीं पर वृंदावन में वे स्वकीया बन गईं; तथा हित हरिवंश एवं हरिदास की नित्य लीला में वे स्वकीया-परकीया निर्विशेष। यह प्रेम-साधना राधा एवं गोपियों के माध्यम से अभिव्यक्त हुई है। पीछे हम माधवेन्द्रपुरी का जिक्र कर चुके हैं। श्रीनाथजी के विग्रह की प्रतिष्ठा बल्लभ ने की, उसके पूर्व पुजारी का नाम माधवानन्द (बंगाली) वार्तासाहित्य में आता है तथा गोस्वामी विट्ठलनाथ जी के बाल-गुरु माधवेन्द्र पुरी बतलाए गए हैं। ये दोनों यदि एक ही न भी हों, तब भी पुष्टिमार्गीय आचार्यों एवं गौड़ीय वैष्णव भक्तों का निकट संपर्क एवं सान्निध्य तो सिद्ध होता ही है। विभिन्न संप्रदायों के कवियों ने संप्रदाय का ध्यान रखे बिना ही भक्तों के नामों का सादर उल्लेख किया है। हरिराम व्यास का एक पद देखिए :

बिहारिहिं स्वामी बिनु को गावै।
बिनु हरिबंसहि, राधा बल्लभ, को रस रीति सुनावै।

1. 'भक्ति के साधन-पक्ष में श्री बल्लभाचार्य जी के संप्रदाय पर श्री रूपगोस्वामी द्वारा विवेचित भक्ति-पद्धति का किसी हद में प्रभाव, श्री विट्ठलनाथ जी के समय में अवश्य हुआ। संभव है कि श्री बल्लभाचार्य जी ने अथवा गोस्वामी विट्ठलनाथ जी ने गान और वाद्य की महत्ता चैतन्य महाप्रभु की प्रेरणा से ली हो।'—डॉ. दीनदयालु गुप्त : अष्टछाप और बल्लभ संप्रदाय, पृ. 58
द्रष्टव्य है कि गान और वाद्य की यह महिमा अन्य वैष्णव-संप्रदायों में भी स्वीकार की गई एवं उसका चरम रूप स्वामी हरिदास में उपलब्ध होता है।

रूप सनातन बिनु को बृन्दाविपिन-माधुरी पावै।
कृष्णदास बिनु, गिरिधर जू कों, को अब लाड़ लड़ावै।
मीराबाई बिनु को भक्तनि पिता जान उर लावै।
स्वारथ परमारथ जैमल बिनु, को सब बंधु कहावै।
परमानन्द दास बिनु, को अब लीला गाइ सुनावै।
सूरदास बिनु, पद रचना को, कौन कविहिं कहि आवै।
और सकल साधन बिनु, को कलिकाल कटावै।
व्यास दास इन बिन को अब तन की तपन बुझावै।[1]

भक्तों का गुणगान करते समय इन लोगों ने निर्गुण-सगुण जैसे अंतर भी नहीं किए हैं।

राधाकृष्ण की भक्ति के इस स्वरूप ने सगुण मत के दूसरे मुख्य आराध्य राम के उपासकों-भक्तों को भी बहुत प्रभावित किया। 17वीं शती से यह प्रभाव पड़ना शुरू हो गया था तथा 18वीं-19वीं शती तक यह प्रभाव बढ़ता ही गया। सगुणोपासक न होने के कारण संत-मत में इन दंपति-लीलाओं की सीधी अभिव्यक्ति तो नहीं हुई, परंतु मधुर-भाव की जो मूल धारणा थी, उसका प्रकाशन साधक एवं आराध्य के मध्य प्रतीक रूप से अवश्य हुआ। इस प्रतीक पद्धति के लिए तत्कालीन साधनाओं में सूफी प्रेम-भावना सीधी प्रेरक शक्ति के रूप में विद्यमान थी। सूफी प्रेम-भावना इस प्रेमाभक्ति की विविध साधनाओं को प्रत्यक्ष-अप्रत्यक्ष रूप से प्रभावित कर रही थी और स्वयं भी प्रभावित हो रही थी। वास्तव में ये सभी साधनाएँ परस्पर एक-दूसरे को प्रभावित करती रही हैं। परंतु इन प्रभावों का आंतरिक स्वरूप-निर्धारण एवं प्रभावित प्रक्रिया की गति का वस्तुपरक निर्णय कठिन है। जीवंत साधनाओं की ग्रहण-प्रक्रिया इतनी जटिल एवं सूक्ष्म होती है कि उसकी समस्त शिराओं का विश्लेषण नितांत दुरूह हो जाता है। इसके अतिरिक्त ऐसे अध्ययन के लिए व्यापक सामाजिक जीवन के सभी पक्षों के आँकड़े भी इस समय तक उपलब्ध नहीं हो सके हैं। जब तक समाज के विभिन्न पक्षों एवं विचारों के प्रामाणिक इतिहास नहीं प्रस्तुत हो जाते तब तक प्रभावों की व्याख्या के लिए स्पष्ट और दृढ़ आधार नहीं मिल सकता है तथा सामाजिक जीवन के संदर्भ में इन सब की निर्भ्रांत व्याख्या भी संभव नहीं हो सकती।

---

1. भक्त कवि व्यास जी, पृ. 197, पद संख्या 26

10

चैतन्य संप्रदाय

विद्वानों ने मध्ययुग के वैष्णव-साहित्य की जिन मुख्य विशेषताओं की ओर संकेत किया है, उनमें 'लीलावाद' की परिकल्पना अत्यंत प्रमुख है। इस 'लीला' तत्त्व का ऐतिहासिक क्रम-विकास दिखाना यहाँ अप्रासंगिक होगा, पर इतना संकेत कर देना आवश्यक है कि प्रारंभ में सृष्टि तत्त्व की व्याख्या के रूप में ही लीला-तत्त्व सामने आता है। प्रारंभ में लीला का क्षेत्र बहिःसृष्टि तक रहा पर श्री वैष्णवों ने 'लीला' को ब्रह्म की स्वरूप-शक्ति के साथ संबद्ध कर दिया। धीरे-धीरे लीला वर्णन का प्रयाण लीला दर्शन की ओर हो जाता है। लीलाशुक विल्व मंगल के कृष्ण-कर्णामृत का वह श्लोक निर्भ्रांत भाव से इस प्रयोजन को प्रकट करता है जिसमें कहा गया है :

यानि त्वच्चरितामृतानि रसना लेह्यानि धन्यात्मनां
ये वा शैशवचापलव्यतिकरा राधावरोधोन्मुखाः
ये वा भावितवेणुगीतगतयो लीलामुखाम्भोरुहे
धारावाहिकया वहन्तु हृदये तान्येव, तान्येव मे।।—श्लोक 106

तुम्हारा जो चरितामृत धन्यात्माओं द्वारा आस्वादन योग्य है तथा शैशव एवं चपलता से उत्पन्न राधा के अंतःपुर की ओर उन्मुख जो क्रीड़ाएँ हैं अथवा तुम्हारे मुखारविन्दु पर जो भावयुक्त वेणुगीत गति-लीलाएँ हैं, वे ही, धारावाहिक रूप से निरंतर मेरे हृदय में बहती रहें।

लीला-दर्शन, लीला आस्वादन एवं लीला-गान ही भक्तों का ध्येय बन जाता है। सहस्रों भक्तों ने लक्ष-लक्ष पदों में नाना भाव से इसी को उपलब्ध करना चाहा है। लीला के, इस बढ़ते हुए विस्तृत रूप में अनेक ऐतिहासिक, पौराणिक, साहित्यिक एवं दार्शनिक उपादान उसमें जुड़ने लगे। परिणामस्वरूप नाना प्रकार के धाम, परिकर, उनके नाम-रूप और सेवा, उपास्य एवं परिकर के मध्य विविध संबंध आदि

भी सम्मिलित एवं विवेचित होते गए। उत्तर मध्यकाल के तमाम वैष्णव-संप्रदायों के अंतर मुख्यतः इन विस्तृतियों को लेकर ही हैं। परात्पर तत्त्व की लीला का दर्शन, ज्ञान एवं आस्वादन सबका काम्य है। पर इसके बाद अनेक सवाल उठ खड़े होते हैं—युगल का स्वरूप क्या है ? उनमें से प्रत्येक का अलग-अलग स्वरूप, गुण तथा पारस्परिक संबंध क्या है ? इन दोनों में प्रधान कौन है ? भक्त पर अनुग्रह किसका होता है ? इनकी लीलाएँ कौन सी हैं, शास्त्र-पुराण वर्णित या और कोई ? धाम का स्वरूप या गुण क्या है ? परिकर में किसे और किस रूप या संबंध के अंतर्गत लिया जाए ? साधक के लिए इस सारे विस्तार में क्या करणीय है ? इन प्रश्नों या विस्तृतियों पर ही वैष्णव संप्रदायों में मतभेद दिखाई देता है। पर इनमें सबसे अधिक पुष्ट बौद्धिक विवेचन चैतन्य-संप्रदाय में प्राप्त होता है। इस संप्रदाय का साधना-दर्शन समझ लेने के बाद सभी संप्रदायों की साधनागत गुत्थियाँ सुलझने लगती हैं।

गौड़ीय-वैष्णव-तत्त्व-दर्शन को तनिक विस्तार से उपस्थित करने का तात्पर्य मात्र इतना है कि पृष्ठभूमि में स्थित साधना के दार्शनिक पक्ष से परिचित हुआ जा सके। मध्यकाल के विविध भक्ति-संप्रदायों में काव्य-पुराणादि वर्णित लीला को इस प्रकार दार्शनिक स्तर पर व्याख्यात करने का यह प्रयास अपने आप में अप्रतिम है। दर्शन की दृष्टि से वल्लभ-संप्रदाय बहुत पुष्ट एवं दृढ़ है पर वहाँ भी लीला के बारे में ऐसा सांगोपांग व्यावहारिक विवेचन नहीं मिलता। रामोपासकों पर भी 18वीं शती के आसपास इसका बहुत प्रभाव पड़ा है। गौड़ीय वैष्णवों के समकालीन अन्य वृंदावनीय संप्रदायों ने साधना के शुद्ध व्यावहारिक धरातलों और अपनी रहस्यानुभूतियों के आधार पर ही इस लीला को ग्रहण किया। पर लगता है कि सबके मूल में दार्शनिक दृष्टि लगभग वही रही है जो गौड़ीय वैष्णवों की थी। जो अंतर है भी उनका कारण है कि गौड़ीय-वैष्णव-तत्त्व-दर्शन रहस्यानुभूतियों पर आधारित न होकर परंपरा-प्राप्त साहित्य की नींव पर खड़ा है। उस साहित्य की व्याख्या उन्होंने अवश्य अपने ढंग से की है, पर व्याख्या में पर्याप्त स्वतंत्रता की सुविधा होते हुए भी उस सारे साहित्य एवं विचार की अपनी कुछ सीमाएँ और मर्यादाएँ भी होती हैं। यद्यपि स्वयं चैतन्य संभवतः मध्यकाल के श्रेष्ठतम एवं गहनतम रहस्यानुभूतियों वाले व्यक्ति थे पर स्वयं उन्होंने ऐसा कुछ नहीं लिखा है जिससे कि उस रहस्यानुभूति के स्वरूप या आधार का पता मिल सके। उनके जीवनी-लेखकों ने जो कुछ चैतन्य के मुख से कहलाया है, उसके बारे में यह कहना कठिन है कि कितना चैतन्य का है और कितना उनके मुख में जीवनीकारों ने अपनी ओर से रख दिया है। परंतु हरिदासी या राधावल्लभी संप्रदायों में इससे भिन्न स्थिति रही। इनके संस्थापकों, स्वामी हरिदास एवं हितहरिवंश, ने अपनी रहस्यानुभूतियों को स्वयं ही अभिव्यक्त किया है, इसके लिए किसी आप्त प्रमाण को उन्हें खोजने

की आवश्यकता नहीं पड़ी। उनका अपना अनुभव स्वयं ही प्रमाण रहा। इस तथ्य ने एक-दूसरे परिणाम पर इन संप्रदायों को पहुँचा दिया। इन्हें कृष्ण की विविध काव्य पुराणादि वर्णित लीलाओं को शिरसः स्वीकार करके अपने सैद्धांतिक ढाँचे के भीतर स्थान देने की आवश्यकता का अनुभव नहीं हुआ। इसे हम यों भी कह सकते हैं कि कृष्ण-लीलाओं के भीतर सार-रूप से जो राधा-कृष्ण-प्रेम-तत्त्व है, उसे ही उन्होंने स्वीकार किया। फलस्वरूप ब्रजलीला के स्थान पर निकुंजलीला का एक नया स्तर हमें इनमें उपलब्ध होता है। पर फिर भी इन दोनों लीलाओं के साधना-दर्शन में इतनी समानताएँ भी हैं कि आगे प्रभूत मात्रा में पारस्परिक आदान-प्रदान होता है।

उपास्य कृष्ण

उत्तर मध्ययुग की समस्त हिंदी काव्य-धारा राम और कृष्ण, इन दो संज्ञाओं के चतुर्दिक् ही प्रवाहित होती है। इन दोनों नामों में इतिहास और तत्त्व-दर्शन का कुछ ऐसा विचित्र मेल हो गया है कि इनका व्यक्तित्व अश्रुतपूर्व आकर्षण से भर उठा है। यद्यपि इस युग में उनका रूप बहुत कुछ स्थिर हो चुका था, परंतु फिर भी नई-नई लीलाएँ कल्पित होती रहीं, नए संदर्भ में वे प्रतिष्ठित किए जाते रहे। उनकी रूप-माधुरी, उनकी लीला, उनका विलास, उनका अनुग्रह अप्रतिरोध्य गति से हिंदी-प्रदेश के जनमानस में संचरण करता रहा। ऐसे महिमाशाली एवं सर्वजनरुचिर कृष्ण ही चैतन्य संप्रदाय के मुख्य उपास्य हैं जिन्हें कि सविशेष एवं सशक्तिक पूर्णब्रह्म माना गया है। दार्शनिक दृष्टि से शक्ति-प्रकाश के प्रकार भेद और तारतम्य को लेकर एक अद्वय-अखंड परमतत्त्व के तीन स्तर—ब्रह्म, परमात्मा एवं भगवान् हैं। पर भगवान् में सभी शक्तियाँ अपने सर्वश्रेष्ठ रूप में रहती हैं, इसलिए कृष्ण को स्वयं भगवान् माना गया। स्पष्ट है कि इसके मूल में 'एते चांशकलाः पुंसः कृष्णस्तु भगवान् स्वयम्' की भागवत वाली धारणा विद्यमान है। अस्तु, ये स्वयं भगवान् कृष्ण ही अवतारी हैं, पुरुषावतार, गुणावतार, लीलावतार सब उन्हीं के प्रकाश हैं—वे ही सर्वाश्रय एवं सर्वधाम हैं, उन्हीं के शरीर में समस्त विश्व लय होता है।

कृष्ण, एक सर्वाश्रय, कृष्ण सर्वधाम।
कृष्णेर शरीरे सर्व विश्वेर विश्राम।।

—चै.प्र. आदि लीला, पृ. 16, परि. 2

वे सर्वकारण-कारण हैं, विरुद्ध धर्माश्रय हैं। उनकी अनंत शक्तियों में से तीन मुख्य हैं—स्वरूप-शक्ति, मायाशक्ति और जीवशक्ति। इन्हें अंतरंगा, बहिरंगा और तटस्था शक्ति भी कहते हैं। अंतरंगा या स्वरूपशक्ति सर्वश्रेष्ठ है। शक्ति की कल्पना

चैतन्य-संप्रदाय में अत्यंत महत्त्वपूर्ण है। यद्यपि यह उनकी अपनी मौलिक कल्पना नहीं है—स्वयं जीवगोस्वामी ने भगवत् संदर्भ (पृ. 66) में विष्णु-पुराण की परा-श्रेत्रज्ञा-अविद्या शक्तियों को प्रमाण रूप में उद्धृत किया है। जिस समय भगवत्तत्त्व की नराकार कल्पना हुई उस समय उनकी इन अनंत शक्तियों को स्त्री-रूप में देखा गया है। इस नराकार वैयक्तिक भगवत्तत्त्व के साथ ही लीला, धाम एवं परिकर की कल्पना न्यायोचित है।

इसी प्रसंग में यह भी विचारणीय है कि मध्यकाल में ही भगवान् का नरवपु-रूप उन्होंने सर्वोत्तम बताया था। ईश्वर को मनुष्य के रूप में देखना, अपने आप में आधुनिक मानवतावाद के विकास की ओर एक स्पष्ट कदम था। वैष्णव कवि की स्पष्ट घोषणा है कि कृष्ण के जितने भी खेल हैं, उनमें सर्वोत्तम नर-लीला है। नरवपु ही उनका स्वरूप है, वे गोपवेशधारी हैं, वेणुकरशाली हैं, नवकिशोर हैं, नटवर हैं और अपने ही अनुरूप नरलीलाएँ करते हैं।

कृष्णेर जतेक लीला, सर्वोत्तम नरलीला, नरव पुताहार स्वरूप
गोपवेश, वेणुकर, नवकिशोर, नटवर, नवलीला हम अनुरूप।

कृष्ण को जो यह व्यक्तित्व प्रदान किया गया है, उसको अत्यंत सारगर्भित दार्शनिक शब्दावली में जीव गोस्वामी ने 'भगवत्-संदर्भ' के अंत में उपस्थित किया है। इसमें कहा गया है कि 'जो सच्चिदानंद एकरूप अचिंत्य, विचित्र, अनंतशक्तियुक्त हैं, जो धर्म होकर भी धर्मी है, निर्भेद होकर भी भेदयुक्त हैं, अरूप होकर भी रूपी हैं, व्यापक होकर भी परिच्छिन्न है, जो परस्पर विरोधी अनंत गुणों के निधि हैं, जो स्थूल-सूक्ष्म-विलक्षण स्वप्रकाशखंड स्वरूपभूत श्री विग्रह हैं, स्वानुरूपा स्वशक्ति की आविर्भाव लक्षणा लक्ष्मी के द्वारा जिनका वामांश रंजित है, जो निजधाम में स्वप्रभाविशेषाकार-रूप परिच्छद और परिकर-सहित विराजमान हैं, जो आत्माराम मुनिगणों के चित्त को भी स्वरूपशक्ति के विलाखरूप अद्‌भुत गुणलीलादि द्वारा लीला-रस से चमत्कृत करते रहते हैं, जो स्वयं सामान्य प्रकाशाकार में ब्रह्मतत्त्व के रूप में अवस्थित हैं, जो जीवाख्य तटस्थाशक्ति के और जगत्-प्रपंच की मूलभूता मायाशक्ति के आश्रय हैं, वही भगवान् हैं'—पृ. 199-200

अस्तु, जब कृष्ण को स्वयं भगवान् कहा गया तो उसका अर्थ स्पष्ट रूप से यह है कि कृष्ण में वे समस्त विभूतियाँ, नित्यत्व एवं विशिष्टताएँ स्वीकार की जाएँ जो भगवत्तत्त्व के बारे में कही जा चुकी हैं। इसी स्थल पर गौड़ीय वैष्णवों की महत्त्वपूर्ण देन प्रारंभ होती है। उन्हें सारी कृष्णलीला की दार्शनिक व्याख्या करनी थी, उसे शास्त्र एवं धर्म की मान्यता देनी थी। ऐसा लगता है कि कृष्ण-लीला-वर्णन के क्षेत्र में भी दो स्पष्ट परंपराएँ थीं जिनका समझौता एवं समन्वय उन्हें करना पड़ा है। एक परंपरा भागवत पुराण की थी जिसमें गोपियों को सर्वश्रेष्ठ भक्त मान

लिया गया था, नारद एवं शांडिल्य के भक्तिसूत्र इसी परंपरा को दृढ़ करते हैं, दूसरी परंपरा लौकिक काव्य की थी जो राधा को कृष्ण की प्रेमिका के रूप में उपस्थित कर रही थी। बारहवीं शती तक आते-आते इस दूसरी परंपरा को धर्म एवं तत्त्व-दर्शन के भीतर पर्याप्त स्थान मिलता प्रतीत होता है। इस प्रकार एक ओर गोपियाँ प्रेम की आदर्श थीं जिन्होंने अपना सब कुछ कृष्ण को अर्पित कर दिया था और दूसरी ओर राधा थीं, जो प्रेम की सर्वश्रेष्ठ प्रतीक थीं। भक्ति के क्षेत्र में कांताभाव के ये दो आदर्श सामने थे। पर भागवत पुराण में गोपीभाव को ही स्वीकार किया गया। एक प्रश्न यहीं पर उठता है कि भागवतकार ने राधा नाम क्यों नहीं अपनाया ? इस संबंध में यही कहा जा सकता है कि या तो भागवतकार को राधा नाम ज्ञात नहीं था या वह राधा-भाव का विरोधी था। पर इतना तो 'अनयाराधितो नूनं' (10।30।24) वाले श्लोक से लगता ही है कि एक कृष्णप्रिया गोपी से वह परिचित है भले ही उसका उपयोग गर्वहरण के नैतिक उपदेश के लिए किया गया हो। भागवत के पहले के विष्णुपुराण (5।13।35) और हरिवंश में भी एक विशेष प्रिया गोपी का उल्लेख मिलता है, अतः इस गोपी से भागवतकार यदि परिचित था तो कोई आश्चर्य की बात नहीं है। इसके अतिरिक्त राधा-कृष्ण की प्रेमगीतियों की परंपरा हाल की 'गाहा सत्तसई' से लगातार प्रकीर्ण रूप में उपलब्ध होती है। भागवतकार जैसा सिद्धवाक् इस परंपरा से अपरिचित रहा हो, यह भी स्वीकार करने का मन नहीं होता। ऐसा प्रतीत होता है कि भागवत के तत्त्व-दर्शन के बहुत अनुरूप राधा नहीं पड़ती थीं। गोपियाँ तो जीवस्थानीया प्रतीक बन सकती हैं जो भक्त बन कर सर्वात्मना समर्पित हो जाती हैं, पर राधा का स्वरूप परंपरा से ऐसा न था। वे कुछ बराबर की हकदार थीं। ऐसा पात्र भागवतपुराण की प्रतीक योजना के बहुत अनुकूल नहीं प्रतीत होता। शरद्रास एवं बसन्तरास की जिन पृथक् परंपराओं का अनुमान आचार्य हजारीप्रसाद द्विवेदी ने लगाया है, संभव है कि वे गोपीभाव एवं राधाभाव अथवा प्रेम-प्रतीकवाद तथा लौकिक-शृंगारिक भावनामूलक प्रेम की परंपराओं से संबंधित रही हों। गौड़ीय वैष्णव दार्शनिकों ने इन दोनों परंपराओं एवं आदर्शों का अत्यंत निपुण भाव से धर्म-दर्शन के स्तर पर सामंजस्य किया। इस सामंजस्य से राधा-कृष्ण की लीलागान परंपरा को अत्यधिक बल मिला, यही नहीं एतत्संबंधी तत्त्वविवेचन ने पूरे प्रेमाभक्ति साहित्य की मूल दार्शनिक आधार-भूमि का भी कार्य किया।

इसके साथ ही ब्रज, मथुरा, द्वारका आदि विविध स्थानों में फैली कृष्ण की अनंत वैचित्र्य वाली प्रेम या अन्य लीलाओं की चूल भी अपने सिद्धांत से मिलानी थी। डॉ. शशिभूषण दास गुप्त ने भी 'श्री राधा का क्रम-विकास' में इस कठिनाई की ओर संकेत किया है–(दे.पृ. 214)। अपनी प्रतिभा के बल पर गौड़ीय गोस्वामियों ने इन समस्याओं का सामना किया।

वस्तुतः यह सारा दुष्कर-सा प्रतीत होनेवाला कार्य भगवान् की शक्ति कल्पना पर आधारित है। प्रमुख शक्तियों का उल्लेख हम पीछे कर चुके हैं। यह भी कह चुके हैं कि एक ही अद्वय परमतत्त्व शक्ति की वैचित्री एवं स्फुरणा के आधार पर ही ब्रह्म, परमात्मा या भगवान् कहा जाता है। ब्रह्म में शक्ति का अस्तित्व या लीला-वैचित्री का अनुभव नहीं होता। परमात्मा में जीवशक्ति एवं मायातत्त्व से प्रत्यक्ष संबंध होता है परंतु भगवत्तत्त्व में इन तटस्थ एवं बहिरंग शक्तियों का मूल आश्रयत्व तो रहता ही है, साथ ही स्वरूपशक्ति के साथ प्रत्यक्ष लीला-मग्नता भी विद्यमान रहती है। इस प्रकार भगवान् लीलानन्दमय एवं महैश्वर्यशाली पुरुषोत्तम सिद्ध होते हैं।[1]

भगवत्तत्त्व के प्रकटीकरण की एक और क्रम-पद्धति भी इस संप्रदाय में स्वीकार की जाती है। शक्ति के त्रिधाभेद के स्थान पर प्रकटीकरण की चार भूमिकाएँ भी मानी गई हैं। प्रथम है सदा स्वरूप में अवस्थान। कृष्ण परमतत्त्व के ऐसे ही प्रथम अवस्थान हैं। दूसरी भूमिका तद्रूपवैभव में अवस्थान की है। भगवान् कृष्ण के अवतारादि शुद्ध सत्वयुक्त वैकुंठादि धाम एवं धाम के नित्य परिकरगण, इस द्वितीय भूमिका के ही प्रकाशन हैं। ये दोनों ही भूमिकाएँ स्वरूपशक्ति से संबंधित हैं। तटस्था-शक्ति द्वारा परमतत्त्व के अवस्थान की तृतीय भूमिका जीव है एवं बहिरंगा माया-शक्ति द्वारा जगत् के रूप में परिणति इस तत्त्व के अवस्थान की चतुर्थ भूमिका है।[2] यह सब भगवान् की अचिंत्य शक्ति द्वारा संभव होता है। अचिंन्य होने के कारण ही ये शक्तियाँ कल्पना न होकर स्वाभाविकी हैं।

इस प्रकार हम देखते हैं कि स्वरूपशक्ति के द्वारा पूर्ण भगवान्, धाम, परिकर आदि के रूप में भगवत्तत्त्व व्यंजित होता है तथा माया-शक्ति के द्वारा जगत् रचना का कार्य होता है। मायाशक्ति का रूप बहुत कुछ परंपरा-प्राप्त ही है, पर उसे परमतत्त्व के ही एक रूप में परमात्मा से संबंधित करके माया-सृष्टि को मिथ्या नहीं, सत्य सिद्ध कर दिया गया है।[3] तटस्थाशक्ति का सिद्धांत भी अत्यधिक महत्त्वपूर्ण है। जीव तटस्थाशक्ति का प्रकाश है जो कि न तो पूरी तरह मायाशक्ति के वशीभूत है और न स्वरूप शक्ति के ही अंतर्गत आता है। उसकी गति दोनों ओर है, यदि माया विमोहित कर ले तो वह विषय-वासनाओं में लिप्त हो जाए पर यदि भक्ति (जो स्वरूप शक्ति ही है) जाग जाय तो फिर वह स्वरूप शक्ति की लीला-वैचित्री का आनंद पान करने में समर्थ हो जाता है। माया चूँकि जड़ है, अतः वह इस चेतनाशक्ति को विमोहित करने में सदैव समर्थ नहीं होती। स्वरूप शक्ति के साथ ही भगवान् का विचित्र लीलाविलास चलता है। इसी शक्ति के संदर्भ में भगवान् परिपूर्ण ऐश्वर्यशाली एवं संपूर्ण माधुर्य-भाव के विग्रह होते हैं। वे

1. जीवगोस्वामी के भगवत्-संदर्भ के आधार पर।
2. जीवगोस्वामी : भगवत्-संदर्भ, पृ. 65-67
3. वही, परमात्म-संदर्भ, पृ. 71-73

सच्चिदानन्द हैं–अर्थात् कि उनके पूर्ण स्वरूप में सत्, चित् और आनंद ये तीन धर्म होते हैं। इन्हीं तीनों धर्मों का अवलंबन करके स्वरूपशक्ति भी त्रिधा हुई–संधिनी, संवित् और ह्लादिनी। भगवान् स्वयं सत्तारूप होकर सत्ता धारण करते हैं और कराते हैं। इसे सर्वदेशकाल-द्रव्यादि प्राप्तिकरी भी कहा गया है। संवित् विद्याशक्ति है–भगवान् स्वयं ज्ञानरूप हैं पर इस शक्ति द्वारा वे स्वयं जानते हैं और दूसरों को भी जनाते हैं। गुणोत्कर्ष से उत्तरोत्तर श्रेष्ठ होते हुए इनमें सर्वोच्च ह्लादिनी होती है–इस शक्ति के द्वारा स्वयं ह्लादक भगवान् ह्लादित होते हैं एवं दूसरों को भी आह्लादित करते हैं।[1]

भगवान् की इस मूलशक्ति के भीतर एक स्वप्रकाशतालक्षण वृत्ति विशेष है। इस स्वप्रकाशतालक्षणवृत्ति विशेष के द्वारा जब भगवान् के स्वरूप या स्वरूपशक्ति का आविर्भाव होता है तो उसी को विशुद्ध सत्त्व कहते हैं।[2] भगवान् की यह स्वरूप शक्ति दो प्रकार से प्रकट होती है–एक अपने स्वरूप में और दूसरे अपने स्वरूप-विभव में। विशुद्ध सत्त्व से ही पूर्ण भगवान् श्रीकृष्ण के धाम-परिकरादि रूपवैभव का विस्तार होता है। अपने इस वैभव के साथ ही रसमय श्रीकृष्ण का लीलावैचित्र्य होता है। जिस प्रकार भगवान् नित्य हैं, उसी प्रकार उनका धाम नित्य है, पार्षदपरिकर और सेवक नित्य हैं तथा वहाँ की लीला भी इसीलिए नित्य है। वास्तव में ये सब एक ही हैं, इनका उद्देश्य मात्र भगवान् का प्रकार-विशेष वैचित्र्य व्यंजित करना है।

जीवगोस्वामी ने 'भगवत्-संदर्भ' की इन स्थापनाओं को स्पष्ट व्यावहारिक धरातलपट पर 'श्रीकृष्ण संदर्भ' में उपस्थित किया है। वस्तुतः ऐसा लगता है कि कृष्ण की काव्य पुराणादि वर्णित लीला उन लोगों के लिए ठोस ऐतिहासिक सत्य की ओर उसको ही सब प्रकार से प्रामाणिक एवं सार्थक सिद्ध करने के लिए पूर्वालोचित तत्त्व-विवेचन की प्रणाली खड़ी की गई थी। 'श्रीकृष्ण संदर्भ' में इसीलिए उन्होंने कृष्णलीला से संबंधित सभी स्थानों, व्यक्तियों एवं घटनाओं को पूर्व विवेचित भगवत्लीला क़ा ही प्रकट रूप माना। दोनों प्रकार की लीलाओं को अभिन्न बनाने का प्रयास गौड़ीय तत्त्वविवेचकों, काव्यशास्त्रियों एवं कवियों द्वारा बराबर होता रहा।

इस दुष्कर से प्रतीत होनेवाले कार्य को लीला की प्रकट और अप्रकट[3] विशेषता के माध्यम से संपन्न किया गया। श्रीकृष्ण के वपु, लीला, धाम; परिकरादि का स्वरूप प्रकट भी है और अप्रकट भी। इस प्रकट और अप्रकट में कोई भेद नहीं है। दोनों स्वरूपतः एक ही हैं। श्रीकृष्ण की अचिन्त्य-अनन्त शक्ति के द्वारा युगपत यह प्रकट और अप्रकट धाम परिकर, एवं लीला विस्तारित होती है।

---

1. जीवगोस्वामी : भगवत्-संदर्भ, पृ. 191
2. वही, पृ. 191
3. वही, श्रीकृष्ण-संदर्भ, पृ. 404

धाम और परिकर

वैकुंठ, गोलोक आदि धामों की चर्चा वैष्णवों के बीच पहले से ही होती आई है। जीवगोस्वामी ने इन्हीं का चतुरतापूर्वक उपयोग करते हुए पुराणादि के अनुसार ही सृष्टि लोकों की चर्चा करते हुए वैकुंठादि धामों में गोलोक को सर्वोच्च धाम माना।[1] गोकुल एवं गोलोक में अभेद भी स्वीकार किया।[2] जब भगवान् प्रकृत जगत् में अपने स्वरूप को प्रकट करते हैं तभी धाम भी परिकर समेत प्रकट होता है, परंतु भगवान् के सदृश ही ये अपने अप्रकृतत्त्व को कभी नहीं खोते क्योंकि भगवान् की स्वरूप-शक्ति के प्रकाश होने के कारण माया से परे होते हैं। वास्तव में जैसे भगवद् विग्रह की नराकार कल्पना हुई है वैसे ही धाम की कल्पना पौराणिक स्थानों के आधार पर इस संप्रदाय में हुई है। अप्रकटधाम गोलोक में वैसे ही नदी, वृक्ष, कुञ्ज, लता, गोप, गोपी आदि कल्पित किए गए हैं जैसे इस लोक की पौराणिक कथाओं में वर्णित हैं।[3] दोनों प्रकार के धामों में अंतर इतना ही है कि लोक-वृंदावन में कृष्ण प्रकट और अप्रकट दोनों रूपों में रहते हैं, पर अप्राकृत गोलोक में केवल अप्रकटरूप में। यदि कोई यह कहे कि एक ही साथ धाम की यह दुहरी सत्ता नहीं हो सकती तो जीवगोस्वामी का जवाब होगा कि जैसे एक ही श्री-विग्रह बहुत रूपों में प्रकाशित हो सकता है वैसे ही धाम के भी अनेक रूपों में समान गुण और नाम से प्रकाशित हो सकने में कोई बाधा नहीं खड़ी होती। इस प्रकार गोकुल और गोलोक में अभेद है।

धाम-संबंधी एकता के प्रतिपादन के पश्चात् भी एक समस्या जीवगोस्वामी के सामने शेष थी कि कृष्ण की पौराणिक लीला केवल गोकुल ही नहीं मथुरा और द्वारका के साथ भी घनिष्ठ रूप से संबंधित है। अतः जीवगोस्वामी ने प्रकाश-भेद से कृष्ण-लोक के तीन रूप माने हैं—द्वारका, मथुरा और वृंदावन। इन तीनों धामों में लीला, परिकरादि भी तीन प्रकार के हो जाते हैं। प्रकाशभेद से तात्पर्य है कि भगवान् के जिस रूप में जैसी लीला जहाँ पर है उसी के अनुसार अंतर हो जाता है। ये धाम मात्र ऐसे स्थान नहीं हैं जहाँ भगवान् की प्रतिमा स्थापित हो या जहाँ पर परमद्वैत का सूक्ष्म रूपत्व हो, बल्कि भगवान् के साक्षात् निवासस्थान हैं। इन तीनों धामों में भी वृंदावन लीला ही सर्वोत्तम है। यहीं पर माधुर्य अपने विशुद्ध रूप में है, ऐश्वर्य से आच्छन्न नहीं। जीवगोस्वामी ने माधुर्य को ह्लादिनीशक्ति का ही एक पक्ष बताया है। माधुर्य की अभिव्यक्ति के लिए ही वे यहाँ सुंदर किशोर-रूप में रहे। इसीलिए किशोर-वय को ही लीला की वास्तविक वय मानना चाहिए।[4]

---

1. जीवगोस्वामी : श्रीकृष्ण संदर्भ, पृ. 369
2. वही, पृ. 369
3. वही, पृ. 371-72
4. वही, पृ. 370

पौराणिक कृष्ण-लीला के संदर्भ में उपर्युक्त विवेचन से संबंधित एक प्रश्न उठाया जा सकता है कि जब स्वरूप, धाम, परिकर आदि सब एक ही हैं, नित्य हैं तब वृंदावन से मथुरा चले जाने पर कृष्ण का गोप-गोपियों से वियोग अथवा द्वारकालीला की समाप्ति पर यादवों से विमुक्ति को कैसे समुचित ठहराया जाए ? जीवगोस्वामी का जवाब होगा कि वास्तव में प्राकृत प्रकट रूप में ही यह वियोग है, अप्रकट रूप में वहाँ नित्य मिलन और विहार ही है। एक ही स्वरूप अनेक प्रकाश प्राप्त करता है और प्रकाशभेद से अभिमान भेद (संबंध-भेद) तथा क्रिया-भेद भी हो जाता है जो अलग-अलग भी सत्य हैं तथा एक ही समय में भगवत्-स्वरूप अनेक रूपों में अलग-अलग प्रकाशित होकर अलग-अलग लीलाएँ भी कर सकता है। अतः जब एक प्रकट लीला में वियोग है तब उसी समय अप्रकट लीला में भी संयोग की स्थिति बनी रहती है। और यह सब भगवान् की अचिंत्य शक्ति के कारण है।[1] यह ध्यान रहे कि गौड़ीय वैष्णवों में 'अचिंत्य' वह 'ट्रम्प कार्ड' है जिसका प्रयोग प्रत्येक विरोध की शांति के लिए वे कर लेते हैं।

पीछे धाम की चर्चा में हम परिकर के सिद्धांत को स्पष्ट करते हुए कह चुके हैं कि परिकर, स्वरूप-शक्ति का ही प्रकाश है। इस सिद्धांत के अंतर्गत ही गोकुल, मथुरा, द्वारका के परिकरों की सार्थकता धाम के साथ ही सिद्ध की गई है। रूपगोस्वामी के 'हरिभक्ति-रसामृत-सिंधु' एवं 'उज्ज्वल मणि' में इस परिकर को ही विभिन्न प्रकार के भक्तिरसों में अंतर्भुक्त करने का निपुण प्रयास किया गया है। माधुर्य गुण भगवान् की ह्लादिनी शक्ति से संबंधित होता है एवं विविध भाव-संबंधों में कांता-भाव ही श्रेष्ठतम होता है। ऐसी स्थिति में एक प्रश्न उठता है कि पौराणिक लीलाओं में कांता-भाव को अपनानेवाले विविध पात्रों में मात्र गोपियाँ ही कैसे सर्वश्रेष्ठ हैं ? ब्रज में गोपियाँ, मथुरा में कुब्जा तथा द्वारका में कृष्ण की 16108 महिषियाँ हैं जिनमें से 8 पट्टमहिषियाँ भी हैं—सभी कृष्ण को कांतरूप में ही चाहती हैं, अतः उनमें भागवत पुराण द्वारा स्थापित गोपीभाव की श्रेष्ठता को कैसे बनाए रखा जाए ?

गौड़ीय व्याख्याता इसका दो प्रकार से उत्तर दे सकते हैं। प्रथम उत्तर तो स्वकीया-परकीया-भाव के आधार पर दिया जा सकता है। कृष्णदास कविराज ने कुछ इसी लहजे में कहा था :

परकीय भावे अति रसेर उल्लास
ब्रज बिना इहार अन्यत्र नाहिं बास
ब्रजवधूगणेर एइभाव निरवधि
तार मध्ये श्री राधार भावेर अवधि

—चैतन्य चरितामृत, आ.ली., परि. 4

---

1. जीवगोस्वामी : श्रीकृष्ण संदर्भ, पृ. 407-9

यदुनंदन ने अपने कर्णानंद में भी परकीयावाद को ही मुख्यता प्रदान की। उनके अनुसार तो जीवगोस्वामी का भी वास्तविक तात्पर्य परकीयाभाव से ही था।[1] आगे चलकर जीव के प्रशिष्य श्यामानंद एवं श्रीनिवास ने भी परकीयावाद को ही महत्त्व प्रदान किया। कहा जाता है कि श्रीनिवास की शिष्य परंपरा में राधामोहन ठाकुर ने तो मुर्शिदाबाद के नवाब जफर अली के दरबार में स्वकीयावादियों को एकदम निरस्त कर दिया था। इस संबंध में शीला भट्टारिका को 'यः कौमार हरः' एवं रूपगोस्वामी के 'प्रियः सोऽयं कृष्णः'[2] का बहुधा परकीयावाद के समर्थन में उल्लेख किया जाता है। पर इनकी व्याख्या स्वकीयात्व के आधार पर भी की जा सकती है। इस परकीयावाद को विश्वनाथ चक्रवर्ती ने अपने ग्रंथों एवं टीकाओं में पूरी तरह स्थापित कर दिया। परंतु प्रारंभ से ही रूप एवं जीवगोस्वामी की प्रवृत्ति स्वकीयाभाव की ओर थी। मध्यदेश की स्मार्त नैतिकता एवं उनकी अपनी शास्त्रनिष्ठा ने उन्हें परकीयाभाव, जो कि तांत्रिकसाधना से अधिक संबंधित था, की ओर संभवतः जाने से रोका होगा। यद्यपि 'उज्ज्वल नीलमणिकार' ने परकीया में शृंगार के परमोत्कर्ष की बात कही है[3] और कुछ स्पष्टीकरण करते हुए बताया है कि इस भाव की हीनता केवल प्राकृत नायकों के संदर्भ में ही है, 'रसनिर्यास स्वादार्थ' अवतारी कृष्ण के प्रसंग में यह लघुत्व को प्राप्त नहीं होता।[4] वस्तुतः इस परकीयासूत्र का कथन एवं व्याख्या ठीक भागवत की परंपरा में है। भागवत में गोपियों का वर्णन बहुधा कन्या या परस्त्री के रूप में हुआ है। रास के समय कृष्ण की मुरली के स्वर से गृहीतमानस गोपियाँ अपने सारे घर गृहस्थी के कार्य, पति, पुत्र आदि को छोड़कर कृष्ण की ओर दौड़ पड़ी थीं।[5] उनके पति, पिता, भ्राता और बंधुओं ने उन्हें बहुत रोका, किंतु श्रीगोविन्द ने उनके चित्तों को ऐसा खींच लिया था कि वे मुग्धा बालाएँ उनके रोके न रुकीं (10।298)। इस प्रत्यक्ष अनैतिक-सी दिखनेवाली क्रीड़ा के प्रति परीक्षित ने संदेह प्रकट किया था। भागवतकार ने जो उत्तर दिया था, रूपगोस्वामी का उत्तर ठीक उसकी प्रतिध्वनि है। उसका उत्तर था, 'जो गोपियों, उनके पतियों और संपूर्ण देहधारियों के अंतःकरण में विद्यमान हैं, उन सर्वसाक्षी भगवान् ने ही लीला से शरीर धारण करके भूलोक में अवतार लिया था।'[6] अर्थात् तत्त्वतः जो समस्त प्राणियों के अंतःकरण में

---

1. यदुनन्दन : कर्णानंद, पृ. 88
2. पद्यावली, 382-83
3. उ.नी.म., पृ. 14
4. वही, पृ. 14-15
5. श्रीमद्भागवत, 10।29।5-7
6. वही, 10।33।27-28

विराजमान रहकर निरंतर रमण कर रहे हैं उनके लिए परस्त्री जैसी कोई चीज नहीं है और इसलिए परदाराभिमर्शन जैसा कोई प्रश्न ही नहीं उठता। 'रसनिर्यासस्वादार्थ अवतारी कृष्ण' की बात उठाकर रूपगोस्वामी ने दूसरे शब्दों में उसे ही दुहराया है।

यहीं पर तनिक प्रसंगांतर में जाकर हम कहना चाहते हैं कि मध्ययुग के मधुरभाव की साधना में स्त्री-पुरुष के संबंधों के साथ ही प्रेमवृत्ति का सामंतीकरण (Feudalisation of Love) मूल में विद्यमान मिलता है। मध्ययुग में व्यक्ति का व्यक्ति से प्रेम या घृणा अधिक सशक्त है। देशभक्ति की भावना की अपेक्षा शरण में आए हुए को रक्षा देने की, मित्र के लिए प्राण देने या प्रेमिका के लिए सब कुछ बलिदान कर देने की भावनाएँ बड़ी प्रबल थीं। इस वैयक्तिक आदेश के कारण ही प्रेम और घृणा दोनों ही का रूप विराट् था। ऐसे मध्ययुग में पुरानी वेशभूषा होते हुए भी प्रेम का आवेग जिस नए रूप से शक्तिशाली हो उठता है, वह साधना-क्षेत्र को भी प्रभावित करता है। नम्रता, शिष्टता एवं एक प्रकार का व्यभिचार, इस प्रेम के अंग बन गए। सामंत और प्रजाजन का संबंध प्रेम के क्षेत्र में नम्रता के रूप में प्रकट हुआ। दरबारी शिष्टता के मानदंड, प्रेमी-प्रेमिका के पारस्परिक व्यवहार में प्रतिबिंबित हुए। तीसरे तत्त्व व्यभिचार के कारण और गहरे हैं। सामंती विधान के भीतर पत्नी, संपत्ति के एक टुकड़े की भाँति स्वीकृत थी, अतः उसके साथ प्रेम के अति आदर्शीकरण या रूमानी भावना को जोड़ने का प्रश्न नहीं उठता था। वह तो 'प्राप्त' थी ही। जमींदार के लिए जैसे भूमि वैसे पति के लिए स्त्री—यह सामान्य धारणा थी। इस प्रकार विवाह प्रेम के लिए बहुत अनुकूल नहीं था। यों विवाह की उपयोगिता और पत्नी की आवश्यकता स्वीकृत थी—ऐन्द्रिक परितृप्ति, घरेलू सुख-सुरक्षा भावना एवं संतानोत्पत्ति के लिए। पर इसमें आवेगमय रोमांस कहाँ उभर पाता है ? परिणाम परकीया-प्रेम हुआ। वही स्त्री अपने पति के लिए महत्त्वहीन पर वही अपने प्रेमी के लिए प्राणाधिका। सी.एस. लेविस का यह कथन इस प्रसंग में नितांत सार्थक है कि 'विवाह को उपयोगी मनानेवाले समाज में यौनप्रेम का आदर्शीकरण निश्चित ही व्यभिचार के आदर्शीकरण से प्रारंभ होगा।'[1] भागवतकार ने भी परीक्षित के 'परदाराभिमर्शन' वाले आरोप के उत्तर में अनजाने सामंती उत्तर देते हुए यह बताया था कि 'जैसे 'सर्वभुक्अग्नि' को मलिनता स्पर्श नहीं करती, वैसे ही तेजस्वियों के लिए कोई भी चीज दोष नहीं है। ईश्वरगणों का वाक्य ही सत्य हुआ करता है, आचरण सदैव सत्य नहीं होता।' इस उत्तर में मानों कोई कह रहा है कि सामर्थ्यवान् शक्तिशाली सामंत के लिए कुछ भी दोष नहीं है। उसका शब्द ही कानून है, सत्य है, और सब मिथ्या है।

---

1. Allegory of Love, p. 13

इस परकीया प्रेम के पीछे एक और मनोवैज्ञानिक कुंठा भी स्वीकार की जा सकती है। इस देश में दांपत्य जीवन में जिन हिंदू आदर्शों की प्रतिष्ठा हुई थी उनमें 'काम' का स्थान महत्त्वहीन हो गया था। धीरे-धीरे उद्दाम आवेगमय वासनात्मक प्रेम को धर्म के वैराग्यशील पक्ष से अनुचित ठहराना शुरू किया। स्त्रियों की भाँति-भाँति की निंदा के स्वर हमें काफी प्राचीनकाल से लेकर उत्तर मध्ययुग के कवियों-साधकों तक में मिलते हैं। परंतु साहित्य में, चित्रों में, जब-जब परकीया प्रेम का चित्रण हुआ, वह मानों धार्मिक वर्जनशीलता के प्रति विद्रोह था। विद्रोह की आत्यंतिक विजय तब होती है जब लोक-साहित्य की प्रेमदेवी राधा अनन्यशक्तिरूपा बन कर धर्म के सिंहासन पर भी आसीन हो जाती हैं एवं राधा-कृष्ण का उद्दाम प्रेम, आवेगमयी लीलाएँ, शत-शत कंठों से धर्म की पवित्रता के साथ फूट पड़ती हैं। परकीयावाद इन्हीं के साथ एक बौद्धिक-दार्शनिक व्याख्या की मान्यता भी प्राप्त कर लेता है।

वस्तुतः पत्नी के समान आत्म समर्पण दृढ़ निष्ठा एवं परकीया प्रेम जैसा उद्दाम एवं लीला बहुल अनुराग, एक ही समाज-व्यवस्था की मनःस्थितियों की देन हैं। रूप-जीव आदि भी इस परस्पर विरोधी सी दिखनेवाली परंपराओं पर जो मूलतः एक ही समाज की थीं, की उपज थे, पर जैसा कि पीछे कहा जा चुका है, मध्यदेश की आचार प्रधानता और शास्त्रादर्शों की निष्ठा ने व्यावहारिक धरातल पर उन्हें स्वकीयावादी ही बनाए रखा है। उन्होंने स्वकीयावाद का समर्थन परंपरा एवं रसशास्त्र दोनों की दृष्टियों से किया है। साहित्यदर्पण में उपनायक, बहुनायक आदि के प्रेम को 'शृंगार' के अनौचित्यों के अंतर्गत गिना गया है।[1] जीव ने इस प्रसंग को उद्धृत किया है। भक्ति को रस माननेवाले जीवगोस्वामी ने यह सिद्ध करना चाहा कि गोपियों ने कृष्ण को पति-रूप में प्राप्त किया था, जार रूप में नहीं। जार शब्द का प्रयोग केवल उनके प्रेमाधिक्य की एक मानसिक अवस्था-विशेष का द्योतक है।[2] भागवत में आए कात्यायनी व्रत के प्रसंग से भी ज्ञात होता है कि कृष्ण की वररूप में ब्रज-कन्याओं ने वांछा की थी और भक्त वांछाकल्पतरु श्रीकृष्ण उनकी कामनाओं को पूरा न करें, यह कैसे संभव है ? उनके अनुसार गोपियों के साथ न तो कभी गोपों ने विवाह किया और न कभी गोपियों को स्पर्श ही किया, अतः परकीयात्व या परस्पर्शत्व के अधर्म का दोष उन पर नहीं लगता। भागवत के प्रसंगों का अपने अनुकूल अर्थ करते हुए जीवगोस्वामी की सम्मति है कि गोपियाँ उनकी स्वरूपशक्ति का प्रकाश हैं, नित्यप्रेयसी हैं। परकीयात्व मायिक है, वस्तुतः नित्यप्रेयसीत्व ही हैं।

---

1. साहित्य दर्पण 3 ।263 ।264
2. श्रीकृष्ण संदर्भ, पृ. 429

इस तनिक लंबे प्रसंगांतर के पश्चात् हम पुनः अपने मूल प्रश्न की ओर लौटते हैं कि क्यों वृंदावन की 'गोपरामाओं' को इतना महत्त्वपूर्ण स्थान मिला ? इसके लिए एक तर्क तो ऊपर विवेचित परकीयावाद का हुआ जो प्रारंभिक गोस्वामियों को बहुत दूर तक मान्य नहीं है। जीवगोस्वामी ने एक तर्क और दिया है। भगवत्-संदर्भ में उन्होंने भगवत्तत्त्व की स्वरूपशक्ति को उनकी लीला-सहायिका माना है और वहाँ उसका नाम लक्ष्मी बतलाया है। द्वारका-मथुरा में स्वरूपशक्ति महिषी नाम से अभिहित होती हैं। इनमें से रुक्मिणी स्वयं लक्ष्मी हैं तथा आठों पट्टमहिषियाँ स्वरूप-शक्ति की ही अन्य पहलू भू-कृपा आदि हैं। सामूहिक रूप से वे लक्ष्मी से एकात्म हैं[1], परंतु गोकुल में कृष्ण की स्वरूपशक्ति का प्रकाशन ब्रजदेवियों के रूप में हुआ है। वे कृष्ण की श्रेष्ठतम ह्लादिनी शक्ति की विशेष अभिव्यक्ति हैं। इसलिए मथुरा एवं द्वारिका की महिषियों से श्रेष्ठ हैं।[2] वे सभी वृंदावनलक्ष्मी हैं।[3] गोपालतापनी उपनिषद् में गोपियों को 'आविद्याकला प्रेरक' कहा गया है। इसकी व्याख्या करते हुए लेखक ने कहा है, 'आ' का अर्थ है सम्यक्, विद्या परम प्रेमरूपा है और कला उनकी वृत्त-रूपा है।[4] ह्लादिनी की तत्तत् क्रियाओं में प्रवर्तक हैं ब्रजबधुएँ—इसलिए 'तास्तुनित्यसिद्धा एव।' ह्लादिनी की सारवृत्ति प्रेम है और उसी के रससार विशेष का उनमें प्राधान्य है एवं इसीलिए उनका भी प्राधान्य है।[5] अतएव इस प्रेम प्राचुर्य के प्रकाश हेतु श्री भगवान् का भी इनमें परमोल्लास प्रकाश होता है, एवं उसी से भगवान् में रमणेच्छा प्रादुर्भूत होती है।[6] इस प्रकार एक भिन्न दार्शनिक आधार पर ब्रज-देवियों की श्रेष्ठता प्रतिपादित की गई है।

परंतु समस्त ब्रजदेवियों को नित्यप्रिया या नित्यसिद्धा मान लेने पर एक असंगति सामने आती है। जीव को तटस्थाशक्ति के अंतर्गत रखा गया है एवं नित्यसिद्धा गोपियाँ स्वरूपशक्ति के अंतर्गत नित्य सहचरी हो जाती हैं। ऐसी स्थिति में गोपीभाव की साधना के क्या अर्थ होते हैं ? वस्तुतः नित्यसिद्धत्व साधना की वस्तु नहीं है। इस असंगति से बचने के लिए गोपियों के साधनपरा, देवी और नित्यप्रिया तीन भेद किए गए हैं। पूर्वजन्म की साधना से जो भक्तजन गोपीदेह पाते हैं, वे साधनपरा गोपियाँ हैं। साधना द्वारा गोपीभाव की प्राप्ति, इस प्रकार वैधानिक सिद्ध हो जाती है। जब-जब कृष्ण अंशरूप में देवयोंनि में जन्म लेते हैं, तब-तब उनके संतोषसाधन के लिए नित्यप्रियाओं के अंशों का भी जन्म होता है,

1. श्रीकृष्ण संदर्भ, पृ. 439-42
2. वही, पृ. 442-444
3. वही, पृ. 443
4. वही, पृ. 443
5. वही, पृ. 443
6. वही, पृ. 443-444

यही देवियाँ हैं। यह याद रखने की बात है कि साधनापरक गोपीतत्त्व ही जीव का साध्य है, नित्यप्रिया गोपीत्व कभी भी साध्यवस्तु नहीं है, वह नित्यसिद्ध है।

राधा

पीछे हम कह चुके हैं कि गोपीलीला एवं राधालीला की दो परंपराओं का समन्वय गौड़ीय वैष्णवों ने किया है। इस समन्वय में राधा प्रमुख हो उठी हैं एवं अन्य गोपियाँ उन्हीं की अंगभूता या अंशरूपा हो गई हैं।[1] राधा और चन्द्रावली में भी गुणों में अतिवरीयसी महाभाव स्वरूपिणी श्री राधा ही सर्वश्रेष्ठ हैं। कृष्णदास कविराज की भी गवाही है :

ह्लादिनी सार प्रेम, प्रेमसार भाव, भावेर पराकाष्ठा नाम महाभाव
महाभावस्वरूपा श्री राधा ठकुरानी, सर्वगुणखानि कृष्णकान्ता शिरोमणी।

—चै.च., आ.ली., परि. 4, पृ. 24

तात्त्विक दृष्टि से वे सर्वशक्तिवरीयसी ह्लादिनीशक्ति ही हैं।[2] और भक्ति के पक्ष से देखा जाए तो भगवतूरति की परिणति के सर्वोच्च शिखर महाभाव की साक्षात् विग्रह हैं। वे प्रेम का साक्षात् स्वरूप हैं, उनकी देह प्रेम से विभावित है। कृष्ण को रसपान करा कर वे पूर्णकाम करती हैं। वास्तव में लक्ष्मीगण, महिषीगण एवं ब्रजदेवीगण उन्हीं का अंश हैं। इनमें ब्रजदेवीगण आकार-भेद से राधा की ही कायव्यूह रूप है। उन्हीं की सहायता से राधा-कृष्ण को रसपान कराती हैं। राधा पूर्णशक्ति हैं, कृष्ण पूर्णशक्तिमान् हैं बल्कि कहना यों चाहिए कि वे एक ही हैं—केवल लीलारस के लिए दो हैं। अतः वृंदावन में राधा-कृष्ण की युगलित स्थिति ही सर्वाधिक सान्द्रानन्द चमत्कार का प्रकाश है। नित्य किशोरावस्था में होनेवाली यह लीला ही एकमात्र आस्वाद्य है।

भगवत्-संदर्भ में भक्ति को भी ह्लादिनी शक्ति का ही एक पक्ष माना गया है। राधा भी ह्लादिनी हैं। भगवान् का स्वरूप रसमय है और इस रसमयता का कारण ह्लादिनी शक्ति है। इस शक्ति के द्वारा भगवान् स्वयं आह्लादित होते हैं और दूसरों को भी आह्लादित करते हैं। इस प्रकार उनका प्रवेश दोनों ओर है। भगवान् के साथ वह लीला-सहचरी बन कर उन्हें रसास्वादन कराती हैं तथा भक्त के हृदय में भक्ति बनकर भगवत्-आनंद में उसे लीन करती हैं। चूँकि ह्लादिनी की सारभूत विग्रह राधा हैं, अतः राधा का भी दोनों पक्षों में प्रवेश गोस्वामियों ने विवेचित किया है :

---

1. उ.नी.म., पृ. 73
2. वही, पृ. 75

ह्लादिनी कराय कृष्णो आनन्दास्वादन
ह्लादिनी द्वाराय करे भक्तो पोषण

—चै.च., आदि लीला, परि. 4, पृ. 24

इस प्रकार हम देखते हैं कि राधा की प्रतिष्ठा स्वरूपशक्ति की श्रेष्ठतम वृत्ति के रूप में भी की गई; भगवान् के प्रति उन्मुख होनेवाले पाँच मुख्य भाव संबंधों में श्रेष्ठतम कांतारति के श्रेष्ठतम रूप समर्थारति की अन्यतम प्रतिनिधि भी वे मानी गईं और प्रेमभाव के विकास की श्रेष्ठतम परिणति महाभाव के साथ एकात्म दिखाकर उन्हें सर्वश्रेष्ठ भक्त भी सिद्ध कर दिया गया। वे सर्वोच्च शक्ति हैं, सर्वाधिक मधुरकांता हैं एवं सर्वश्रेष्ठ भक्त हैं—इस संप्रदाय में।

सखी

प्रेम-काव्य की एक रूढ़ि के रूप में सखी की सत्ता भारतीय साहित्य में बड़े प्राचीन काल से मान्य रही है। जिस प्रकार प्रेम-काव्य की रस-निर्भर नायिका राधा, धर्म और दर्शन के सिंहासन पर भलीभाँति आरूढ़ हो जाती हैं वैसे ही 'सखी' भी साधना के क्षेत्र में अत्यधिक महत्त्वपूर्ण स्थान प्राप्त करती है। लगता है कि सखीभाव धीरे-धीरे जड़ पकड़ता जा रहा था एवं सोलहवीं शताब्दी में अनेक संप्रदायों में अचानक फूट पड़ा। हरिदासी, राधाबल्लभी एवं गौड़ीय वैष्णव संप्रदाय इसके प्रारंभिक उत्स बने एवं बाद को इसने अपने समकालीन प्रत्येक सगुण भक्ति के संप्रदाय को प्रभावित किया। पुष्ट दार्शनिक भित्ति पर आधारित पुष्टि-मार्ग भी इससे असम्पृक्त न रह सका तथा मर्यादा का स्थापक रामभक्ति संप्रदाय तो इसमें आकंठ मग्न हो गया। यही नहीं निर्गुणोपासक शुक-संप्रदाय के बारे में यह कहना कठिन हो गया है कि वह निर्गुणोपासक है या सखीभाव भावित सगुण भक्ति का गायक है। ऐतिहासिक पूर्वापर की बात न उठाकर यदि सामाजिक-मनोवैज्ञानिक दृष्टि से विचार किया जाए तो हमारा विचार है कि सखीभाव की साधना उस काल की मनोवैज्ञानिक आवश्यकता थी। जब लीलावपु उपास्य हों, जिसके भिन्न-भिन्न धामों में भिन्न-भिन्न परिकरों के साथ नित्य लीलाएँ चल रही हों और उनमें भी लक्ष्मी, रुक्मिणी, सत्यभामा, कुब्जा या राधा जैसी कांताएँ भी हों, तब कांता भाव के क्षेत्र में अपने को भी एक प्रिया मानना स्वयं अपने को दीन भाव से ग्रस्त करना है। फिर वह लीला भी कम मोहक है जिसे देखने के लिए मन ललचा न उठे ? इसके अतिरिक्त प्रियतमा बन सकने की योग्यता का भी तो संपादन करना चाहिए। मामूली किसान की लड़की भाग्य से रानी बन जाए यह बात तो दूसरी है पर वह किसी तत्कालीन सामंत या बादशाह की प्रिया बन सकने की अपेक्षा सेविका ही उस समय अधिक बन सकती थी। ऐसी स्थिति में यदि इन साधकों में सखीभाव का प्रचार

हुआ हो तो उसे ऐतिहासिक-मनोवैज्ञानिक आवश्यकता ही समझना चाहिए। ऐतिहासिक दृष्टि से गोपीभाव, राधाभाव और सखीभाव—विकास का यह क्रम रहा है। साधनागत विकास की दृष्टि से गोपीभाव की चरम परिणति राधाभाव है। राधा कृष्णप्रियतमा होने के साथ-साथ सर्वश्रेष्ठ भक्त भी हैं, जहाँ तक कि अन्य भक्त पहुँच ही नहीं सकते, जिसका कि दर्शन मात्र दूसरे को भक्ति का आनंद देनेवाला है। ऐसी स्थिति में सामान्य जन के लिए जिस साधना मार्ग की आवश्यकता पड़ी, उसके लिए ब्रज-परिकर में सखी की कल्पना और महत्ता अनिवार्य हो गई थी। इस प्रकार प्रेमिकाएँ और भक्त, गोपियाँ हैं और श्रेष्ठतम प्रेमिका एवं सर्वोत्तम भक्त राधिका हैं तथा सखियाँ उनकी (युगल की) नित्य प्रेमक्रीड़ा का आयोजन एवं दर्शन करनेवाली हैं। इस विकास के पीछे कुछ अन्य तथ्य भी हैं, भारतीय परिवार का नैतिक आदर्श बहुवल्लभवादी नहीं है, मनोविज्ञान की दृष्टि से भी प्रेम की परम निष्ठा एक के ही प्रति हो सकती है। इन तथ्यों ने गोपियों के स्थान पर एक प्रमुख गोपी राधा की कल्पना को सहायता दी होगी। इसके अतिरिक्त भक्ति के क्षेत्र में सेवक-सेव्यभाव भी सर्वथा मनोवैज्ञानिक है। ईश्वर हमसे बड़ा है—भले ही उसे ऐश्वर्यशाली न कह कर रसमय कहा जाए, इससे कोई अंतर नहीं पड़ता। उसके प्रति सेवा-भाव अनिवार्य है। अतः जब कांताभाव का जोर बढ़ा तो उसी के भीतर से सेव्य-सेवक संबंध पर आद्धृत सखीभाव भी उभर कर आ गया। पुराने दास्यभाव से इसका मुख्य अंतर यही है कि वहाँ पर प्रभु में विभुत्व अधिक है और यहाँ पर रसत्व। इसी कारण सेवा में अंतरंगता की मात्रा भी अधिक है। मध्यकाल के चित्रों एवं मंदिरों में उत्कीर्ण मूर्तियों में रतिकेलि के समय दासियों की उपस्थिति देखी जा सकती है। भक्ति-साधना की दृष्टि से उनमें अंतरंगता या प्रेम का तत्त्व और जोड़ कर सखी का स्थान सहज ही दिया जा सका होगा। इस प्रकार सखीभाव की साधना मधुररस के मध्य से सेव्य-सेवक-संबंध का ही पुनरुत्थान है।

अस्तु, चैतन्य संप्रदाय में भी इन सखियों का महत्त्वपूर्ण स्थान है। अन्य सखी भावोपासकों के मंतव्यों का सारतत्व इस संप्रदाय में मिल जाएगा पर यह सब कृष्ण की लीलाओं और उनके बारे में प्रचलित धारणाओं को स्वीकार कर के ही है और जिस ढाँचे के भीतर उस सबको स्थान दिया गया है, उसी के भीतर ये भी हैं। अलग से सखीभाव को उन्होंने अतिरिक्त स्फीति नहीं दी। उज्ज्वल नील मणि में वर्णित राधा के गुणों में से एक गुण यह भी है कि वे सखी प्रणयाधीना हैं।[1] इन सखियों को भी रूपगोस्वामी की विश्लेषणप्रवण-प्रतिभा ने पाँच भागों में बाँटा है—सखी, नित्य सखी, प्राण सखी, प्रिय सखी और परम श्रेष्ठ सखी। इनके कामधाम का और भी लंबा विवेचन है जिसके विस्तार में यहाँ हम नहीं जावेंगे।

कृष्णदास कविराज ने इन सखियों के महत्त्व का बड़ा मनोहारी दिग्दर्शन किया

1. उ.नी.म., पृ. 95

है। उनके अनुसार सखियों के बिना इस लीला की पुष्टि ही नहीं होती। सखियाँ ही लीला-विस्तारक भी हैं और आस्वादक भी हैं। सखियों के बिना लीला की अन्य कोई गति ही नहीं होती। वे स्पष्ट बताते हैं कि जो सखीभाव से इनका अनुगमन करता है वही राधा-कृष्ण-कुंज-सेवा रूपी साध्य को प्राप्त कर सकता है। अत्यंत गद्गद भाव से वे इन सखियों के अद्भुत अकथ्यकथन गुण बताते हैं कि इन सखियों में कृष्ण-संग-सुख की स्पृहा नहीं होती। राधिका के साथ ही कृष्ण की लीला कराने में ही उन्हें अपनी केलि से कोटि गुना अधिक सुख मिलता है। राधा स्वयं कृष्ण के प्रेम की कल्पलता हैं एवं ये सखियाँ उस लता के पल्लव, पुष्प एवं पत्रों की भाँति हैं; अतः जैसे लता की जड़ सींचने से पल्लवादि को स्वयं रस प्राप्त हो जाता है वैसे ही राधा की रसप्राप्ति उन्हें रस पुष्ट करती रहती है।[1] जीवगोस्वामी ने भी बताया है कि नायक-नायिका (राधा-कृष्ण) का स्थायी भाव 'साक्षात् उपभोगात्मक' होता है पर सखियों में यह 'तदनुमोदनात्मक' ही है।[2]

परंतु एक बाधा फिर आती है कि सखियाँ राधा की कायव्यूह रूप होने के कारण स्वरूप शक्ति का प्रकाश हैं पर जीव तो तटस्था शक्ति के अंतर्गत है इसलिए जीव की सेवा वही नहीं हो सकती जो इन नित्य सखियों की होती है। इसलिए स्वातन्त्र्यमयी सेवा और आनुगत्यमयी सेवा, ये दोनों भेद स्वीकार किए गए हैं। ब्रज-परिकर की सखियों की सेवा स्वातन्त्र्यमयी है एवं जीव या साधक की आनुगत्यमयी। ये ही क्रमशः रागात्मिका एवं रागानुगा भक्तियाँ हैं। अष्टयाम की सेवाओं में आनुगत्यमयी सेवा का ही विस्तार हुआ है। वस्तुतः अपने समकालीन अन्य संप्रदायों की भाँति ही परिकर के अनुगमन पर लीला का स्मरण और आस्वादन गौड़ीय वैष्णवों का भी परम काम्य बन जाता है। प्रारंभ में साधनपरा गोपीभाव की साधना अवश्य स्वीकार्य रही है पर धीरे-धीरे उस स्थान को सखीभाव की साधना ने ले लिया। रूपगोस्वामी की पद्यावली में गोपी-प्रेम के तमाम मधुर चित्र उपलब्ध हो जाते हैं[3] पर उनके शिष्य माधुरीदास की वाणी का वक्तव्य सखीभावोपासकों के अधिक निकट पहुँच जाता है। वस्तुतः प्रेमाभक्ति के अभिव्यंजक सभी वैष्णव-संप्रदायों में, सत्रहवीं शती से सखीभाव उत्तरोत्तर प्रभुत्व प्राप्त करता गया है।

---

1. चै.च., आदि लीला, परि. 8, पृ. 152
2. प्रीति-संदर्भ, पृ. 867
3. श्लोक 154-157 तथा अन्य भी

6

शुक संप्रदाय

विक्रम की 18 वीं शती के उत्तरार्द्ध में शुक संप्रदाय की स्थापना महात्मा श्यामचरण दास ने की थी। इस समय के आते-आते समन्वय की एक प्रवृत्ति सारे देश में जाग्रत हो चुकी थी। भक्ति संप्रदायों में पुराना आवेग तो नहीं रह गया था, पर सिद्धांतगत दूरी पारस्परिक संपर्क के कारण कम होती जा रही थी। निर्गुण और सगुण के मध्य के अंतर तीखे नहीं रह गए थे। वास्तव में भक्तिकाल में निर्गुण में भी गुणों की स्थापना प्रेम भावना के कारण स्वतः हो गई थी एवं सगुण मतवादियों ने यह कभी अस्वीकार नहीं किया कि ब्रह्म निराकार भी होता है। धीरे-धीरे समन्वय की जो वृत्ति बढ़ी वह शुक संप्रदाय जैसे समन्वयवादी मार्गों को जन्म देती है।

इस संप्रदाय के संस्थापक श्यामचरण दास पहले एक लंबे अरसे तक योग साधना में लगे रहे हैं, बाद को वे प्रेममार्गी सगुण भक्त के लीला गायन को पूरी तरह अपना लेते हैं। एक ओर उन्होंने अष्टांग योग, अष्ट प्रकार के कुंभक, छहों कर्म, हठ योग आदि का वर्णन किया है जो शुद्ध रूप से या तो योग मार्ग की परंपरा में है या फिर निर्गुणी भक्तों की शब्दावली एवं वक्तव्य की अनुगूँज है।[1] दूसरी ओर उन्होंने भक्ति पदार्थ का ही वर्णन नहीं किया है। चीर हरण लीला,[2] दान लीला,[3] माखन चोरी लीला,[4] काली नथन लीला,[5] मटकी लीला,[6] कुरुक्षेत्र लीला,[7] आदि का भी जम कर वर्णन किया है। अनहदवाद, शून्य नगर में की

1. चरणदास भक्तिसागर, पृ. 53-162
2. वही, पृ. 220-231
3. वही, पृ. 486-489
4. वही, पृ. 490-491
5. वही, पृ. 492-495
6. वही, पृ. 496-502
7. वही, पृ. 511-554

जानेवाली साधना हमारे विवेच्य क्षेत्र से बाहर है, उनकी प्रेमा भक्ति के संबंध में संक्षेप में विचार विमर्श अवश्य करना है।

सेव्य

चरणदास का सेव्य हरिनाम से भी पुकारा गया है। निगुर्णियों की परंपरा में उसे राम भी कहा है, परंतु सगुण भक्ति के क्षेत्र में वे कृष्ण, श्याम, नटनागर, कुँवर किशोर, नंदराय कुँवर कन्हैया आदि नामों से संबोधन करते हैं। यह परमतत्व लीला सिंधु है, उसकी अगाध गति है। संसार की उत्पत्ति, पालन एवं विनाश का वही हेतु है। पलक मारते ही करोड़ों ब्रह्मांडों की सृष्टि कर देते हैं और जब चाहते हैं तब कुछ नहीं शेष रहता। उसे न निर्गुण कहा जा सकता है और न सगुण। वास्तव में उस रूप के समान दूसरा है ही नहीं; वे अपनी उपमा आप हैं।

निरगुण सरगुण कहा न जावे, चरण दास शुकदेव सुनावें।
चरण दास वा रूप की, पटतर दई न जाहि।
राम सरीखे राम हैं, और बतावों काहि[1]*।।*

यह जो अविगत, अविनाशी, आदि पुरुष हैं, नाना प्रकार के कौतुक किया करते हैं, अनेक प्रकार के रूप धारण करते रहते हैं। स्वयं ही मोहन लाल ग्वाल बन कर मुरली बजाते हैं और आप ही ब्रज-स्त्री बन कर जंगल को दौड़ आती हैं। आप ही गोपी भी हैं और आप ही कान्ह बनकर रास रचाने वाले भी हैं। यही नहीं, अंतर्धान होकर आप ही अपने को ढूँढ़ते भी हैं और व्याकुल होते हैं। स्वयं अपनी ही लीला देखने के लिए प्रेम उत्पन्न करते हैं। कभी एक हैं और कभी अनेक हो जाते हैं।

आदि पुरुष अविगत अविनाशी नाना कौतुक लावे रे।
आपहि आप और नहीं कोई बहुत रूप बनावे रे।
आपहि मोहन लाल ग्वाल हो मुरली आनि बजावे रे।
आपहि ब्रज की बनिता हो कर वन को दौरी आवे रे।।
आपहि गोपी कान्ह विराजै आपहि रास रचावे रे।
अंतर्धान होये फिर आपहि आपहि ढूँढन धावे रे।
आपहि व्याकुल अप देखन कूँ लीला प्रेम बनावे रे।
परगट होय सबन सुख देवें आपहि रंग बढावे रे।।
भोर भये जब खेल मचावे आप आप रह जावे रे।
कबहूँ एक अनेक कभी हैं विधि निषेध गति भावे रे।।

---

1. चरणदास भक्तिसागर, भक्ति पदार्थ वर्णन, पृ. 175

नारायण, लक्ष्मी, ब्रह्मा, शंकर, विष्णु, वेद और समस्त संसार उन्होंने क्षण मात्र में उत्पन्न कर दिया है।[1] न उसका आदि, मध्य अवसान है, न उसका कोई रंग है; वह पुष्प की गंध और नाद से भी झीना है।[2] तीनों गुणों और पाँचों तत्त्वों के आगे है, न प्रकट है और न गुप्त, फिर भी उसमें अनगणित गुण भरे पड़े हैं।[3] ऐसे आदि पुरुष का कहना है कि जो कोई सब कुछ तज कर मुझसे प्रीति करता है, मैं उसी के हाथ बिका रहता हूँ।[4] प्रेम के वे भूखे हैं तथा प्रेमियों के लिए ही वे अवतार ग्रहण करते हैं। भक्त और उनमें कोई अंतर नहीं होता।[5] वास्तव में भक्ति-हेतु ही उन्होंने नन्द-गृह में अवतार लिया है।

भाषें चरण दास शुक देव के प्रताप सेती,
आदि पुरुष भक्ति हेतु नन्द गेह आयो है।[6]

तीनों लोकों एवं सातों भुवनों के बाहर जो अमर लोक है, उसी के मध्य वह पुरुष ब्रह्म रहता है। जोकि सबके मन में भी विद्यमान है। यह अमर लोक गोलोक भी कहलाता है।[7] अमर लोक के मध्य ही निजधाम है जिसका कि अंश वृंदावन है।

अमर लोक विच है निज धामा, जाको अंश वृंदावन नामा।[8]

यों पुरुषोत्तम अपने धाम में रहते हैं पर प्रेम के कारण ब्रज में आकर रहते हैं। वे लीलाधारी पुरुषोत्तम वृंदावन में सदैव बिहार करते रहते हैं।

पुरुषोत्तम निज धामा माहि, कारण प्रेम रहें ब्रज आई।
पुरुषोत्तम प्रभु लीला धारी, वृंदावन में सदा बिहारी।।[9]

गोल चबूतरे एवं चौसठ खंभों वाले वृंदावन में राधा प्यारी के साथ वे विहार करते हैं। वे नित्य किशोर हैं और वे नित्य किशोरी—दोनों की बारह वर्ष की वय है।[10] रसिक केलि के लिए वहाँ अनेक कुंजें हैं

---

1. चरणदास भक्तिसागर, शब्द वर्णन, पृ. 461-462
2. वही, पृ. 254
3. वही, पृ. 176
4. वही, पृ. 171
5. वही, पृ. 171
6. वही, पृ. 474
7. वही, पृ. अमर लोक अखंड धाम वर्णन, पृ. 17
8. वही, ब्रज चरित्र वर्णन, पृ. 7
9. वही, पृ. 7
10. वही, पृ. 9

रसिक केलिहु कुंज हैं।[1]

इस अजर पुरुष, पुरुषोत्तम स्वामी, अविनाशी, पारब्रह्म के बाएँ अंग रूप की राशि (राधा) विद्यमान हैं।[2] राधा प्यारी नाना प्रकार के अलंकारों से सज्जित हैं, उनकी मुसकान विद्युतवत है। वास्तव में करोड़ों चंद्रमा उन पर न्योछावर हैं।[3]

परिकर : पाँच तत्त्व एवं तीनों गुणों से न्यारी सखियाँ सहेलियाँ खम्भे-खम्भे के निकट खड़ी युगल पर चँवर डुलाती रहती हैं। सबकी सब नित्य किशोरी गोरी व वस्त्राभूषण सज्जित हैं।[4] सखियाँ सदा सुहागिनें हैं, चूड़ी पहने रहती हैं।

सदा सुहागिनी पहिने चूरी, सुबक पछेली बँगरी रूरी।[5]

सखियाँ हरि के साथ विचरण करती रहती हैं।[6] इसी परिकर के साथ वृंदावन में अपूर्व रास केलि होती रहती है। चरणदास के मन को 'रास' अत्यधिक प्रभावित कर सका था। उन्होंने बार-बार उसका चित्रण किया है।

इस धाम में सब सखाभाव से पहुँचते हैं एवं सखीभाव से सबका भीतर प्रवेश होता है :

सखा भाव पहुँचत वहि ठाई, सखी भाव भीतर का जाई।
घेरे स्वरूप अनुपम भारी, सदा सुहागिनि हरि पिय प्यारी।
परम पुरुष पुरुषोत्तम पावें, निकट रहे नित केलि बढावें।[7]

उपासनाभाव : परंतु जिस प्रकार चरणदास ने निर्गुण एवं सगुण दोनों के प्रभाव ग्रहण किए हैं उसी प्रकार केवल सखी भाव को ही उन्होंने नहीं स्वीकारा। उन्होंने गोपी लीलाओं का भी गद्‌गद कंठ से गान किया है। चीरहरण लीला, दानलीला, मटकी लीला आदि में इन लीलाओं का रोचक चित्रण किया गया है। 'गोपी विरह निवेदन' में वल्लभ संप्रदाय के कवियों की भाँति ही प्रियतम कृष्ण के अभाव में वियोगिनि गोपिकाओं ने विलाप किया है। गोपियाँ कुब्जा के प्रति ईर्ष्या प्रकट करती हैं, अनेक पुराने

---

1. चरणदास भक्तिसागर, अमर लोक अखंड धाम वर्णन, पृ. 18
2. वही, पृष्ठ 21
3. वही, पृ. 22
4. वही, पृ. 22-23
5. वही, ब्रज चरित्र वर्णन, पृ. 9
6. वही, अमरलोक अखंड धाम वर्णन, पृ. 19
7. वही, पृ. 19

संयोग-प्रसंग स्मरण करती हैं[1] और आँखों को दोष देती हैं कि कृष्ण की रूप माधुरी में अटक कर क्या इन्होंने कुछ अच्छा काम किया है ? लोक और कुल की लाज नष्ट हो गई है, स्वयं भी अत्यंत व्याकुल होकर आँसुओं से भरी रहती हैं। खाना, पीना और सोना छूट गया है, विरह की अग्नि हृदय में जलती रहती है :

अँखियन कहा नीकी करी।
श्याम सुंदर छवि निरख के जहाँ जाय अरी।
अतिहिं व्याकुल धीर नाहीं रहत अँसुवन भरी।
तजों खान अरु पान सोवन, प्रेम की लागी लरी।
विरह पीड़ा उठत निशि दिन, हिय पावक जरी।
नेह पाके भई बौरी, ढूँढी गरी-गरी।

इन अंशों में तथा अन्यत्र भी ऐसे पदों की कमी नहीं है जिनमें युगल विहार दर्शन की अभिलाषा न होकर मात्र कृष्ण की प्रीति की वांछा प्रकट की गई हो। यह बात सखी संप्रदायों की आत्मा के नितांत विरुद्ध है। यह स्वसुखी प्रेम कहा जा सकता है तत्सुखी नहीं। एक उदाहरण लें :

तुम्हारे रूप लोभानी हों।
जाति बरन कुल खोय के भई प्रेम दिवानी हों।
खान-पान सब सुधि गई और अकबक बानी हों।
तुम्हरे चरण कमल मन मेरो रहो लिपटानी हों।
सुन्दर सूरति सोहनी मेरे नैन समानी हों।
तुम बिन चैन नहीं दिन राती सुनि पिय बानी हों।[2]

इस पद में गोपी-प्रेम ही नहीं है, परकीया भावना भी स्पष्ट है। सूरदास की भाँति इन गोपी प्रेमिकाओं से चरणदास ने मुरली को उपालंभ भी दिलवाए हैं।

बस री बैरन बाँसुरी, तू ही ब्रज के माँहि।
लगी रहत पिय मुख जूं ते, पल छिन छाँड़त नाहिं।
जब तू बाजत तान सूं, एवंशी बड़ भाग।
कसक उठत जियरा जरै, तन मन लागत आग।[3]

राम को पति मानकर अन्य पतिव्रता भाव से प्रेम करने का निर्देश इस संप्रदाय

---

1. चरणदास भक्तिसागर, गोपी विरह निवेदन, 497-500
2. चरणदास, शब्द वर्णन, पृ. 359-360
3. वही, पृ. 358

में किया गया है।[1] हम कह चुके हैं कि पतिव्रता के रूपक को निर्गुणी भक्तों ने बहुत अपनाया है। सूफी-प्रेम के प्रभाव में पली विरहिणी कबीर की भी याद दिला देती हैं :

गद्गद वाणी कंठ में, आँसू टपके नैन।
वह तो विरहिनि राम की, तलफत है दिन रैन।[2]

वस्तु साधनागत अनेक भाव एवं प्रणालियाँ हमें चरणदास में उपलब्ध हो जाती हैं। परंतु मूल में एक बात उन्हें याद रहती है कि मुख्य वस्तु प्रेम है :

प्रेम बराबर योग ना, प्रेम बराबर ज्ञान।
प्रेम भक्ति बिन साधुवा, सबही थोथा ध्यान।
प्रेम छुड़ावे जगत कूं, प्रेम मिलावे राम।
प्रेम करै गति और ही, लै पहुँचै हरि धाम।[3]

यह प्रेम यदि विविध रूपों में प्रकट हो सकता है तो चरणदास इन रूपों को अपनी मौज में आकर अपना लेंगे। उन्हें उनके सैद्धांतिक मत वैभिन्य से कोई मतलब नहीं प्रतीत होता। नवधा भक्ति को भी वे बहुमान देते हैं। और सखीभाव से निजधाम में प्रवेश भी चाहते हैं। विरहिणी बनकर गद्गद कंठ से प्रिय को टेरते भी हैं और रंगमहल में निर्गुण सेज पर सोने की व्यवस्था भी करते हैं।

●●●

---

1. चरणदास, भक्ति पदार्थ वर्णन, पृ. 188
2. वही, पृ. 182
3. वही, पृ. 12